백년의
유산

백년의 유산

소태산 || 제자의 증언

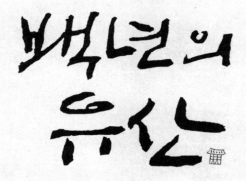

박맹수 유동종 이가현 지음

폴언 모시는사람들

친견제자들이 기억하는
'평범한 성자' 소태산 박중빈과
원불교 100년의 세계사적 의미

2016년은 근대 한국에서 자생한 동학, 증산교 등 개벽종교(開闢宗敎)의 하나인 원불교(圓佛敎)가 개교 100주년을 맞이하는 뜻깊은 해였다. 이해를 맞이하여 원불교 교단 측에서는 다양한 기념행사를 준비했다. 그중에서도 5월 1일, 서울 상암동 월드컵경기장에서 열린 '백주년 기념대회'에는 국내외 원불교 신자 5만여 명이 운집하여 격동의 100년 역사를 뚫고 한국의 4대 종교의 하나로 우뚝 선 원불교의 성장과 발전을 진심으로 축하했다. 당연히 언론 매체를 포함한 한국 사회의 관심이 원불교로 모아졌다.

원불교의 교립(敎立)대학인 원광대학교(圓光大學校) 측에서도 개교 백주년을 기리는 크고 작은 학술 행사를 마련했다. 교조 소태산 박중빈(少太山 朴重彬, 1891-1943) 대종사를 도와 원불교를 개교하고, 그 발전의 초석을 다진 남성 9인 제자와 여성 10대제자의 삶과 사상, 그 종교적 업적을 기리는 학술대회를 비롯하여, '종교 · 문명의 대전환과 큰 적공'이라는 주제의 국제학술대회, '문화자본주의 시대와 원광대학교'라는 주제의 국내학술대회가 각각 성황리에 개최되

었다. 여기에 더하여 한국의 5대 종단으로 꼽히는 개신교 · 불교 · 천도교 · 천
주교 · 원불교의 종교 지도자들과 청년들을 초청한 '종교 간 대화 모임'도 밀도
있게 진행되었다. 이 같은 학술행사와 종교 간 교류 모임 역시 학계 및 종교계,
언론계 등의 '뜨거운' 관심의 대상이 되기에 충분했다.

한편, 필자가 책임을 맡고 있는 원광대 원불교사상연구원(圓佛敎思想硏究院)
에서는 개교 백주년을 기념하는 기존의 기념행사나 학술행사 등과는 조금 다
른 '색다른' 기획을 하기로 했다. 활자 시대를 넘어 영상 시대를 살고 있는 현대
인들에게 좀 더 가까이 다가갈 수 있도록 원불교의 과거와 현재 그리고 미래를
조망하는 다큐멘터리 영상물을 제작하여 보급하기로 한 것이다.

'원불교 백주년 기념다큐'라는 이름의 이 야심찬 프로젝트는 한국의 '대안학
교'의 원조로 꼽히는 영산성지고등학교 교장 배은종 교무의 재정적 후원이 있
었기에 가능했다. 또한 한국방송(KBS) 피디로 재직하던 시절에 수많은 명품 다
큐를 제작한 바 있는 유동종 감독이 팔을 걷어붙이고 이 기념다큐 제작 전체에
대한 연출 및 제작 전 과정에 '무상행(無相行)'의 재능기부를 해 주었기에 가능
한 일이 되었다. 두 사람의 뜻에 전면 공감한 필자 역시 백주년 기념다큐 제작
에 필요한 자료 제공 등에 자발적으로 참여하기로 뜻을 모았다. 여기에 더해,
한국방송작가협회 회장을 역임한 바 있는 황정연 작가가 기념다큐 전체에 대
한 시나리오 작성 작업을 흔쾌히 맡아 주었다. 그뿐만 아니라, 한국예술종합학
교 교수로 재직하고 있는 이도하 교무는 소태산 대종사님의 메시지를 현대적
으로 재구성하는 애니메이션 제작을 담당하겠다고 자원해 주었고, 서울대 명
예교수 겸 『창작과비평』 명예편집인으로 있는 백낙청 선생님과 판화가 이철수
화백 역시 원불교 백주년을 기념하는 다큐멘터리 영상 제작에 아낌없는 협력
과 지원을 다해 줌으로써 기념다큐의 내용이 풍성해지는 데 기여했다. 이렇듯
교단 안팎 유지지사(有志之士)들의 지원과 협력 속에 개교 백주년을 기념하는

다큐멘터리 영상물을 제작한다는 소식이 알려지자 기념다큐 제작에 대한 기대는 한층 높아져 갔고, 그 제작 과정에 자발적으로 협조하는 분위기도 고조되어 갔다.

2015년 봄, 기념다큐를 제작하기 위한 본격적인 준비에 착수했다. 준비 과정에서 영상 촬영을 담당한 유동종 총감독 등 제작진은 매주 서울에서 익산으로 내려오는 강행군 속에 수십 차례에 걸친 공부 모임을 거듭했으며, 기념다큐의 수준을 담보하기 위한 워크숍을 거듭거듭 개최했다. 동시에 원불교의 3대 사업의 현장인 각(個) 교당과 교구, 교육기관, 복지기관, 유관 단체의 '현장'에 대한 자료 조사와 답사를 수도 없이 되풀이했다. 그 과정에서 실무진들은 쪽잠을 자는 일이 다반사였고, 라면이나 빵으로 끼니를 때우는 일도 비일비재했다. 원불교100년기념성업회 · 원광대학교 중앙도서관의 원불교 자료실 · 원불교 교정원 문화사회부 산하의 기록관리실 · 원불교역사박물관 등에는 귀찮을 정도의 번거로움을 끼치면서 기념다큐 제작에 필요한 정보와 자료를 제공받았다. 그중에서도 기록관리실 고대진 교무의 헌신적 협조를 잊을 수 없다.

2015년 8월, 드디어 현장 촬영이 개시되었다. 6개월 이상의 준비과정을 거친 뒤에 그것도 하필이면 염천(炎天) 아래에서 촬영이 개시된 것이다. 촬영 현장에는 유동종 총감독의 동료로서 이길호 감독과 주원경 조감독이 참여했다. 이분들은 한국방송에 재직하면서 명품 다큐를 수없이 제작한 바 있고, 특히 삼소회(三笑會)의 세계 성지순례에 동행하면서 그 전 과정을 아름다운 영상으로 담아낸 바 있다. 자료 조사 및 현장 촬영 과정에는 원광대 사회복지학과에 재학 중이던 송지용 군이 참여하여 수고를 함께했다. 8월에 시작된 동영상 촬영 작업은 이듬해인 2016년 연말에 이르기까지 수십 차례에 걸쳐 진행되었다. 2년여에 걸친 촬영 기간 중에 제작진이 겪은 고생은 말로는 다 표현할 수 없다. 이길호 감독과 주원경 조감독, 송지용 군을 비롯하여 촬영에 수고해 주신 모든 분들에게 지면으로나마 감사 인사를 전한다.

　교단과 대학 등 원불교의 공적 기관의 지원 없이 자원봉사 형태로 출발한 기념다큐 제작 작업은 시작부터 많은 시행착오와 고생을 거듭하지 않으면 안 되었다. 그렇지만 그 같은 시행착오와 고생을 거듭하는 가운데서도 제작진은 2015년부터 2016년까지, 곧 원불교 개교 100년이 되는 해부터 이듬해 개교 백주년이 되는 해에 이르기까지 만 2년간에 걸쳐 원불교의 과거와 현재 그리고 미래를 조망하는 현장을 동영상으로 기록할 수 있었다. 과거 대부분의 원불교에 관한 기록이 활자 매체에 그쳤던 것에 비교할 때, 동영상을 통한 기록은 제작진의 작은 보람임과 동시에, 개교 백주년을 기념하는 기념비적인 다큐멘터리로 남을 것이라 생각한다. 이런 자부심이 있었기에 제작진은 지난 2년여에 걸친 동영상 기록 전체를 디브이디(DVD)와 책자, 그리고 '소태산 작은 영화제'라는 형식으로 전면 공개하기로 했다. 디브이디 제작 및 단행본 출판은 '도서출판 모시는사람들'의 박길수 대표가 맡기로 했다. 박 대표에게도 심심한 사의를 표한다. 원기 102년 대각개교절에 즈음하여 전북 익산의 원불교 중앙총부에서 전면 공개하는 기념다큐 가운데 핵심적인 내용은 다음과 같다.

1. 백년의 유산, 소태산 친견제자 11인의 증언
2. 이철수 화백 〈대종경〉 연작판화 3부작: 네가 그 봄꽃 소식 해라
3. 백주년 특별 대담: 백낙청에게 길을 묻다 2부작
4. 애니메이션: 소태산과 시대의 화두
5. 문명의 설계자들, 정신문명과 물질문명

　그런데, 위 영상물 가운데 〈백년의 유산, 소태산 친견제자 11인의 증언〉 제작 과정에 대해서는 설명이 조금 필요할 것 같다. 널리 알려져 있듯이, 원불교

교조 소태산 박중빈 대종사는 생애를 바쳐 '문명개벽을 통한 이상사회 건설'에 필요한 인재 양성에 심혈을 기울였다. (김형수, 『소태산평전』, 문학동네, 2016 참조)

　소태산은 다가오는 새 시대, 즉 '후천개벽'의 새 사회 건설에 필요한 인재 양성에 있어서 남녀를 전혀 차별하지 않았다. 소태산은 1920년에 '남녀권리동일'을 선언하여 남녀 차별을 철저히 극복하려고 했다. 그런 까닭에 소태산을 친견한 제자들 가운데는 유수한 여성 제자들이 즐비했다. 하지만 개교 백주년이 되는 2016년은 소태산의 열반(1943년)으로부터 이미 73년이 경과함으로써 스승 소태산의 기억을 간직한 친견제자(親見弟子)들이 소수에 지나지 않는다. 이에 기념다큐 제작진은 개교 백주년을 기념하는 첫 다큐멘터리에 친견제자 인터뷰를 담기로 결정했다. 그러나 인터뷰를 준비하는 과정에서 수소문한 결과 인터뷰에 응할 수 있는 친견제자는 극소수에 불과했다. 그간 친견 제자들이 많이 생존해 있을 때 동영상으로 기록을 남길 수 있는 기회가 적지 않았지만 그 누구도 실행으로 옮기지 못했던 까닭에 만시지탄의 감회를 느끼면서 몇 분 남지 않은 친견제자 인터뷰 작업에 착수했다.

　무더위가 기승을 부리던 뜨거운 여름철에 시작된 인터뷰 동영상 촬영에 고령(高齡)에도 불구하고 기꺼이 응해 주신 친견제자 11인의 간략한 인적 사항과 인터뷰 날짜 및 장소를 기록으로 남긴다.

● 2015년 8월 17일, 법산 이백철 종사(전북 익산시, 남자원로수도원)
　1927년생(인터뷰 당시 89세), 전북 무주 출생
　13세 때인 1939년에 대종사님을 처음 친견

● 8월 17일, 융산 송천은 종사 (전북 익산시, 남자원로수도원)
　1935년생(인터뷰 당시 81세), 전북 익산 출생

대종사의 사위인 주산 송도성의 장남

●8월 18일, 예타원 전이창 종사(전북 익산시, 중앙여자원로수도원)
　1925년생(인터뷰 당시 91세), 전남 영광 출생, 16세 때 영광에서 출가
　17세(1941) 때 교리강연대회에서 '생사대사'를 주제로 한 강연으로 대종사
　에게 칭찬을 들음

●8월 19일, 로산 전성완 종사(전북 익산시, 자택)
　1924년생(인터뷰 당시 92세), 전북 전주 출생
　대종사의 제자 혜산 전음광의 장남

●8월 19일, 아타원 전팔근 종사(전북 익산시, 중앙여자원로수도원)
　1929년생(인터뷰 당시 89세), 전북 익산 출생
　대종사의 제자 혜산 전음광의 장녀

●8월 20일, 명타원 민성경 종사(전북 익산시, 자택)
　1913년생(인터뷰 당시 103세), 충남 부여 출생
　1929년에 대종사님을 친견

●8월 20일, 승산 양제승 종사(전북 진안군, 만덕산훈련원)
　1925년생(인터뷰 당시 91세), 전북 남원 출생
　1944년 출가

●8월 21일, 향타원 박은국 종사(울산광역시 울주군, 배냇골청소년수련원)

1923년생(인터뷰 당시 93세), 전남 장성 출생

1939년 영산학원 입학, 이듬해에 출가

● 9월 16일, 숭타원 박성경 종사(전북 익산시, 중앙여자원로수도원)

1928년생(인터뷰 당시 88세), 전남 영광 출생

13세 때인 1940년에 대종사님을 처음 뵘

1943년 출가

● 9월 16일, 건타원 김대관 종사(전북 익산시, 중앙여자원로수도원)

1933년생(인터뷰 당시 83세), 전남 영광 출생

소태산의 수제자 팔산 김광선의 손녀

1949년 출가

● 9월 16일, 인산 조정중 종사(전북 익산시, 남자원로수도원)

1938년생(인터뷰 당시 78세), 전북 익산 출생

대종사 재세 시 '어린이회' 회원으로 대종사님을 뵘

위 11인의 친견제자 인터뷰를 진행할 당시만 해도 몇 분의 친견제자가 더 생존해 계셨다. 산타원 고현종 · 순타원 김성주 · 숭타원 송영봉 · 함타원 송영지 · 징타원 이용진 · 혜타원 장경안 종사 등 여성 제자들과 윤산 김윤중 · 흠산 모상준 대봉도 · 민산 이중정 종사 등 남성 제자들이 바로 그분들이다. 그러나 건강 악화 등 여러 사정으로 인해 그분들의 인터뷰를 진행하지 못했다. 개교 백주년이라는 기념비적인 해를 맞아 생존해 계시는 친견제자 모두의 인터뷰를 영상으로 담아 내지 못한 것이 큰 아쉬움으로 남는다.

인터뷰를 진행하는 도중 제작진의 의욕이 지나친 탓으로 큰 잘못을 범한 일도 있었다. 2015년 8월 20일 인터뷰 내용을 영상으로 기록하는 과정에서 일어난 일이다. 당시 연세가 103세이셨던 명타원 민성경 종사와의 인터뷰가 바로 그것이다. 인터뷰 직전 명타원님은 자택에서 넘어지셔서 고관절 쪽에 큰 이상이 있었음에도 불구하고 '공사(公事)랍니다'는 따님의 말씀에 불편하신 몸을 가까스로 추스린 상태로 3시간 이상이나 걸린 인터뷰에 기꺼이 응해 주셨다. 그러나 장시간의 인터뷰가 병세를 악화시키는 한 원인이 되어 끝내 자리에서 일어나지 못하시고 그해 10월 25일 새벽에 영영 고인이 되셨다. 명타원님께서는 소태산 친견제자로서 이 생(生)과 작별하는 마지막 순간까지 영상으로 남기는 기회를 주셨다. 10월 25일에서 27일까지 3일간의 장례식 장면은 이런 아픔 속에서 영상으로 남을 수 있었다. 이 자리를 빌려 명타원님의 영전(靈前)에, 그리고 유족들께 제작진이 저지른 큰 잘못을 너른 마음으로 용서해 주시기를 간절히 염원드린다. 참고로 친견제자들께 필자가 여쭈어 본 질문 항목을 아래에 명기(明記)한다.

원불교 100년 기념다큐
〈친견제자들이 기억하는 소태산 대종사님과 원불교 100년의 의미〉

1. 요즈음 근황은 어떠신가요? (건강 · 일과 · 식사 등)
2. 올해 연세는 얼마이며, 이 회상에 출가(出家)하셔서 생활하신 지는 얼마나 되나요?
3. 고향은 어디이며, 원불교와 최초 인연을 맺은 것은 언제인가요?
4. 대종사님 친견제자로서 언제 대종사님을 뵈었으며, 가장 기억에 남는 일은 무엇인가요?

5. 대종사님에 대해 후진들에게 꼭 전해 주시고 싶은 내용이 있으면 말씀해 주세요.

6. 대종사님 열반 당시의 상황은 어떠하였으며, 그때 목격하셨던 광경 가운데 기억나는 내용은 무엇인가요?

7. 기억에 남아 있는 대종사님은 어떤 어른, 어떤 스승이셨나요?

8. 대종사님의 가르침을 따라서 신앙하고 수행하며 살아오시는 동안에 가장 기뻤던 일, 또는 기뻤던 때는 언제인가요?

9. 기뻤던 일과는 반대로, 지금까지 살아오시면서 가장 슬펐거나 괴로웠던 일은 무엇인가요?

10. 정년퇴임을 하신 뒤에 원로원이나 수도원에서 수양에 정진하시면서 무엇을 표준으로 생활하고 계신가요?

11. 올해(2015)는 원불교가 개교한 지 100년째 되는 '원기(圓紀) 100년'입니다. 내년(2016)에는 개교 백주년을 기념하는 기념대회가 성대하게 열릴 예정입니다. 백주년을 맞이한 소감을 말씀해 주시지요?

12. 그렇다면 지난 100년을 마감하고 2세기를 맞이하고 있는 우리 회상의 미래에 대해서는 어떻게 전망하고 계신가요?

13. 대종사님 친견제자는 이제 몇 분밖에 계시지 않습니다. 어떻게 생사(生死)의 도리를 연마하고 계신가요?

14. 다음 생에 오신다면 꼭 하고 싶은 일이 있으신가요?

15. 끝으로 후진들에게 꼭 당부하고 싶은 말씀이 있다면 해 주십시오.

이외에도 혈연과 법연(法緣), 진정한 소유(所有)의 의미, 일상생활에서 간단없이 쉽게 수행할 수 있는 방법 등등에 대해서도 여쭈었다.

11분의 친견제자 인터뷰는 한 분당 짧게는 3시간, 긴 경우에는 무려 5시간

이상 걸린 경우도 있었다. 2015년 8월 21일 오전 배냇골청소년수련원에서 한 향타원 박은국 종사님 인터뷰는 거의 6시간 정도 소요되었다. 제작진은 향타원님께서 젊은 시절부터 써 오신 일기를 비롯하여 하루 일과 대부분을 영상으로 담았다. 마지막 장면은 조석으로 기도하시는 장면이었는데, 좌복을 정갈하게 까시고 목탁을 드시어 '일원상서원문(一圓相誓願文)'을 독경(讀經)하시는 장면을 찍는 도중에 제작진 모두는 쏟아지는 눈물을 주체할 수가 없었다. 93세의 노법사께서는 우리 제작진에게 "나는 내 자신이나 배냇골수련원을 위해 기도하지 않는다. 모두가 부처 되라고 기도한다, 자네들 잘되라고 기도한다."는 그 말씀에 그만 가슴이 먹먹해져 버렸기 때문이다.

소태산 대종사님을 친견하신 11인의 인터뷰 전 과정은 처음부터 끝까지 감동 그 자체였다. 인터뷰어(묻는 이) 역할을 자임했던 필자는 매 순간순간이 '자기정화(自己淨化)'의 시간이었으며, 참으로 행복한 시간이었다. 그 정화의 시간, 행복한 시간을 독자 여러분들과 나누기 위하여 인터뷰 내용 전체를 이 책에 담는다. 아무쪼록 이 책을 읽는 독자들도 필자가 느꼈던 감동과 행복감을 조금이라도 느낀다면 그보다 큰 공덕은 없을 것이다.

백주년 기념다큐가 무사히 완성되기까지 취재 및 촬영에 응해 주신 모든 분들께, 또한 음으로 양으로 후원을 아끼지 않으신 원불교 백년기념성업회와 종법실, 상사원, 밀양교당 조향진 교무에게도 머리 숙여 감사인사를 드린다. 멀리 일본 교토에서 유학하고 있는 국성천 교무의 노고도 여기에 기록해 두고자 한다.

끝으로, 수십 시간에 걸친 친견제자 11인의 인터뷰 내용을 깔끔한 문장으로 정리해 내는 일을 비롯하여 그 정리된 내용을 다시 '품격 높은' 한 권의 책으로 만들어 내는 수고를 기꺼이 감당해 준 이가현 양에게 고마운 인사를 전한다.

이가현 양의 첫 작품이기도 한 이 책이 소태산 대종사님과 그 제자들, 그리고 원불교를 사랑하는 모든 이들의 가슴을 따뜻하게 적시는 '은혜의 샘물'이 되기를 염원한다.

2017년 4월 28일, 102번째 원불교 열린 날에
원광대학교 원불교사상연구원 원장
박윤철(맹수) 합장

| 일러두기 |

1. 이 책은 2015년 8월 17일부터 2015년 9월 16일까지 열한 차례에 걸쳐 진행된 대종사 친견제
   자와의 대담을 정리한 것입니다.
2. 대담은 시간의 순서에 따라 수록하였습니다.

법산 이백철 종사

종단의 상머슴

어릴 때 가르침이라는 건요
내가 평생을 가지고 있다니까요

박맹수 개교 백주년을 맞이하신 소감이 어떠신가요?

법산 이백철 종사 (이하 이백철) 제가 작은 입으로 어떻게 표현할 길이 없습니다. 참 희귀한 일이죠. 제가 올해 나이가 89세인데요. 100년을 본다는 것은 이건 꿈같은 일이지. 생각도 못한 일입니다. 원(願)을 했습니다. 어찌 원을 했느냐면 백년 성업 조직을 할 때 경산 종법사님께서 저에게 고문이란 사령장을 줬어요. 그 사령장을 보고 곰곰이 생각하니 내가 퇴임을 해서 아무 자력도 없는 사람한테 어찌해서 어떤 마음으로 고문이라는 사령장을 줬는가. 내가 고민이 들었어요. 아침 좌선 의두연마 시간에 딱 하나 깼어요. 이것이구나! 내가 할 것은. 이 회상을 위해서 백년 성업을 위해서 기도를 안 빠지고 정말로 개근을 해야 되겠구나. 이것을 내가 할 일이라고 딱 결정을 했어요.

박맹수 백주년 성업을 위한 기도요?

이백철 예. 이것만은 내가 할 수 있는 것 아니냐. 왜냐. 이 회상의 근본인 구인선진께서 법인성사(法認聖事)를 이룰 수 있었던 그것이 뭐여. 기도 아닙니까? 그런데 요 말은 조금 빗나간 것 같지만 한때 정산 종사께서 동산선원에서 쉬실 때가 있었어요. 정산 종사는 문턱이 없어요. 남녀 누구를 막론하고 누구든지 뵈올 수 있었지요. 그런 때였어요. 거기 계실 때 제가 동산선원으로 갔습니다. 평소에 내가 뭔 의문이 있었느냐면 기도에 대한 의문이 있었어요. 또 개인적으로 공부에 매력을 좀 느꼈고 의문이 들어서 여쭤 봤습니다.

박맹수 정산 종법사님께요?

이백철 예. 직접 여쭈었더니 첫 대답이 "기도는 성불의 지름길이다. 시간은 짧게 기간은 길게." 이게 머리에 탁 들어오는 거야. 또 설명을 하셨어요. "시간이 길면 사심이 들어온다. 사심이 들어오면 그건 다 헛것이여. 그러니 시간은 짧게 하되 영생을 한다는 그런 기분으로 기도를 해라." 그래서 오늘날까지 그 말씀을 받들고 기도에 대한 그 말씀을 내 잊을 수가 없습니다.

그런 것이 있기 때문에 자신 있게 이것이다 하는 겁니다. 백년 성업기도가 7년이 다 되어 가는데요. 제가 아파 가지고 병원에 가야 돼서 두 번은 빠졌습니다. 개근은 못했어요, 개근을 하겠다는 계획은 틀어졌습니다. 그리고 내 성의 있는 대로, 힘 닿는 대로 성금 하는 것입니다.

박맹수 기도생활로 표준을 잡으시고 지금 7년째 일관해서 기도 생활을 하고 계시네요. 몇 분 안 남으신 대종사님 친견제자세요. 소태산 대종사님이 어떤 어른이시고 어떻게 마음속에 남으셨는지 그 말씀을 조금 들려주시면 좋겠는데요.

이백철 참, 작은 입으로 그것을 표현할 길은 없고, 제가 평소 생각에 우주를 경영하신 어른이시다 그렇게 생각합니다.

박맹수 대종사님께서요?

이백철 예, 우주를. 그니까 거기에 여러 가지 설명을 붙일 수 있겠죠? 간단히 말해서 21세기 주세불(主世佛)로서, 감히 표현을 하면 우주를 경영하신 분이다, 지금까지 이렇게 믿고 있기 때문에 틀림없이 반석이 되리라는 것을 저는 확신합니다. 대종사님의 말씀은 하나도 땅에 떨어진 것이 없기 때문에, 그걸 믿기 때문에 저는 그렇게 생각합니다.

박맹수 그럼 대종사님을 몇 살 때 뵈시고 언제 출가를 하셨나요?

이백철 예, 그 얘기는 좀 깁니다만 얘기를 좀 해야겠습니다. 제 고향은 전라북도 무주군 적상면 삼유리라는 곳입니다.

박맹수 산골이시네요?

이백철 예. 아주 산골입니다. 하늘밖에는 안 보여요. 다 산이고. 그런 고향에서 사는 데 참 희귀하죠, 이건 전생 인연이 아니고는 도저히 해석할 길이 없어요. 저는 스스로 그렇게 생각해요. 그런데 그 산중에서 살면서 선산도 있고, 밭도 있고 논도 있고, 그래도 밥은 먹고 살았어요. 그러고 사는데 우리 할아버지가 마음씨가 좋아 가지고 친구 빚보증을 섰어요. 그때 빚보증을 서면 본인이 못 갚으면 보증인이 다 갚아야 돼요.

박맹수 그렇죠.

이백철 그 친구가 못 갚게 되자 우리 할아버지가 그걸 다 갚게 되었는데 선산도 팔고, 집도 팔고, 논도 팔고 아무것도 남은 것이 없게 되었어요. 제 살길이 없으니까 이 양반이 주유천하(周遊天下)를 했어. 어디 간다는 말도 없이 나서서 가신 곳이 어디냐면 완주군 소양면, 그 만덕산(萬德山) 뒷마을에 어떻게 도착을 했어요. 다 날려 버리고 살길이 없으니까.

박맹수 다 팔아서 살길이 없으니까 떠돌아다니시다가….

이백철 아무 데나 떠돌아다니시다가 소양면 등성이 뒤 그 마을에 가셨어. 그런데 그것도 인연이겠지. 거기 마을 너머 만덕산을 가셨어요. 농원에를. 그때 주무가 누구냐면 송봉환 선생이 주무여. 그리고 최도화 씨의 영감님. 조대진 씨, 이준경, 이런 분들하고 연배여. 이런 그 인연으로 만덕산농원에 머물게 됐어요. 그런데 나는 어떻게 됐냐? 우리 아버지가 저 이북 회령 탄광으로 징용을 갔어요.

박맹수 아, 강제징용을?

이백철 애기 때니까 모르겠어요. 우리가 4남매거든요. 내가 둘째고, 딸 하나에 아들 셋인데, 하룻저녁 자고 나니까 아버지가 안 계셔요. 어머니밖에 물을 곳이 없잖아요? "어머니, 아버지 어디 가셨어요?" "느그들 먹여 살리려고 돈 벌러 가셨다." 그 어린것들을 보고 갈 수가 없으니까 새벽에 떠나셨어요. 그러니 우리 어머니는 4남매를 데리고 뭐 먹을 게 있었겠어요? 남의 집 일 하고 어떻게 살길이 없는가…. 그때는 전화도 없고 그래서 할아버지께 편지를 했어요. 그랬더니 만덕산으로 이사를 오라고… .우리 어머니가 고두밥을 싸주면서 "너네 둘이 갔다 오라."

코근재라는 큰 재가 있어요. 근데 그때도 일본 사람들이 찻길을 내서 차는 다녔어. 무주군에서 전주까지 코근재를 넘어, 그 높은 재를 넘어 넘어가는데 둘이 얼결에 많이 울었어요. 형님하고 나하고. 그래서 중간에 가다가 돌아와 버렸어요.

박맹수 가시다가 길이 험해서요?

이백철 갈 길이 없어요. 어떻게 갈 수가 없어요. 그랬는데, 그때는 열하나쯤 됐는가, 열 살쯤 됐는가? 세 살 차이니까 우리 형님은 열네 살이나 열세 살은 됐겠죠. 그런데 집에 왔더니 어머니가 회초리를 들고 어떻게 때리던지…. 결국 우리가 만덕산 달거리라는 데로 이사를 왔습니다. 100여 리가 넘습니다. 그때는 걸어 다닐 때 아닙니까!

박맹수 무주에서요?

이백철 예. 그때가 인제 열한 살 때입니다. 달거리로 올 때가. 형님하고 내 밑에가 바로 여동생이고, 막내가 남동생. 남매가 대엿 살 먹어 따박따박 걷고, 돗자리 하나는 짊어지고, 물어서 찾아갔어요.

지금도 기억나는 것이 만덕산 가기 전에 가래골이라는 재가 있는데 그 가래골 마을에 사는 사람 하나가 우리 마을 사람이라는 얘기를 평소에 들은 적이 있단 말이야. 그 재를 넘는 중간에 어디 교회가 있는데 먹고 간 기억이 나요. 근데 그날 만덕리까지 가질 못하고 가래골 마을에서 자요. 해가 넘어가니까 갈 수가 없으니까, 재를 넘어 가야 하는데 어렵잖아요? 그래서 그 이튿날 가래골 재를 넘어 가지고 만덕에 갔는데 하달, 중달, 상달 그럽니다.

박맹수 그렇죠. 예.

이백철 근데 하달 마을이 제일 커요. 상달이 젤로 작아. 증산 심도전(본명, 대섭) 교무가 그 마을 사람이여. 상달 사람. 거기서 왔잖여. 거기 가서 그 큰 집에 방을 하나 얻어 가지고 의지하고 살면서, 이제 낮이면 어머니는 일해 가지고 된장도 얻어오고 쌀도 얻어 오고 그렇게 먹고 사는 처집니다. 지금도 기억납니다.

그해 10월에 할아버지한테 내가 올라갔어요. 할아버지는 만덕산에 있으니까 한참 올라가잖아요? 그때가 음력 10월 16일이야. 날짜도 내가 안 잊어버려. 가는데 눈이 펄펄 날리고 참 이상해. 그 어린 나이에 거길 가서 할아버지한테 인사를 하고 나니 우리 아버지가 돌아가셨다고 부고가 왔대요, 전보로.

박맹수 함경도에서요?

이백철 그렇지. 회령서. 그때는 우리 아버지가 돈 벌어 오면 우리도 부자로 산다는 그런 기대를 갖고 살았는데 돌아가셨다고 하니 어떻게 온지도 모르고 말도 못하고 집까지 울고불고 왔어요. 그러니까 집안이 울음바다가 되어 버렸지. 집안 식구가 다. 열두 살 때 아버지가 돌아가시고 지금까지도 이북이 막혀서 가질 못하니까. 그때 어린 시절에 그 소릴 들었더라도 어떻게 가겠습니까? 못 갔습니다. 가자면 갈 수는 있었습니다. 그런데 돈이 있어야 가죠. 한이 맺히는 것이 오늘날까지 시신도 없는… 그 한이 맺혀 있어요. 불효막심한 그런…. 그러한 시간을 지나는 가운데 우리 할아버지가 준경 씨랑 연락이 되어 가지고. 그때 그 시절에는 젊은이 대개가 공부가 하고 싶어서 출가했지. 성불이고 뭣이고 원불교고 뭘 알아? 모르고 그냥 공부한다고 하니까….

박맹수 불법연구회에 가면 공부한다고 하니까.

이백철 공부한다고 그러니까…. 학교를 가본 일이 없으니까 그 욕심에 내가 이제 총부를 가는데, 그 소양면 마을에서 기차를 타는데 기동차거든. 두 칸밖에 안 갖고 다녀. 아따, 긴 놈이 그냥 소리를 지르고 오는데 어찌나 겁이 나던지. (웃음) 그래서 그 기동차를 타고 수엄리, 그때는 수엄리라 이름이. 전부 자갈밭이여. 지금이야 길이 거창하게 났지. 그 길을 걸어서 제가 와요.

총부에 딱 가니까 대사모님네 가서 밥을 해 먹으라고 그려. 그 시절에는 남자는 밥을 하는 게 아녀. 여자만 하지. 아무리 어려도 남자가 밥을 하는 때가 아녀. 어떻게 남자가 밥을 하냐? 여자가 하는 거지. 지금 영빈관 자린데 기와집 세 칸짜리 조그마한 집이여. 그 대사모님네 집에를 가니까 나보고 밥을 하라고 하는데 내가 언제 조리질을 해 봤어야지. 밥을 하려면 반드시 조리질을 해야 해. 지금도 그 샘이 있는데, 그 샘에 가서 쌀을 씻어. 아이 꼬마중이 쌀을 씻으면 저 오종태 선생이랑 이런 양반들이 예쁜 여자들이 남자 아이가 밥을 한다고 구경을 오네. 나는 더 부끄러워서 못하겠어. 사흘이 됐는데 그때 오월 아마 말일경이 될 겁니다.

박맹수 그때가 열네 살 때쯤인가요?

이백철 열세 살 때입니다. 날이 반짝하고 참 맑고 그런 날이었는데 그 대사모님네 집이 조실 쪽, 지금도 그 문이 있어요. 바깥에 큰 문이 있지만 고 사이로 조실을 왔다 갔다 하는 문이 있었어요. 서푼 판자로 울타리를 해 가지고 까만 칠을 했는데 판이 얇으니까 공이 있잖아요. 쑥 빠져 가지고 구멍이 있어. 그 구멍으로 어찌나 조실을 바라보고 싶은지, 조실을 이렇게 착 바라보니까 아, 촌놈이 조실을 보니까 기가 막히게 좋더라구. 대종사님이 까만 양산을 들으시고 까만 법복을 입고. 그땐 법복이 하나여. 여름에 얇은 것, 겨울엔 두꺼운 것. 지금은 두 개지만. 그때는 어디든지 혼자 나가셔. 까만 양산을 들고 까만 법복을 입고 나오시는데 그 구멍으로 보이는 것이 전부 팔월 보름달이야. 세상에 이런 어른도 있구나. 이게 처음 뵙는 거야. 그때가. 그 구멍으로.

박맹수 열세 살 때에?

이백철 열세 살 때.

박맹수 그러니까 나무 공이 빠진 구멍으로. (웃음)

이백철 그 나무 공이 빠진 구멍으로. (웃음) 나오신 거 보니까 눈을 뜰 수가 없어. 계속 바라보고 있으니까 어디로 가시냐면 창원 굿하는 집으로 들어가서. 얼마가 지났는데 대종사님이 그 대사모님네 집으로 오셨어. 그때 광령이가 많이 아팠어요.

박맹수 대종사님 둘째 아들이?

이백철 둘째 아들이 아파 가지고 학교도 못 가고 이렇게 끙끙 앓고 있는데, 그때는 몰랐는데 뒤에 생각하니까 병문안 오신 것 같아. 오시니까 대사모님이 안내를 해 가지고 얼마 동안 계셨는지는 모르지마는 나오시면서 마루 밑을 탁 내려오는데 내가 거기 있다가 그냥 황홀한 마음에 인사를 꾸벅 했어. 그러니까 대종사님이 "저 자식 어떤 자식이냐?" 이게 전라도 말이여. 대종사님이 내가 누군지 잘 모르니까.

박맹수 당연히 모르시죠.

이백철 그냥 암자에서 왔다고 그랬단 말이야. 그러니까 나를 보더니 머리를,

머리를 깎지 말 것을. (웃음) 아마 추모담에도 머리 쓰다듬어 준 제자는 없을 것이여. "훌륭한 사람 돼라." 간단해. 그리고 조실로 가셨어.

그것이 문제가 아니라 밥하는 것이 문제여. 이 꼬마중이 열세 살 때 어떻게 부끄러운 줄 알았는가 몰라. 부끄러워서 밥을 못 하겠어. 그래서 대사모님한테 여쭸단 말이야. 그때 정토들은 전부 과수원 했어. 대사모님네 과수원은 지금 원광대학 도서관 자리, 박물관 자리, 거기가 복숭아밭이었어. 똥지게도 지고 거름도 지고 댕기고 그럴 사람이 필요하잖여?

박맹수 그렇죠.

이백철 그래서 내가 대사모님한테 "저 밥은 못 하겠으니까, 똥지게 질랑게 나 좀 과수원에 일 좀 하게 해주쇼." 그럼 필요없대. 가래. 간단해. "필요없다. 가라."

박맹수 밥 못 하면?

이백철 밥 못 하면 가라는 거여. 이것 참 정말로 억장이 떨어지고…. 갔어. 부끄러워서 밥 못하니까 갔어. 또 만덕산으로 갔어.

박맹수 집으로요?

이백철 만덕산으로 갔더니 거기서 밥을 먹을 수가 있간디? 우리 어머니는 일본 들어가고 아무도 거가 없어. 우리 할아버지하고 그 만덕산밖에 없어. 그때 할아버지가 어려운 때니까 밥 먹일 생각하니까 기가 막히잖여? 그래서 나를 미륵사로 데려다 줘.

박맹수 먹고살기가 힘드니까?

이백철 밥 먹을 데가 없으니까 밥 먹을 데를 가르쳐 준 거야.

박맹수 입 하나 던다? 사람 하나 던다?

이백철 그렇지. 그래서 거기 데려다 주셨다고. 갔는데 거기는 새벽 3시에 일어나잖여? 스님이 새벽 3시에 일어나라고 깨워서 불공을 하러 가자고 그려. 내가 불공이 뭔지는 알았겠어? 가서 불공을 하는데 이것이 의무 같아. 부처님한 테 가서 첨엔 어디서 누가 왔다고 고하고 나는 절만 하는 것이여. 절도 끝도 없 이 해. 아침 내내 그냥 절을 해. 근데 절에 가면 탱화가 있잖여? 탱화 있는 데 가 서 불공을 하면 또 절을 하라고 그래. 사흘 만에 절이 질려서 내가 또 나와 버 렸당게. 그러니까 우리 할아버지가 얼마나 걱정 되겠어. 이러도 못하고 저러도 못하고. (웃음) 요리 가도 못하고 하니까. 그 이듬해 열네 살 때 다시 총부로 가 라는 것이여.

박맹수 그때가 원기 25년인가요?

이백철 25년이고 내가 열네 살 때고. 누가 뭐 인연이 있어 가지고 데리고 다 닌 것도 아니고 아무도 없이 총부에 가니까 불 때는 일을 하라고 그래.

박맹수 그럼 원기 25년이면 1940년인데요, 그때부터 그러면 대종사님을 5년 간 모셨네요?

이백철 4년이지. 28년에 돌아가셨으니까. 4년간.

박맹수 처음에 오셔서 시작한 일이 불 때는 일이었네요?

이백철 군불 때는 부엌이 16개여.

박맹수 16개요?

이백철 그렇지. 16개를 다 내가 때고 다녔다고.

박맹수 불은 그럼 아침저녁으로 때나요, 저녁만 때나요?

이백철 저녁만 때지. 아침에 어떻게 불을 때? 아침저녁으로 때는 데는 조실밖 에는 없어.

박맹수 16개를 다 말입니까?

이백철 16개를 다. 식당에 나무 들여 주고, 물 길어 주고 또 귀영물(설거지물) 데워 주고. 이것이 내 책임이여. 그러고 중간에 뭐든 시키는 일이 있으면 해야 하고. 그때는 간사 하나여. 지금은 여럿이지만. 내가 최초 간사야.

박맹수 원불교 최초의 간사.

이백철 그동안에 누가 있기는 있었겠지만 다 나가 버렸으니까 존재하고 있는 사람은 나 하나. 간사 출신이. 사흘 되던 날인데 대종사님이 그냥 어떻게 부지런하신지 가만히 있을 때가 없어. 시간만 있으면 경내에 여기저기 안 다니는 데가 없었어요.

박맹수 대종사님께서요?

이백철 예. 근데 거기 큰 창고가 있었는데, 저 북쪽은 창고고 요쪽에 남쪽은 도서실이요. 그때부터 책을 만드는 그런 거시기가 도서실이여.

박맹수 총부에 도서실이 있었어요?

이백철 도서실이 있었어요. 그리고 조실 쪽으로 남자 변소, 공동변소가 하나 있어. 칸이 6칸이여. 그리고 그 옆에 방이 하나 있고. 동쪽으로는 도서실 방이라고 조그마한 냄비방이라고 하는데, 인자 환자들 병나면 구들을 얇게 해서 때면 따순 방이 있어.

박맹수 빨리 데워진다고 냄비방인가요?

이백철 우리가 그때 부르기를 냄비방이라고 했당게. 불만 때면 따쉬. 이 구들이.

박맹수 아픈 사람도 와서 쉬고.

이백철 아픈 사람들 쉬는 데여. 지금도 길이 있는데 그쪽에서 나오시더라고. 거기 복숭아나무가 두 주가 있었어요. 복숭아나무 두 주가 있는데 거기서 나오시니까 꾸벅 절을 했단 말이여. 나 온 뒤로 처음으로 대종사님 면담을 하는 것이여. 절을 하니까 "너 언제 왔냐?" 어릴 때지만 1년 전에 꼬마중을 본 것을 어떻게 알고 "너 언제 왔냐?"고 물으셨어요.

박맹수 예. 기억하시는군요.

이백철 그래서 "언제 왔습니다." "너 이름이 뭐냐?" "이룰 치(致) 빛날 형(炯) 치형입니다." 내 호적 이름이 치형이거든. "너 성은 뭐이냐?" "경주 이가입니다." "아, 너 이놈, 양반이구나." 일 년 전에 뵈었던 대종사님을 이때 다시 뵌 거야. 꾸중은 내가 세 번, 네 번을 들었고 칭찬은 두 번을 들었는데….

박맹수 꾸중 맞으신 이야기 좀 해주세요.

이백철 내가 우선 불 땐 얘기부터 할게요. 조실 방에 불을 때는데 얼마나 때라, 어떻게 해라, 그런 말 하는 사람도 없고. 포장작, 평장작이라는 말을 모르지요?

박맹수 예, 잘 모르겠습니다.

이백철 평장작은 뭐냐면 큰 나무를 가운데 한 번만 딱 자른 것을 평장작이라고 그려.

박맹수 평장작이요?

이백철 예, 평장작. 그러고 그것을 조그맣게 잘라 가지고 다섯 개나 네 개 묶은 것은 그걸 포장작이라고 그려.

박맹수 예, 장작도 종류가 다르네요.

이백철 저 소양 가는 거기가 그때 큰 산중이라고. 우리 총부서도 기차로 가서 나무를 실어와. 포장작 하면 둥글둥글 쌓기 힘들고 일이 많으니까 평장작을 해. 이제 이리역(현재의 익산역)까지 싣고 오면 이리역에서 구루마로 싣고 와서 총부서 쪼개 가지고 포장작을 만들어. 그렇게 해서 조실에, 다른 데는 못 해도 조실에는 장작을 땠어. 근데 누가 가르쳐 주지도 않으니까 그냥 한 세 포나 땔 걸 다섯 포를 땠단 말여. 그 영정방에 주무실 때여. 요짝 작은 방이 있잖여? 거기서 주무서. 아침에 불을 때러 갔더니 문을 탁 이렇게 열고 "야 이놈아. 배가 고프니까 밥해 먹듯이 불을 때냐? 아, 뜨거워서 잠을 잘 수가 있냐!" 가 보니까 장판이 탔어.

박맹수 예. 불 때는 법을 잘 모르시니까.

이백철 그때 그 꾸중을 들으면서 공심(公心), 물건을 아껴야 한다는 것을 그때 인식이 됐어. 전라도 말로 "야 이놈아, 배고플 때 밥 해 먹듯이 그렇게 불을 때냐? 사람이 잘 수가 있냐?"

박맹수 배고플 때 밥 퍼먹듯이 불을 때면 되냐?

이백철 어. (웃음) 그것이 인자 최초의 꾸중을 들은 얘긴데 내 어릴 때 감수성이라 그때의 받아들이는 감정은 정말로 물건을 아껴야 한다는 공심. 불 때는 법에 대해 꾸중을 들으면서부터 공심이 들었어요.

그리고 우리가 마당 쓰는 싸리비 있잖여? 나무 갖다 놓고 어쩌고 허면 빗자루질 해 가지고 그것을 또 쓸어야 할 것 아니여? 근데 불 때고 나서 빗자루질을 슥슥슥 하고 있으니까 대종사님이 그 문을 열고 나오셨어. "야 이놈아, 고렇게 청소를 허야 쓰것냐? 빗자루가 틀어지면 네 마음도 틀어지는 것이여. 요리도 틀고 저리도 틀고 쓸지 왜 한쪽으로만 확 틀어지게 하냐?" 간단한 말씀 같지만 그 얼마나 법문이냐고요. 빗자루 보세요. 전부 한쪽으로만 이렇게 쓸지. 요렇게 고르게 쓰는 사람 없어.

박맹수 그렇죠. 빗자루가 틀어지면 네 마음도 틀어지는 거다?

이백철 마당을 쓸면서 땔 수 있는 것은 부엌으로 보내고, 거름 할 수 있는 것은 거름으로 보내고. 어릴 때 가르침이라는 건요 내가 평생 가지고 있다니까요.

박맹수 칭찬 받으신 일은, 어떤 일로 칭찬을 받으셨어요?

이백철 제가 낫질을 잘해요, 낫질. 그때 서울 갔다 오셨는가, 오신다는 소식을 듣고…, 지금 정문이 한 5미터나 좀 깎여 있습니다.

박맹수 정문이 높았군요, 그때.

이백철 높았어. 저기서 올라오고 요리 길은 내려가고 대학 쪽은 올라가고 총부는 내려가고 한 것을 반 백주년 행사 때 깎아 가지고 납작하게 됐어요. 대종사님이 육중하잖여? 그때 차가 없으니까 인력거를 타고 오시는데 인력거꾼이 그분을 만나면 똥을 싸. (웃음) 어찌나 무거운지 올라오는 데 힘들어. 그러니까 반드시 총부 정문에 오시는 거 보면 나가서 제자들이 밀고 왔다니까. 그리 안 하면 걸어 올라오셔야 하니까.

그러다 언제 서울 갔다 오신다고 해서 내가 인력거를 밀고 총부 조실까지 왔어요. 그런데 그때 조실같이 말끔하게 단정한 곳이 없어요. 그때는 가는 모래를 깔아 가지고. 청소 1등으로 하는 사람이 조실 들어가는데 청소 담당이여. 그렇게 쓸어 놓으면 어찌나 기분이 좋은가 몰라. 저 정신원(淨信院)서부터 이렇게 잔디를 전부 깔았잖여? 한 날 내가 잔디를 싹 깎았단 말여.

박맹수 오시기 전날에요?

이백철 오시기 전날. 그때는 걸어오심서 "이거 누가 했냐?" "제가 했습니다." "너 사람 이발하듯이 잘했구나!"

이발하면 딱 깔끔하잖여. 청소하는 것도 그냥 보시질 않고 그렇게 칭찬을 하시더라고. 간단한 것이지만 나로서는 으쓱하더라고. 대종사님이 어떤 어른이시라고 풀 잘 깎았다고 칭찬하시는 것이 어디 쉬운 일이여 그것이?

박맹수 그러니까요. 사람 이발하듯이 정성스럽게 했다고 칭찬을 하시고.

이백철 그렇게 칭찬을 들었어.

박맹수 그러니까 풀 깎는 데도 마음이 들어갔다고 봐야 되겠네요.

이백철 예, 그렇죠.

박맹수 이제 정년퇴임하시고 원로원에서 수양하시고 계시는데요. 대종사님 당시에는 공부하고 수행할 때 좌선을 2시간씩 시키셨다고 그러시던데 그 이야기 좀 들려주시면 좋겠는데요.

이백철 예, 좌선. 그때는 불법 연구 하러 온 사람은 좌선을 안 하면 안 됩니다.

남녀를 막론하고. 그때 주산 선생님, 상산님, 응산님 이 어른들이 전부 공회당에 나와서 같이 선을 했거든. 여자들은 안에서 하고 남자들은 공회당에서 했어요. 나는 좌선을 어떻게 하는 것이다, '좌선'이라는 말을 들어본 적도 없고….

박맹수 예. (웃음)

이백철 꼬마중이 공회당에서 두시간을 어떻게 앉아 있냐. 생각해보세요. 두시간을.

박맹수 열네 살 때니까요.

이백철 어, 열네 살짜리가. 그런데 내가 그때 받아들인 것이 꼭 해야 되니까 시키지 어른들이 안 할 일을 시키겠냐? 그것 하나여. 좌선이 어떤 것이고 부처가 되고 이런 건 누가 설명도 안하고 들어 본 일도 없고. 오면 밥 먹고 좌선하는 것은 기본이니까. 남녀 막론하고 기본이니까. 어른들이 나쁜 일을 시키겠냐? 좋은 일이니까 시키겠지. 요것 하나 가지고 2시간씩을 앉아 있었어요. 뭔 생각을 했는지 그건 모르겠고. (웃음)

기억나는 것은 주산 선생께서 어찌나 자세가 바르신지 꼭 태산이 앉아 있는 것 같아. 난 지금도 좌선을 하려고 앉으면 주산 선생을 염원한다고요. 여러 사람 보면요, 자세 보면 알아. 좌선 잘하는가 안 하는가 자세 보면 알아.

박맹수 자세를 보면?

이백철 자세를 보면 알아. 주산 종사나 황도국 교무를 보면 자세가 진짜로 발라요.

박맹수 자세가요?

이백철 지금까지 그분같이 자세가 바른 사람은 보지를 못했어. 이 표준을 갖고 있는데 두시간씩 하려면 안 죽을 장사 없어.

박맹수 졸음이 오게 돼 있죠.

이백철 오게 돼 있지. 새벽 일찌감치 갖다 앉혀 놓으니 안 졸 사람 누가 있겠어? 그러니까 그 전에는 경책이라는 걸 뒀어. 경책이라는 것을 둬 가지고 자는 사람은 죽비로 '딱!' 하면서 그냥 깨워 주는 그런 게 있어. 나도 해 봤지만, 그렇게 하면 내가 언제 잤느냐고 바라보지. 내가 잤다고 한 사람 하나도 없어. 아무도 없어. 부인해. 내가 언제 잤냐? 이것이여.

그리고 또 하나는 1시간 좌선을 하고 나서 자리에서 일어나서 한 바퀴 돌아요. 잠을 깨기 위해서. 그래 가지고 제자리에서 앉아서 또 한시간을 해. 그 시절에는 그렇게 좌선을 열심히 했습니다. 그때 습관이 오늘까지, 한 번도 안 빼먹었다는 건 거짓말이고, 거의 안 빼먹고 정성스레 했습니다.

박맹수 대종사님께서는 왜 그렇게 좌선을 강조하셨을까요?

이백철 그 시절에는 내가 몰랐지만 이제 철이 나고 오랫동안 이 밥을 먹다 보니까 이 공부 가운데 선(禪)이라는 것이 최고다, 근본이다, 교역자의 꼭 해야 할 의무다. 왜 그걸 느끼냐면 스님들, 고승들 그 일화집을 보면 제일 괴로운 것이 수마(睡魔)여. 수마를 얘기하지 않은 도인이 없어. 내가 그 일화를 들어 보면 잠이라는 것이 이것이 보통 문제가 아닙니다.

박맹수 참선 수행을 많이 하신 고승들도?

이백철 고승들도. 그 수행담 들어 볼 때 그러더라고. 자는 것이 수마더라고. 오죽하면 마(魔)라고 했겠어요. 잠이라고 하는 것하고 선하고는 그냥 정반대여. 법문에도 있잖여? 사심을 끌면 나중에는 수정할 수는 있지만 수마한테는 무기공(無記空)에 빠져 가지고 길이 없다고…. 이거 아니여? 그러니까 좌선은 기본 정신이여. 교역자가 남녀를 막론하고 좌선을 빼고 뭣을 한다는 말은 거짓말이여.

박맹수 출가공부인의 기본이다?

이백철 기본이여. 기본 정신이여. 그렇기 때문에 오늘날까지 선에 전력을 다 해야 한다는 것이지.

박맹수 좌선을 오래 하면 기단(氣團), 영단(靈團), 심단(心團)이 된다고 그러시던데요.

이백철 그것이 뭣이냐 하면 적적성성(寂寂惺惺), 이것이 기본이다 이거죠. 적적성성해 가지고 시간과 장소를 잊고 원적무별(圓寂無別)의 진경이 된다는 말이 최고 경지거든. 감히 얘기하자면 선에 들 때 죽비를 안칩니까? 깨는 죽비를 칠 때 그 순간, 한 시간이면 한 시간, 오십 분이면 오십 분, 육십 분이면 육십 분을 순간으로, 쉽게 얘기하면 '그새 죽비를 쳐? 이거 시작이여?' 할 정도로 들어가는 것이 진경이여. 시간과 장소가 없어지는 그것이 진경이다. 근데 해 보니까 계속되는 건 아니더라구요. 계속될 때도 있고 안 될 때가 더 많아. 솔직히 얘기해서. 그러니까 결국 기단, 심단, 영단인데 영단이 돼야 해. 대산 종사님 말씀이지만 배꼽 위에는 똥배고, 배꼽 밑에는 단전이여. 단전이 표주박 오므린 것같이 송곳으로 찔러도 안 들어갈 정도로 단단한 힘이 생겨야 한다.

박맹수 그게 영단이라는 것인가요?

이백철 그게 영단이지. 이 선이 참 어려워요. 과학적으로 단전을 좀 표현할 수가 없을까? 여러 동기들 간에 얘기를 하고 그래도 관심 갖는 이가 별로 없어요. 지금도 이 선이 어려워요. 그것이 기본이지만 참 어려워요. 그러니까 과학적으로 30년, 40년, 50년 된 사람. 나는 대산 종사같이 그렇게 단전 잘된 양반은, 진짜로 단전서 숨을 쉬더라고요. 그리고 양산님과 저는 많이 목욕을 다녔는데 진짜로 그 양반은 표주박처럼 단단했어.

박맹수 인과의 도리를 깨치신 양산 김중묵 종사님요?

이백철 예. 인과에 대해서 꾸중 받을 정도로 끝까지 질문을 했던 양반이 그 양반이야. 내가 하나 예를 들어 주면, 칠산님 있죠?

박맹수 예.

이백철 칠산님이 그 구인제자 아닙니까? 법문에도 나왔어요. 그 얘기 있잖여?

지내면서 사람들한테 뇌물 많이 받아 가지고 죽어서 뱀이 됐다는 예가 있어요. 의문을 가진 이가 아무도 없잖여? 그런데 그 의문을 해결하기 위해서 내가 그 양반을 따라갔어. 양산님이 그 질문을 해.

박맹수 정산 종사님한테요?

이백철 칠산님한테. 칠산님이 구인제자니까. 실제로 알기 위해서 그 양반한테 질문을 하러 갈 때 내가 따라 갔어. 대답이 "양산, 자네. 대종사님 믿어, 안 믿어?" "믿습니다." 끝났지. 대종사님의 법문인데 뭔 토를 거기다 다냐 이것이지. 해답을 그렇게 하더라고. 대종사님 믿어, 안 믿어? 이렇게 명확한 답변이 어디가 있어? 안 믿는다고 하면 문제지. 믿는다고 하면 끝난 것이지. 이런 정도로 공부하며 인과법문에 달통한 양반이고 생사해탈에 자유로운 양반이 그 양반이여.

박맹수 예. 양산님도 단전이 아주?

이백철 아주 그렇게 잘될 수가 없어요. 나 그런 양반 처음 봤어요. 선에서 가장 고질병이 뭐냐면 기체(氣滯). 먹어서 체한 것이 아니라 기운을 체하는 것. 기체로 고생한 양반이 대표적으로 고산님이여. 고산님이 선을 많이 하시다 기체가 걸려가지고 고생 많이 하셨어요. 저도 한동안 기체에 걸려가지고요, 죽을 뻔했어요. 아침에 좌선하는데 기가 올라오면요, 숨을 못 쉴 정도로 그냥 밀려 올라오는 기가 있어요. 이것도 내가 스스로 해결했는데 기체같이 무서운 것이 없어요. 세게 밀어 붙이는 것이 와. 단전에 너무나 힘을 너무나 주면 정반대로 기가 밀려 올라와 버려. 그걸 보고 기체라고 그래. 그래서 선가에서 기체를 가장 무서워합니다. 첫째가 수면이고 그다음이 기체여.

박맹수 욕속심으로 선(禪)을 해서는 안 되겠군요.

이백철 안 돼. 급하게 하면 안 돼. 순리대로 해야지

박맹수 이 회상에 오셔서 한 70년 이상을 사셨는데요. 수행자로서 또 전무출신으로서 기쁘셨던 때, 슬프셨을 때가 있으셨을 것 같은데요. 좀 기억나시는 게 있으신가요?

이백철 가장 슬펐을 때는 대종사님 열반하셨을 때입니다. 열반하실 때를 뭐라고 표현할 수가 없어요. 그 슬픔은 어떻게 표현할 길이 없었어요. 그 다음에 8·15 해방같이 기쁜 때가 없어요. 평생 없었어요. 이 두 가지가 대표적인 기쁨이고 슬픔입니다. 또 제 개인적으로 보면요. 혈혈단신으로 이 회상에 와 가지고 후손 중에 전무 출신이 10명이나 나왔어요.

박맹수 집안에서요?

이백철 우리 집안에서 정사(正師)가 10명이여. 이건 희귀한 일입니다. 아들딸이 나와도 기쁜데 손자 손녀가 나오고. 그냥 춤을 추겠어요. 얼마나 좋던지.

박맹수 그러시죠. 아버님의 뜻을 아들 손자가 계승을 한 것만큼 기쁜 일이 없죠.

이백철 어떻게 표현할 길이 없어. 정말로 우쭐거리고 춤을 추고 싶은 것이, 저는 감사한 것밖에는 없어요. 불평불만 이런 것은 아무것도 없습니다.

박맹수 교단에서 법사님을 존경의 마음을 담아서 붙여드리는 별명이 있거든요, '교단의 상머슴'이라고요. (웃음) 안 해 보신 일이 없고 그중에서도 농사라든지 노동을 제일 많이 하셨잖아요.

이백철 많이 했어요. 그랬어요.

박맹수 그 내용을 조금 들려주시면 좋겠습니다.

이백철 예. 사농공상 중에서 안 해 본 것이 없이 흉내는 다 내 봤지만 그중에 농사일을 제일로 많이 했습니다. 지게질하며, 쟁기질하며, 모심는 거며, 논매는 거 할 것 없이 안 해 본 것이 없이 다 했어요. 농촌에는 유지답이 먼저 서야

교당이 생기지 유지답 없으면 교당이 안 돼요. 농촌에는 전부 유지답 있잖여.

박맹수 그렇죠. 예.

이백철 그리고 농촌 교당치고 야학(夜學) 안 한 교당이 없어.

박맹수 유지답이 없는 교당이 없었고, 야학을 하지 않는 교당이 없었다.

이백철 당시 이 촌에는 중학교 가는 사람이 아주 드물었어요. 우리 회상에서 처음으로 고등학교 나온 게 누구냐면 유기현이 하고 한정원이여. 둘뿐이 없어. 그러니까 얼마나 정산 종사님에게 환영을 받았는지 시기가 날 정도로 환영을 받았어. 나 같은 사람은 국민학교 가 보도 못한 사람들, 이 사람들이 공부 한다고 온 사람들이야. 그러니까 그 세상을 생각하면 그 기쁨도 이루 말할 수가 없고 어쩌다 이 회상을 만났는가. 참 표현할 길이 없습니다.

박맹수 산업부에서 일하실 때 기억나는 일이 있나요?

이백철 많이 있죠. 이것하고 대종사님 열반하고 관련되기 때문에 얘기가 좀 지루해도 할랍니다.

지금 원광대학 음악관, 경영관. 거기가 산업부여. 복숭아밭. 거기서 닭도 키우고, 돼지도 키우고 했어요. 많은 사람이 먹고살려면 쌀이 있어야 하고 논이 있어야 됩니다. 그때 당시에 박경호한테도 들었겠지만, 오타원(이청춘) 그 양반이 그때 돈으로 액수는 얼만지 모르고 얼마를 내 가지고 저 팔봉면 오사리라는 데 가서 논을 샀어요. 거기서 논을 사 가지고, 우리가 가서 못하니까 소작인들한테 줘 가지고 가을되면 얼마 받아 오는 그런 때가 있었습니다. 그때는 산업부가 으뜸부여, 지금은 교화부지만. 농사짓는 일이라는 게 소가 있어야지.

박맹수 그렇죠.

이백철 또 과수원에서 저 시내 가서 똥도 퍼 오고, 쓰레기도 실어 와야 하니까 말 구루마가 있어야지. 그래서 말도 키우고, 소도 키우고 했어요. 소는 주로 논 갈고 농사는 짓는 곳에 필요하고, 말은 짐 실어 오는 데 필요하고. 기억이 틀림없이 나는 것이 원기 27년(1942)입니다. 27년도에 촌에서는 소 한 마리만 있어도 부자라고 했어요. 농촌에서 소 한 마리 있는 집이 어디가 있어요. 남의 집 것으로 논 갈았지. 그해 어떻게 해서 죽었는지 황소가 그냥 죽어버렸어요. 그 중요한 소가 죽었으니 논을 갈 수가 있나, 밭을 갈 수가 있나. 길이 없어요. 그런데 큰 호마도 죽어 버렸어.

박맹수 말도요?

이백철 말도 죽어 버렸어. 그러니까 빚을 져 버렸단 말야.

박맹수 산업부가요?

이백철 산업부가 빚을 져 버리니까 어떻게 운영을 할 수가 없어요. 그래서 원기 28년 대종사님 돌아가시던 해 정월달에 총부로 합칩니다.

박맹수 산업부가 힘드니까.

이백철 빚을 져서 살 수가 없으니까 1월에 합쳐요. 총부 살림을 하는 것은 정광훈 선생이 책임자고.

박맹수 중산 정광훈님이요?

이백철 그리고 밖에서 일하는 것은 천산 이건춘. 이 두 분이 비상사태의 책임을 지고 책임자가 됐습니다. 그때 당시에 먹고살기가 얼마나 힘들었던지…, 그 말로 표현할 수가 없는데 그때 일곱 명인가 되는 임원들을 불러가지고 도서실방에서 회의를 합니다. 산업부가 빚을 져가지고 이렇게 비상시로 총부를 합치고 하니 1년씩만 각자 집에서 있다가 돌아오면 좋겠는데 어쩌면 좋겠냐 하고 의견을 묻습니다. 그렇게 하는데 안 돌아간다고 하는 이가 누가 있겠습니까? 다 돌아간다고 했어요. 저도 간다고 했어요.

박맹수 집으로? 사가(私家)로요?

이백철 사가로. 어디로 가든지 1년만 있다 오라 이거지. 그래서 그때 세 사람이 떠났습니다. 여섯인가, 일곱인가 되는데 저는 갈 데가 없어요. 만덕산에서

원기 47년(1962) 교당요인 단체. 앞줄 가운데가 법산 이백철 종사

우리 어머니가 일본으로 떠나고, 집도 절도 아무것도 없고, 할아버지만 그 농원에 사시고…. 어디를 가겠어요? 그래도 간다고 손을 들었단 말이죠. 그런데 그때 고모들이 셋이나 금산으로 시집을 와서 살아요. 그러니까 내 생각에 고모 집 찾아가면, 언제 한번 가 본 적도 없는데 말이여. 참 주제넘은 일이지. 찾아가면 한 1년이야 어떻게 밥이라도 안 먹여 주겠어, 하고는 손을 들었는데 이거 갈 길이 막연해. 갈 수가 없어. 그런데 우리 할아버지가 만덕산에서 오셨어. 그것이 묘한 일이여. 그것이 누구 시킨 일도 아니고 연락 한 번 없었는데 오셨단 말여. 오셨는데 마침 준경 선생 동생이 영광 천기동서 사는데 그 형수네 집을 왔어. 우리 할아버지하고 준경 선생 동생하고 얘기를 하다가 나를 깔담살이로….

박맹수 깔담살이요?

이백철 모심고, 깔 베고, 소 먹이는 그것을 깔담살이라 그려. 깔담살이를 하러 가라고 결정이 돼서 내가 거길 가. 그때는 교통이 안 좋을 때라 영광을 어떻게 가냐면 장성 가서 기차를 타고 내려 가지고 장성서 버스를 타고 영광을 다니는 때여. 하루 종일 걸리고 까딱하면 중간에 자고 그러던 때란 말이여. 거기를 이 양반을 따라서 가는데 그때는 버스가 기름으로 가는 게 아니라 목탄차라고 숯으로 해 가지고 목탄차로 버스가 댕겨요. 큰 재가 하나 있는데 그 재를 가려면 힘들어 못 가니까 중간에 내려 가지고 사람들이 밀고 올라가서 타고 가는 그런 시절이여.

영광 가는 날이 장날이었는데 장날에 해가 뉘엿뉘엿 넘어가는 그때 거길 도착을 했어. 그러니까 촌에는 장날이면 다 오잖여? 천기동 마을서 나왔더라고요. 그 양반들하고 같이 걸어서 가는데 천기동 앞에 저수지가 있어요. 우리 마을에도 하늘밖에 안 보이지만 거기도 하늘밖에는 안 보여. 근데 시퍼런 물은 있고 초승달은 탁 떠서 비추고 눈물이 벌컥 나와. 내가 어쩌자고 여기를 왔는가….

그 마을은 삼산님(삼산 김기천)이 사는 마을인데 한 집도 반듯하지가 않아. 마을마다 집마다 올라가야 돼. 땅 딛는 데가 없어. 그런 마을엘 도착해서 어떻게 잔지도 모르고 아침에 일찌감치 잠이 깨서 우물에 가서 세수하려고 수건 하나 갖고 왔는데 거기서 어찌나 울었는지 몰라. 그냥.

박맹수 산업부가 힘들어서 1년간.

이백철 처음으로 산업부원이 돼서 갔는데 그 지경이 되니까. 빚 때문에 돌아가라 하고 나는 갈 데가 없고 그렇게 해서 영광까지 오게 됐다고.

박맹수 대종사님을 직접 모시고 공부하시고 가르침 받고 하셨으니까 후진들한테 뭔가 전해 주시고 싶은 것이 있으실 것 같은데요.

이백철 적은 속이지만 있죠. 여러 가지가 있지만 제 생각에는 그렇습니다. 이생에 제도하지 못하면 어느 생에 기다려 제도할까 하는 성가(聖歌)도 있죠. 그런 것과 마찬가지로 대종사님 법대로만 하면 부처 못 될 사람 하나도 없다고 봐요.

박맹수 예. 법대로 해라.

이백철 법대로 하고, 우리 대종사님 교전에 나온 대로 하고.

박맹수 교전에 나온 대로.

이백철 일과에 정성 하고. 일과에 정성 안 하고는 제 좁은 소견으로는 부처 못 됩니다. 일과에 정성 들여야 부처 돼요.

내가 나이가 먹고 그러니까 새로 들어오는 원불교학과 학생들이 더러 와서 질문도 하고 그럴 때가 있습니다. 정통정맥(正統正脈), 대의명분, 공명정대를 끊임없이 얘기했습니다. 신맥, 법맥이라고 하는데요, 신맥, 법맥 갖고는 약해요. 정통정맥이라야 돼. 내가 실례를 하나 들어 드리겠습니다. 상산 종사님은 이 교단의 꽃과 같은 아름다운 분이다, 그렇게 개인적으로 표현합니다.

박맹수 박장식 종사님을요?

이백철 예. 정통정맥을 제대로 손수 전해 준 어른이 그 어른입니다. 좌산 종법사님이 종법사가 돼서 종이 딱 울립니다. 양산님이 계실 때인데 상산님께서 "양산, 법복 입고 저기 나가." 그러니까 양산님 첫 말씀이 "상산 종사님께서 한 번 하시고 했더라면 좋은데." 말도 떨어지기 전에 "그 자리가 지키고 앉았는 자리야? 거 가? 자리 지키고 앉았는 자리냐?" 그러니까 아무라도 가는 자리냐 그 말이여.

박맹수 종법사 자리를?

이백철 종법사 자리를. 그렇게 하시고, 법은관 거길 갑니다. 그때 마침 회의를 마치고 수위단원들이 나오는데 거기서 오체투지를 합니다. 그때가 84세입니다.

박맹수 예. 새 종법사님은 한참 후배인데?

이백철 좌산 종법사님이 제산이라고 상산 종사님 큰아들하고 동갑이여. 그때 그 광경 사진 하나 찍은 사람이 없어. 사진 하나 찍어 놨더라면 얼마나 보물이겠어요? 그 양반 행사하는데 박물관에서 그림을 그려 가지고 놓곤 하더라고. 그게 중한지는 알았던가벼? 그림이라 그려 놓고 붙여 놓은 것이. 그리고 그 이튿날은 수위단원하고 좌산 종법사님이 원로원을 찾아오셨어. 그러니까 현관에서 전부 엎어져서 또 절을 했어. 수위단원도 하고.

박맹수 모든 원로님들이.

이백철 우리들도 하고 전부 다 엎어져서 했어. 그 사진도 찍어 놓은 게 하나도 없어.

박맹수 그것이 바로 정통정맥이다.

이백철 그것이 문제가 아니라, 대종사님이나 좌산 종법사님이나 법주(法主)라는 의미에서 호리도 틀림없이 받드는 정신이 얼마나 지극했냐?

그 노인이 좌산 종법사 어디를 가신다고 하면 정문에도 나가고 영모전에도 반드시 갑니다. 의자에 앉으시라고 의자 갖다 놓으면 절대 안 앉아요. 뭔 일 있어 가시자고 하면은 종법사님 오시기 전까지는 절대 안 하죠. 앉는 법이 없어요. 그런 정신들이 계속 이어간다면 21세기의 주세교단으로 틀림없다고 믿습니다. 후진들이 꼭 본받아야 합니다.

박맹수 공명정대 말씀을 계속 강조하셨거든요? 관련된 일화나 전하고 싶은 교훈이 있으신가요?

이백철 우리가 공심이라고 하고 이 교단의 생명이라고 말은 하면서도 돌아가면 개인적으로 돌아가지. 모든 것을 객관적으로 봐야지, 주관적으로 봐서는 틀리다. 객관적이라는 것이 넓혀지면 주관적이라는 것은 딱 가려져 있어. 한정이 있어. 내가 얘기하는 것도 주관적으로 얘기하는 것이지 객관적이 아냐. 내가 본 대로 들은 대로, 느낀 대로 한다고. 나는 거짓말을 못 하는 사람이여. 나는 젊어서도 아닌 것은 못 봐. 그런데 나이 먹으니까 아무리 잘못해도 그럴 수가 있겠더라, 사람이라. 요것이 내가 나이 먹어 가면서 철들어 가는 말이여. 교정(教政) 위원회를 할 때 네 시간, 다섯 시간을 못 하게 할 때가 있었다니까.

박맹수 젊었을 때요?

이백철 그렇지!

박맹수 바르지 않기 때문에.

이백철 못 봐, 그런 것은.

박맹수 나이 드시니까 이젠 그럴 수도 있겠다는 말씀이시죠.

이백철 이제는 이해가 가. 이해심이 생겨. 옛날 그것이 옹고집이여. 그것이 주관이지. '그럴 수가 있어?' 그것이 '그럴 수도 있지!' 나이가 들다 보니 이 여유라는 것이 바로 이런 것이구나 하는 그런 생각을 가집니다.

박맹수 집안에서 10명 전무출신 교역자가 나왔는데요. 다 예쁘신가요?

이백철 말로 표현을 못하겠다니까요. 어찌 좋은가. 손자 손녀가 그렇게 좋을 수가 없어. 애들만 보면 지금도 웃음이 벌렁벌렁 나와.

박맹수 그러세요?

이백철 감사뿐이지. 나는 불평불만이라는 것이 하나도 없어.

박맹수 그래도 제일 예쁜 아들이나 손자 없습니까? (웃음)

이백철 다 똑같지.

박맹수 이제 다음 생을 준비하고 계실 것 같은데요…. 어떠세요?

이백철 예. 우리 교역자의 최고 목표가 생사 자유인데 참 어려워요.

박맹수 어려우세요? 왜 어려우신지 말씀 좀 해 주세요.

이백철 그만큼 적공을 하는 것이지. 정진 적공을 하면 어려울 것이 하나도 없어요. 그런데 가다가 쉬는 사람이 더 많아.

박맹수 법사님은 죽음이 어떠세요? 지금 오고 계시는 것 같은데…. (웃음)

이백철 그것은 이제 피부로 느끼죠. 요새는 피부로 느낍니다. 정신이 있을 때는 참 계획도 많았고 이렇게 해야 하겠다는 것도 있었고, 또 우리 사가 가족한테는 내가 유언도 하고, 이렇게 저렇게 해 달라 말도 하고, 그런 일이 있는데, 나는 내 수의를 입고 가야겠다 해서 챙겨놨습니다. 내가 팔십 때 다 빨아서. 대종사 법문에도 있잖여. '깨끗하게, 있는 놈 빨아 입으면 되지.' 나는 그것이 머리에 있어. 나 준비 다 해놨어.

박맹수 평소에 입던 옷을 깔끔하게.

이백철 다 빨아 해 놨어. 근데 그렇게 할는지 그건 몰라. 그건 내 원이지. 그러고 나는 풍장(風葬)을 하라고 얘기를 했는데, 바람에 날려 버려라.

박맹수 왜 날려 버리라고, 그렇게 말씀하셨어요.

이백철 아까 얘기한대로 우리 아버지가 회령 가가지고 돌아가셨는데 불효막

법산 이백철 종사 구순 기념사진 (2016년 음력 4월 9일)

심해서 시신도 못 찾는 불효자요. 길이 없어요. 갈 수가 없잖여? 딱 맥혀 가지고. 그래서 내가 '영묘 묘원'을 만들어 놓고 우리 고조까지 전부 한군데 다 모셨는데, 내가 그것 하나는 했네요. 우리 애들이 고향으로 성묘갈 일이 없어.

박맹수 예. 다 모셔놔서.

이백철 고조까지 다 모셨다니까. 그때는 20기를 샀거든. 그래서 불효막심하니 우리 애들에게 나는 풍장을 해라, 바람에 날려 버려라. 또 여러 가지 얘기한 것이 있는데, 한 번은 종화(宗化)가 내방을 찾아왔어요. 와 가지고 "아버지. 그것은 과하시네요. 그래도 이 세상에 와서 아버님 때문에 전무출신이 10명이나 나왔는데 그렇게 간 자리 없어 됩니까?" 간곡히 얘기를 해요. 그래서 "알겠다. 죽은 뒤에 행사니 어쩌겠냐, 너희들 하고 싶은 대로 해라. 오늘 이후로 내 생각은 다 끊어 버려야겠다. 너희들이 하고 싶은 대로 해라." 내가 후련합니다.

박맹수 다음 생에 오시면 대종사님이랑 다시 오시는 겁니까?

이백철 그건 틀림없죠.

박맹수 다음에 오시면 머슴 일 말고 다른 일 하셔야 할 것 같은데요. (웃음)

이백철 더 큰 일을 하고 싶은데 모르지. 그건 그때 봐야지. 그건 내가 한다고 되는 것도 아니고 내가 오면 그때 상황에 따라 되는 대로 따라가는 것이지. 법대로 따라가면 되겠지. 뭐 있겠어요.

박맹수 이제 100년이 지나고 2세기 원불교가 열리게 되거든요. 저희 원불교인들이 세상 사람들을 위해서, 어떻게 살았으면 좋겠다, 그런 소망, 바람이 계실 것 같은데요.

이백철 그건 제 얘기보다도 대종사님께서 다 말씀하셨으니까 그 어른의 법문 따라서 후진들이 실행하면 됩니다. 지금 컴맹이라는 말을 많이 쓰는데 컴맹의 대표격이 접니다. 저는 휴대전화도 가진 적이 없고 그렇게 사는 사람이요. 그렇기 때문에 다음 생에도 또 컴맹이 되면 어쩔까 하는 걱정이여. 가만 생각하니까 걱정할 것이 없을 것 같아. 처음부터 배우면 되는 것이지 뭐. 그런 걱정은 없어.

내가 원로원에 온 후로 참으로 개운한 것이 뭣이 있냐 하면, 내가 퇴임한 지가 24년 됐는데 처음에 와서는 내가 생각하기를 마음은 허공처럼 육신은 낮게, 인간의 시비를 상대하지 말고 대자연을 벗 삼고… 하고 첫 해에 계획을 세웠고. 그다음에는 대종사님 가르침대로 부지런히 배우니 근심걱정 없고 내 마음은 고요하여 극락에 가노라 이렇게 또 계획을 했습니다. 최근에는 마음자유, 천업을 자유로, 생사자유하자. 이 세상에 와서 생사자유 공부 잘못 하면 영생을 그르치니까 이것이 결론이라는 표준을 갖고 끊임없이 노력을 하고 좌선하고 기도하고 그러고 삽니다.

박맹수 꼭 생사자유 이루시고, 다음 생에 또 오셔가지고 대종사님의 법을 더욱 널리 드러내는 주인공으로 오시길 바라고요, 지금 법사님 뒤를 잇는 가족들이 함께 이 세상에 큰 숨은 불보살이 되도록 기도하고 염원 드리겠습니다.

이백철 감사합니다.

박맹수 종화 교무랑 전무출신한 여러 아들 손자들에게 한 말씀, 아버님으로서 할아버님으로서 당부하시고 싶은 말씀으로 마무리해 주시면 어떨까 싶습니다.

이백철 내 말보다도 대종사님 가르침대로 법대로 살면 누가 이러고저러고 말하기 전에 그대로 된다고 틀림없이 믿기 때문에 그렇게 살기를 바랄 따름입니다.

박맹수 장시간 귀중한 말씀 감사합니다. 내내 건강하십시오.

융산 송천은 종사

할 일이 있는 사람

'또 있소' 정신을
발휘해야 된다 이거여

박맹수 요즘 근황 어떠십니까?

융산 송천은 종사 (이하 송천은) 건강이 오랫동안 상당히 안 좋았어요. 그래서 동생보다도 내가 먼저 가지 않겠냐, 그렇게 생각했는데 우리 월타원(송관은) 동생이 먼저 갔고 나는 오히려 건강을 조금 회복하는 편이에요.

박맹수 건강이 조금 회복되셨단 말씀은 규칙적으로 식사도 하시고 생활도 하시고 그러신다는 뜻인 것 같은데요….

송천은 현대 의학도 참고를 많이 하고 병원 신세도 지는데 이상하게 좀 더 살라는 그런 것인가 싶어요.

박맹수 개교 100주년을 맞이해서 소태산 대종사님 친견제자분으로, 또 아주 귀중하게 외손자로서요, 후세들이나 세상 사람들에게 뭔가 말씀을 증언해 주라는 법신불(法身佛)의 부르심일 수도 있겠는데요. 100주년 소감이 어떠십니까?

송천 은 그런 것에 의무감이라고 그럴까, 그런 걸 가지고 있었는데. 그 전에도 50주년이 있고 그러지 않았어요? 그때 그걸 구체화해서 쓰라고 그러더라고. 그래서 한 번 구체적으로 맘먹고 썼어요.

아직도 새로운 것을 만들고 싶지만 이미 선진 되시는 분들, 후진들이 와서 조사한 것들 너무 많이 나와서 새로운 것이 별로 없어요. 지금 내 생각은 아까도 잠깐 얘기했지만 보는 각도를 달리해서 보면 대종사님의 새로운 모습을 발견할 수 있고, 그게 새로운 비전도 될 수 있고 그렇기 때문에 거기다 치중을 해서 생각을 하는 중이죠.

박맹수 그럼 융산님이 다른 각도로 보고 계시는 소태산 대종사님은 어떤 분이라고 세상 분들한테 쉽게 설명할 수 있을까요?

송천 은 대종사님이 이제 깨치고 나서서 여러 경전을 열람하신 걸 다 알고 계시겠지만 실제 불교인도 아니잖아요?

박맹수 예, 그러시죠.

송천 은 불교인도 아니시고, 뒤에도 불교인들은 그렇게 많이 접촉하시지는 않으셨어요, 그분이 깨우침을 통해서 불교가 핵심 사상 중 하나는 될 수가 있겠다 그 생각은 하셨는데, 그러나 이분의 포부가 앞으로 발전된 세계, 개벽(開闢) 시대가 돌아온다고 생각을 해 가지고 울타리 넘어서는 것을 할 수 있겠다 그런 생각을 많이 하셨던 것으로 이해되고, 그렇기 때문에 한국의 그때 당시 동학(東學)이란 신종교가 일어났었는데 그에 대해서도 굉장한 애정과 존경을 표하셨고, 증산교에 대해서도 나쁜 평도 있었고 좋은 평도 있었고 그랬지만, 그에 대해서도 충분한 이해를 가지시고 접근을 하셨고…. 그뿐이 아니라 기독교 사상이나 목사분이나 그런 분을 대할 때도 요새는 많이 개화됐다고 서로 그….

박맹수 다원주의라고 할까요?

송천 다원주의로 넘나들고 이러지만, 그때는 그런 세상이 아니었잖아요? 그런데도 대화를 하면서 그런 세계를 만들어 놓으려고 하는 입장이시니까. 정신세계를 보면 미래세계, 현대세계를 아울러 끌고 가시려는 그런 것이 들어 있는 거죠.

박맹수 다가오는 열린 시대에 열린 종교로서 말씀이시지요?

송천 열린 종교. 그런 것을 머리에 두고 하신 것이란 말이야.

박맹수 그런데 대종사님은 기존의 불교, 출가를 해서 스님께 배운다든지 뭐 그런 게 아니라….

송천 예, 전혀.

박맹수 스스로 구도 과정 속에서 그런 것을?

송천 그땐 한국 불교, 산중 불교를 실생활에 맞게 개조해야 할 필요성이 있었지만, 그것만 가지고 종교를 펼치려고 한 것이 아니기 때문에 아주 넓은 안목을 가지고 요샛말로 글로벌한 안목을 가지고 상대하면서 또 창조적인 주체성은 세워 나가고 하려고 하신 거죠. 그러니까 종교 대립 같은 것을 없앤다고 할까, 아주 축소시키고. 좋은 면을 드러내 가지고 한국사회라든지 종교사회를 개조하는 방향으로 갔으면 좋겠다는 희망을 가지셨던 거지요.

박맹수 종교 간의 갈등을 뛰어넘는 차원이라고 할까요?

송천 예, 뛰어넘는 더 큰….

박맹수 종교 간의 화해라든지 협력.

송천 예, 협력. 서로 더 크게 뭉칠 수 있는 그것을 생각하신 거죠.

박맹수 대종사님으로부터 말씀을 듣고 배운 건 언제쯤부터라고 할 수 있을까요.

송천 영산(靈山, 원불교의 발상지인 전남 영광 백수읍 길룡리)에서 출생의 근원을 얻었고 나기는 원불교 총부에서 났는데, 그러니까 아주 뭐 인연이 깊게 됐죠.

박맹수 태중에서부터요?

송천은 예. 태중에서부터. 정산 종사님은 우리 큰아버님 되시고, 주산 종사님이 우리 아버지시고, 우리 어머님은 대종사님 큰따님이시고. 그러니까 언제부터 그랬다 소릴 할 수가 없고, 다만 대종사님이 사람을 많이 접촉을 하시니까 머리에 열이 나시고 상기가 되는 것이 많이 있었어요. 수도 과정에서 생긴 병이시기도 하지마는. 그러니 사람을 많이 대하고 나서 기운을 식혀 줘야 되잖아요. 기운을 식혀 줘야 되니까, 그때 어린애 되는 나를 데려오라 그래 가지고 안고.

박맹수 무릎에 앉혀 놓으시고.

송천은 종법실로 가서 위안 드리고 그러셨는가 봐요. 이 말은 그것을 직접 하셨던 훈타원 종사님께서 나한테 전해 주신 얘기에요. 어려서 그렇게 살았는데, 유년회에 다니면서도 아마 내가 제일 어린 편에 들어갔을 거예요, 그때.

박맹수 그때 대종사님 불법연구회 시절에 유년회가 있었습니까?

송천은 유년회가 있었는데, 그때 그 지역에는 유년회라는 것이 없었지요.

박맹수 지금으로 치면 유치원 정도 되는.

송천은 유치원이죠. 그런데 애들을 따로따로 급수를 만들 수가 없으니까 상당히 나이 든 애들도 그냥 다 어린이회라고 해 가지고 들어오는 거여. 그렇게 해서 같이 교육시키고 그랬는데. 아침에 일찍 가서 문안드리러 가면 벽장에서 손가락과자 하나씩 딱딱 주셔. (웃음) 어느 날은 내가 이제 아주 어릴 때니까, 세 살이나 됐나 모르겠어요. 안 주시고 신문을 보고 계셔. 일부러 신문을 보는 체하며 어쩌는가 볼라고 그렇게 하신 모양인데 우리는 그런 걸 모르니까 한참 기다리다가 도저히 참을 수가 없어 일어나서 "이제는 과자 없어?" 그랬지. (웃음) 굉장히 웃으시더니 일어나셔서 벽장에서 과자를 하나 주셨는데, 그 양반이 그렇게 일반 도인이라 그럴까, 도인이시면서도 크게 유머러스하셨어요. 법문하는 것도 그렇게 유머러스하시고.

우리 다 알잖아요. 정각 선생이나 그런 노인들, 졸기나 하고 하품도 하고 이렇게 나오면 "아무개를 보니까 꼭 하마, 하마 같다." 그런 것이 굉장히 유머러스해 가지고 웃기기도 하고 대중을 굉장히 즐겁게 만드는 그런 교화력이 있으셨어요. 그건 뭐 그분한테만 하신 것이 아니라 항타원 같이 그렇게 유명하게 신심도 깊으시고 대단하신 그런 분도 생긴 걸로는 작기로는 뭐만 하고 어쩌고 하면서도 "저, 참, 알맹이는 대단하다"고 칭찬하시고 그랬는데 이렇게 말씀하는 방식이 재미없게 하는 게 아니고 기를 돋워 주시고 웃기시고 그런 것이 아주 능하셨어요.

식당 같은데 가서 이분이 돌아다니시면서 전부 애쓴다고 격려한다고 다니시잖아요. 그런데 다니실 적에도 "애쓴다" 하면서 "나는 총독하고도 너 안 바꾼다. 너 하고는."

박맹수 식당에서 일하시는 분께요?

송천은 예. 일하는 사람하고, 총독하고 안 바꾼다. 이런 식으로. 그때 일제 시대에.

박맹수 총독하고요?

송천은 예. 총독하고도 안 바꾼다. 식당에서 빨래하는 사람한테도 그런 얘길 하시고 그러니까 그 사람들은 얼마나 흡족하겠어. 세상에.

박맹수 큰 용기를 주셨군요.

송천은 예. 이렇게까지 우리를 생각해주시는구나. 그러니까 돌아가셨을 때 그때 보면 6 · 25전쟁이 벌어진 것이나 마찬가지였어.

박맹수 돌아가셨을 때 광경이요?

송천은 예. 난리 난 것이지. 그냥.

박맹수 열살 때쯤 되셨나요?

송천은 그때 나 아홉살이에요. 아홉살인데. 1학년. 그때 막 땅에 뒹굴고 하는 것도 구경했고, 고랑 같은 데 노인네 뒹굴고…. 말로 할 수가 없었어요. 말로 할 수가. 구타원 종사 같은 분은 그 소식 듣고 버선발로 뛰어서 사람들하고 이리 병원까지 달음질하셨잖아요.

사람을 다루는 자비와 인정과 도가 굉장히 뛰어나죠. 또 위엄이 있으시고. 농담이나 하고 그러셨다면 되겠어요? 그 위엄이라는 것이 말로 할 수가 없는 위엄이 나오는 거요.

박맹수 대종사님의 위엄 있는 모습? 기억에 나시는지요.

송천은 기억 나지. 대단하지. 그때 대종사님 돌아가시기 6개월 전에, 원광대 총장 하셨던.

박맹수 숭산님이요?

송천은 숭산. 그 양반 결혼식이 있었거든.

박맹수 돌아가시기 6개월 전에요?

송천은 예. 6개월 전에. 그러니까 내가 그때 거기 참여해서 구경을 하는데 청 가사를 입고 나오셨어. 보통 때는 안 하는데 그때는 일본이 황도불교(皇道佛敎) 만들려고 하고 그럴 때니까 그러셨겠지. 나오셔서 법상에 앉으셔서 저쪽을 내 다보고 아무 말씀도 않고 계시는데…. 내가 그거 썼지? 거 신문에다가.

박맹수 예.

송천은 깜짝 놀랬어. 하! 말씀도 없이 저렇게 전체를 압도를 하냐. 대단한 분이다. 그리고 아주 알뜰한 제자가 돌아가시거나 이럴 때 본인이 그냥 눈물을 펑펑 흘리셔. 대중 앞에서. 그것도 쉬운 일이 아니어. 거기서 그렇게 눈물을 펑펑 흘리면서 슬퍼하시는데 일반인이 어떻겠어. 일반인이야 아주 완전히 사로 잡혀 버린 것이지. 그 양반 돌아가셨을 적에, 일본, 그 상야(上野)라고 있잖여.

박맹수 일본말로 우에노 스님이요.

송천은 우에노. 거기하고 김태흡 스님하고 사회 봐 주셨고 그랬지. 그분도 "일본의 큰 재(齋) 많이 돌아다녀 봤지마는 세상에 이런 일은 처음이다." "눈물 좀 흘렸다." 그 말을 했어. "큰 분이 가셨다." 압도하는 것과 자비스럽게 어루 만져 주는 그것이 완전히 절정에 이른 분. 그렇게 하니까 구인 선배 같은 분들이 나오신 것이거든.

사람이 좋을라고 종교도 믿고 그러는 것인데 죽으라고 목숨을 내놔야 된다고 하니 그걸 누가 받아들이겠어요. 근데 그렇게 제자들이 되고, 열 몇 살 위 되는 자가 업어 주고 그런 분들이 다 구인제자인데, 그분들이 죽을 각오를 하고 칼 들고 왔잖여. 그런 것을 보면 이분이 뭐 풍모부터도 다르지. 신체도 그렇게 크신 데다가.

박맹수 미남에다가.

송천은 예. 미남에다가 영광에서 나올 수도 없는 인물이지. 그러니까 김형오 선생이라고 나하고 참 친하게 지내시는 분인데, 그분이 그러셔. 이 분을 모시고 역 같은 데 가면 모여 있던 사람들이.

박맹수 일제 때요?

송천은 예. 일제강점기 때. 사람들이 쫙 갈라선다는 거여.

박맹수 풍채에 그냥 압도되어 가지고요?

송천은 위압감하고 자비만 가지고 있으면 그렇게는 안 돼. 위압감도 있고 뭐 말할 수 없는 뭣이 들어 있다고 생각하기 때문에 쫙 갈라져 버리는 것이지. 그러니까 그분이 그런 방언역사 같은 것도 헐 짓이여? 그래도 그것을 할 적에 전부 다 목숨 내놓고 한 것이지. 그것도.

박맹수 그런 위엄과 자비와 교화력을 갖고 계셨기 때문에 일제 말기에 여러 기록들 보면 조선총독부나 경무국에서 여러 방면으로 탄압을 했다고 하는데요.

송천은 엄청나게 했어.

박맹수 그때 상황 기억나시는 대로 말씀을 좀 해 주시지요.

송천은 내가 직접 들은 얘기는 아니지만 서공남 선생이 종법실에 가시니까 그날 대종사님께서 기력이 조금 떨어져 보이시면서 대종사님이 말씀하시기를 "나를 없애야 되겠다고. 인도 간디와 같은 인물이라 없애야 되겠다고 한다." 그러면서 좀 걱정을 하시더래. 가실 때가 얼마 안 남은 것이여. 실제로. 그래서 그분이 가실 준비를 많이 하셨다는 것은 여러 가지 증거로 나오고 있어.

박맹수 일제 탄압이 가중될 것이라는 것도 아시고.

송천은 예. 그것이 이미 가중이 됐고.

박맹수 스스로 어떤 준비를….

송천은 준비를 하신 것이다 그거지. 일본인 형사들이 심지어 종법실 아래까지 들어가서 엿듣고 한 데다가 특히 뽕나무, 그 누에 기르는 지하실 거기다 지하실을 해 놓고 이파리 같다 놓고 막 그런 작업을 했잖여?

박맹수 양잠실 말씀이시지요?

송천은 예. 양잠실 거기 들어가서 다 그렇게 하고. 하여튼 괴롭히기는 얼마나 괴롭혔는가 하는 것은, 그 해원욱 씨라고 내가 그분하고는 얘기도 많이 하고 그 집하고는 친하게 지냈어요. 그분이 그래. 대종사님께서 "아이 징하다. 징해. 내가 수(壽)를 제대로 못 하고 감하게 생겼다." 그렇게 말씀하시더라고 그러서.

박맹수 구산 송벽조님은 어떻게 되시는가요?

송천은 친할아버지지.

박맹수 예. 친할아버님이 일경에 체포돼서 감옥에 다녀오셨다던데요.

송천은 그거는 얘기만 들었지 내가 자세히는 몰라요. 아버지는 가서 할아버지가 용수 쓰고 나오고 할 적에 눈물도 흘리시고, 그 추울 때 담요도 제대로 덮을 수 없고, 그런데서 주무시기 때문에 집에서 걱정을 많이 하셨다고 그래요. 그런데 실제 본인은 재판 중에 나와서는 "끄떡없다." 그러시는 거여. '저 양반이 속이 좀 없으신가?' (웃음) 그렇게 생각할 정도로 끄떡없이 나오셨다고 그래.

박맹수 의연하게요.

송천은 예. 의연하게.

박맹수 그러면 조부님, 아버님의 그런 정신들이 그 뿌리나 근원이 어디에 근원한다고 보시는가요?

송천은 원래 유학(儒學)사상에 철저하신 분 아녀? 구산 그 양반이 학자시고. 사실 정산 종사님이 참 아주 기이한 일이여. 그때 18세인가 19세인가? 대종사님 만나뵈었잖여?

박맹수 18세 때입니다.

송천은 어려서부터 대종사님하고 똑같어. 하는 형식이. 7살에 대종사님이 관천기의상(觀天起疑相), 하늘보고 사람보고 의심 내셨잖여? 그 양반도 꼭 그렇게 그려셨다 말여.

박맹수 정산 종사님께서요?

송천은 예, 그러셨어. 대종사님은 그것 가지고 완전히 그냥 26세까지 바쳐 버리셨잖여. 갖은 어려움을 다 뚫고 가서 기어코 도를 깨달으셔 가지고 혼자 성공하신 거 아녀? 그런데 정산 종사님도 하는 방식이 같어. 성주(星州) 가서 보니까 기도하던 바위가 있더라고.

박맹수 거북바위요?

송천은 예, 거북바위가 있어. 그러니 형식이 스승 찾는 것도 비슷하고, 만나가지고 도 얻을려고 하신 것도 그래. 그 양반이 한문 같은 것이야 얼마나 잘하셨어. 다 배우고 그래도 만족하질 않으시고, 거의 같은 길을 걸으셨단 말이야. 그래 가지고 정읍 화해리에서 만나실 때까지 거의 비슷한 코스를 밟으신 거야. 그게 참 진짜 이상하다, 그런 생각을 해요.

　박맹수 학자들은 따지기를 좋아하잖아요. 그런데 도저히 따져서 해결될 수 없는 문제가 있습니다. 대종사님과 정산 종사님이 학연이나 지연이나 아무것도 없는데, 전라도 영광 분하고 경상도 성주 분이…. 융산님께서는 종교학자시기도 하니까, 어떻게 설명할 수 있을까요?

　송천은 내가 아무리 생각해도 이해가 안 가는 대목이었어. 그게. 그러고 그때는 대종사님께서도 아무개가 지금 거기 와 있다 해 가지고 만나러 가실 적에도 장소도 분명히 안 하고 가신 거 아녀?

　박맹수 예, 그러시죠.

　송천은 하늘 보고 그 영감(靈感)으로 가신 거 아녀? 그래서 만나러 가셨는데, 그것도 정산종사님 그 양반도 이적이 많이 일어나셨잖여. 그러니까 사람이 수십 명이 모이고 그랬지. 그 젊은 분한테. 처음에는 대종사님 뵙고 담뱃대도 물고. (웃음)

　박맹수 맞담배질하셨다, 이거죠?

　송천은 예, 시험을 해 봐야 되니까. 어떤 분인지 모르겠으니까.

　박맹수 일부러요?

　송천은 예, 그래서 그러셨고. 얘기를 오래 하시고. 밤 동안에 그냥 날 새기로 하셨어.

　박맹수 담배도 태우셨대요?

　송천은 그렇지. 맞담배를 피우셨는지는 몰라도 하여튼 물고 그렇게 대하신거예요. 처음엔 스승으로 대하신 게 아니라. 그분도 보면 도인으로 생겼잖여. 정산 종사님 뵀지?

　박맹수 저는 못 뵈었습니다.

　송천은 안병욱 선생이, 자기가 천하에 처음 보는 얼굴이라고…. 어떻게 컸으면 저렇게 되겠냐고 그러셨는데 두 분 다 그렇게 생겼어. 그런 분을 만나서 모셔가지고 바로 오려고 그러는데 그 집서 안 놔줘. 그래서 뒤를 약속하고 오셨잖아. 그래 가지고 영산에 오셨는데, 아까 얘기는 지금 우리 구산 할아버지 얘기 때문에 나온 것이여.

그분이 그렇게 옹고집으로 유교 학자고, 철저한 학자인데 정산 종사님 어려서 처음에는 말리는 노력을 많이 하셨잖아요. 말리다 보니까 본인이 두통이 생기는 거여. 그러다가 나중에는 안 되겠다 싶어 가지고 결국 그분 말씀에 따라서 가산을 다 팔고 대종사님 있는 데로 옮겨가셨잖아요. 그것도 사실 재산도 어지간히 있어서 살 수 있는 분인데. 그러니까 참, 보통 할 수 있는 일이 아녀. 근데 이분도 신심이 한번 나면 변하거나 그러는 분이 아녀. 구산 종사님 돌아가실 때 내가 집에 있어서 뵀어. 우리 집에서 돌아가셨거든. 그러니까 인연이 많이 있으시다고. 대종사님께서 그렇게 말씀 하셨다고 그래.

박맹수 약간 여담일 수도 있겠지만, 수행이나 마음공부를 깊이 하면 우리가 학문적으로 아는 세계 말고 달리 알게 되는 영역이 있는 것 같습니다.

송천은 틀림없이 있지요. 있기야.

박맹수 수련을 통해서 들어갈 수 있는 세계에 대해서 종교학자로서 한 말씀 좀 해주시지요.

송천은 수련을 통해서 한 것이 100% 맞다고 할 수는 없지만 어떤 사건 등을 보면 그렇게 된 일들이 실제 있단 말예요. 그러니까 이 사실은 소태산 대종사님 대각하고 나서 누가 그 대각 세계를 알겠어? 그, 병들어 계셨는데. 얼굴은 누러하니 그냥 병들어 가지고. 내가 육산(박동국, 대종사의 친동생) 그분한테 들은 것 같구만. 도를 못 깨치시고 혼자 고민하셔 가지고 밤낮 이러고 앉아 계셔서 가서 보니까 몸뗑이가 부스럼으로 그냥 꽉 차 버렸다는 거여. (손을 목에 대며) 여기만 빼놓고.

박맹수 대각 전에요?

송천은 예. 얼굴은 누러하니 그래 가지고 완전 폐인이지. 그런데 그분이 대각을 하시고 나서 약을 안 쓰고 다 치료가 돼 버리셨잖아요. 환희심으로. 완전히 그냥 광명이 나기 시작해 가지고 달라져 버리셨잖여. 그러니까 그런 것부터 시작해서 기적 같은 것도 나오고 말여.

이건 내가 팔산 선생 그 양반 자제 되시는 김홍철 선생한테 들었는데, 사람 모을라고 증산도 천제(天祭) 지내는 식으로 하는데, 아 밤중에 화장실에, 시골이니까 뭐 그런데 아니겠어? 그 양반이 가서 이렇게 하는데 불이 환하니 막 피더라는 거여. 그 양반은 한번 놀란 것이 아니야.

박맹수 방광(放光) 말씀인가요?

송천은 방광. 거기서 기적이 일어났는데 한 번 일어난 것이 아니고. 아, 거시기도 알잖여. 언제 그렇게 한문을 하셨겠어? 하루아침은 팔산, 이 양반이 맞담배질을 하셨어. 제자는 됐어도 열 몇 살….

박맹수 열두 살 연상이지요.

송천은 예, 그랬는데 "거기 좀 앉으라" 그러더니 "내가 앞으로 경전을 만들려면 한자로 해야 될 것 아니겠냐?" 한자로 하라고 하시니까 시를 300수인가를 내리 읽어 대시는데 그냥 영으로 말이야.

박맹수 소태산 대종사께서?

송천은 예. 영적으로 내셔 가지고 완전히 그냥 거기서 녹아 버리신 거야. (웃음) 대단한 분이신 것은 알았지만 세상에 그렇게까지 하실 줄은 몰랐거든. 이 붓글씨도 속필인디 말여. 이렇게 하지 않냐, 저렇게 하지 않냐 하는데 아, 어떻게 놀라지 않겠어. 그렇게 해서 만들어 놓은, 그 이름이 뭐 있잖여.

박맹수 『법의대전(法義大全)』입니다.

송천은 『법의대전』 만들어 놓은 것을 불사르라고, 거기 비밀스런 얘기도 있었어. 후계자는 누구라는 것도 나오고. 그러니까 이분이 불을 못 사르고 일부를 남겼잖아요. 이건 보존해야 된다 해 가지고. 대종사님이 가니까 "바위에다가 감춰 놓은 그놈 가져오라."고 했잖여. 그래도 뒤에 어디서 남겨 놓은 것이 있어서 지금 전하고 있잖여. 일부가.

내가 지금 생각해도 그 양반 머리로는 한문 안 배웠어. 나는 대학까지 제대로 배운 사람이지마는 그것을 어떻게 알겠어. 우리가 도저히 상상도 못할 일을 갖다가 적은 거야. 머릿속에서 나온 거야.

우리가 생각하는 세계가 전부는 아니여. 과학은 과학대로 옳은 것이 있고. 그런데 내가 과학과 도학을 병진해야 전반 세계가 된다, 완전무결한 세계가 된다. 그랬는데 종교가 틀릴 수도 있지. 그러니 과학과 도학이 제대로 보완돼 가지고 서로 장점을 보완해야 더 훌륭한 세계가 된다, 이게 소태산 대종사의 주된 핵심적인 사상이거든.

박맹수 과학과 도학의 조화요?

송천은 예, 조화를 해 가지고 앞으로 나가야 되고…. 과학도 잘한 것이 있고, 도학도 잘한 것이 있고 또 과학도 못한 것도 있을 수 있고 서로 다 있으니까. 그러니까 아인슈타인 같은 분도 과학과 도학을 병진해야 된다 소리를 한 거 아니여. 히틀러가 탄압하고 그럴 적에 종교인들이 너무 잘 도왔는갑더만. 아인슈타인도 도왔어. 거기는 보면 과학을 모르는 것은 맹인에다가 비유를 했고, 도학 모르는 사람은 절름발이에다 비유를 했거든. 그러니까 지식분야는 과학으로 할 수 있는 것이 상당하지만 그것만 가지고 다 되는 것은 아니다. 그게 아인슈타인 생각이다 말이여. 똑같이 그냥 만나자는 것도 아니고 다 생각이 들어 있다고.

박맹수 네. 말씀을 들으니 대종사님은 이런 분이셨구나 하는 생각이 드네요.

과학의 진화도 내다보시고 종교의 진화도 내다보시고 둘이 절충할 수 있는….

송천 은 절충도 하고. 열 사람의 법 가운데 제일 좋은 법으로 하자는 것이 그분 근본사상이라고 딱 이해하면 된단 말이여. 그걸 왜 넣었겠어요. 종교라고 해서 옳은 것만 있겠어요? 과학의 세계를 전부 다 알겠어요? 종교는 종교대로 좋은 것을 발견하고 과학도 종교에서 배울 것이 많잖아요. 인류를 이끌어왔고 앞으로도 그럴 것이고. 그것을 내놓으신 분이기 때문에 그분이 과학을 공부 안 했다고 해서 모자라다 이렇게 볼 수는 없는 것이지. 아까 얘기대로 그 열 사람의 법에서 제일 좋은 부분이라고 딱 제시를 하셨잖아요. 그러니까 그것같이 훌륭한 것이 없지. 실제로.

박맹수 원불교가 100년이 됐으니까 한국 사회나 세계에서 해야 할 역할들이 있을 것 같은데요. 원불교를 연구하는 분들이라든지 원불교인들이라든지 또 원불교를 아끼는 사람들이 해야 할 어떤 과제랄까요, 역할이 있다면 뭐라고 말씀하실 수 있으실까요?

송천 은 초기에 불교를 핵심적인 사상으로 종교를 이해하면서 그때 시대화, 생활화, 대중화를 가지고 얘기를 하셨잖아요, 그것을 깊이 파고 들어가면 할 일이 많이 보인다고 생각해요.

박맹수 시대화, 대중화, 생활화를?

송천 은 그것은 지나간 것이 아니여. 그때 필요해서 그 양반 계실 적에 시대화. 대중화. 생활화를 했다 그렇게 하면 지금 무슨 의미가 있어? 이제 점점 의미는 퇴색되는 것이다 그렇게 보면 안 되는 것이지.

박맹수 과거 얘기로만 보지 말라?

송천 은 그렇지. 이건 현재와 미래에 지속적으로 나타나야 될 창조력이라고 그럴까? 서로 모방하고, 협력한다고 할까? 이런 모든 걸 가지고 종교가 이루어져야 되기 때문에 남의 어떤 점이 잘못됐다고 해서 그것만 가지고 따져서는 안 된다 말이여. 그건 물론 아까 말한 열 사람의 법 중에서 제일 좋은 법 부분이 아니면 버려야지. 그것은 어느 종교만 해당되는 것이 아니여. 보통 우리가 잘한다고 하는 데서도 그런 과오를 저지르고 있는 거여. 아주 고집스럽게 하는 수가 있으니까, 자기 주체성. 정체성도 지킬 수 있으면서, 자기 정체성은 창조적으로 잘 만들어 내야지. 그리고 그 외에 것 하고 서로 만나면서 좋게 되면 여기서 얼마나 큰 문명이 일어나겠어요.

박맹수 시대화·대중화·생활화 끊임없이 재해석해라. 그런 말씀이시지요?

송천은 예, 재해석해라 그것이지. 미래형으로도 그렇고 우리 원불교에서도 끝난 것이 아니여. 시대화, 대중화했다, 이렇게 생각하면 잘못이여. 그 봉화를 들은 것이지. 그러니까 지금 일자일획도 고쳐선 안 된다. 대종사님 한 것을 어떻게 손을 대냐, 그런 게 많이 있어. 꽉 묶어 놓고. 그런데 난 안 된다, 그것이여. 아니, 가톨릭의 바티칸공의회(The Vatican Council) 이전에 한국서도 라틴어로 기도를 드렸잖아요.

박맹수 상당 기간. 공의회 이전까지는 그랬습니다.

송천은 공의회 이전까지는.

박맹수 네. 1960년대 이전까지는 그랬어요.

송천은 그것으로 드렸어요. 루터(Martin Luther)가 그 번역해 가지고 대중화하려다가 쫓겨나서 죽을 뻔하고 숨어 다녔잖아요. 죽음을 면하기 위해서. 대종사님 사실 때 언어하고 지금 우리하고 많이 달라졌는데 그것을 번역도 안 하고 계속 후세대에다가 강요하는 것은 그 정신이 아니다. 그 말이지.

내가 또 한 가지 예로 잘 드는 것이 있는데, 대종사님 계실 때 『회보(會報)』에 연재할 적에 '계속' 이렇게 나오는 게 있잖여. 근데 어떤 교역자가 괄호치고 '또 있소' 그래 놨어. (웃음)

박맹수 저도 본 기억이 납니다.

송천은 내가 그거 많이 지적을 해요. 아니, 지금은 그런 창조력이 왜 안 나오냐? 대종사님이 '또 있소'라고 하는 것을 그런 소리를 왜 못하냐 말이여. 그러니까 그 정신을 가지고 깜짝 놀라게 하는, 쉬운 말만 하는데 깜짝 놀라게 하는 것이거든, 이게.

박맹수 '또 있소' 정신이요?

송천은 그렇지. '또 있소' 정신을 발휘해야 된다. 이거여.

박맹수 아주 절실한 말씀입니다.

송천은 아주 절실한 그런 것이 많아요. 또 시대화만 있는 것이 아니라 생활화. 대중화 다 들어가는 것이여, 하나씩 하나씩 들어가면. 그러니까 대종사님의 시대화, 생활화 대중화를 옛날에 쪽지로 나온 그런 것을 소개하는 것으로만 이해하는, 우리 안의 지성인들도 그렇게 생각하면 안 된다 그거지.

박맹수 결국은 그럼 이제 다시 읽기, 다시 해석이 필요하다는 말씀이군요.

송천은 그렇지.

박맹수 이게 과제군요.

송천은 쉬운 말로 하면서도 내용은 풍부하게. 그래서 나는 그런 것 가지고 연구를 많이 하고 있어요. 다른 일보다도 번역을 많이 하고 있어요. 세계적으로 번역, 그것은 잘하는 것이고. 아, 우리 자신이 번역을 해야지. 과거 것을 현대 우리말로 알기 쉽게 해서 일반에 퍼지게 해야 되는 것이고. 그것도 똑같은 정신을 세계에다가 퍼는 것 아니여?

성경 같은 것 보면 3년 만에도 고치고 자꾸 언어 바꿔 가면서 노력을 하고 있잖아요. 살아 있는 종교라면 그런 생각을 가져야 발전하지 고착된 것을 가지고 어떻게 발전하겠어요. 그래서 나는 시대화, 대중화, 생활화를 별로 얘기를 않는데, 이걸 짚고 넘어가는 거야.

박맹수 '처처불상 사사불공(處處佛像 事事佛供)'에 대해 말씀해 주신다면요.

송천은 처처불상 같은 우리 교리가 사실은 일반의 박수를 크게 받아야 하거든. 교리나 사상 가지고 박수를 받아야 하거든. 그 밤낮 한 소리만 가지고 좁혀서 그렇게 하는 게 아니고. 그래서 내가 「법신여래일원상(法身如來一圓相)」 쓰면서 뒤에다가 죽 밝혔어요. 처처불상 사사불공은 이런 의미가 있다. 여덟 가지론가 밝혔어. 이렇게 해석해야 된다. 다 포괄하게. 여기도 가져왔는데 여기서는 시간도 없고 그러니까….

박맹수 핵심만 부탁드립니다.

송천은 처처불상이라는 것을 곳곳에 불상이 있다는 것, 불상 그것으로만 생각해서는 안 된다. 불성(佛性)이라는 말이여, 불성.

박맹수 불상이 아니고 불성?

송천은 불성이란 뜻이다, 그 말이여. 불성이라는 것은 곳곳에 있다고 생각하니까. 일원상도 마찬가지고. 처처불성이 있다는 것을 알아 가지고 그것을 발휘하는 노력을 해야 되는데, 그것이 우리에겐 없냐? 우리도 다 불성이 있어. 처처불성이니까, 우리에게도 있는 거예요. 심신 자체도 불성이라고 볼 수가 있어요. 그런데 우리가 쓸 때 그것을 잘못 쓰는 것과 제대로 잘 쓰는 것으로 나눠지는 것이지. 불성 아닌 것은 아니다 그거여. 그것이 원불교 근본 사상, 중요한 것이여. 불성 아닌 것은 아니여. 내면적으로 더 크게 보면 밑바닥에 그 불성이 자리를 하고 있다고 하는 것이 원불교 사상 아니여?

박맹수 나쁜 짓을 한 것을 보더라도 나쁜 짓만 볼 게 아니라 그 안에 있는 불성을 보자?

송천은 그렇지. 그 안의 불성이 있다고 보는 것이지.

박맹수 그것이 처처불상을 제대로 가르치는 것이다….

송천은 그것이지. 그러니까 우리가 번뇌 집착을 버리란 말도 번뇌 자체를 어떻게 버리라 그러냐, 그럼 개판될 것 아니냐, 이렇게 생각하지.

그게 아니고 번뇌 그것이 지금 잘못 운전이 되어 가지고 번뇌 노릇을 하는 것이고, 잘못 운전을 안 하고 제대로 운전만 되면 거기서 오만 가지 은혜가 나온다, 이런 얘기거든. 그러니까 그런 생각으로 해야 이것이 대타적인 관계, 처처불상을 밖에다가 하는 그런 생각만으로는 안 된다 그것이지. 나도 처처불상이여. 요새 내가 주장을 하는 거여. 나도 처처불상 중 하나다. 불공도 나도 처처불상 하는데 나한테도 불공할 수 있다 그것이지.

박맹수 내가 또 부처가 될 수 있다?

송천은 그렇지 다 처처불상 중 하나여. 그렇게 생각을 가지고 이것을 넓게 해야지, 조그마한 데에 집착해 가지고 딱딱 끊어 버리고 그럼 뭣이 되겠냐? 처처불상이라는 것은 대단한 사상이고 일원상 사상의 중요한 부분인데 우리가 가지고 있는 세포까지도 일단 처처가 있으니까 불성으로 봐야지.

박맹수 세포까지도 불성으로 봐야 한다.

송천은 그렇지. 그러니까 최선을 다해서 잘 궁굴려 가지고 요리를 잘하고, 운전을 해 버리면 거기서 뭣이 나올지 어떻게 알겠어요?

박맹수 이제 쉬워지네요.

송천은 쉽지.

박맹수 상대방인 당신 안의 세포도 불성이니 그걸 잘 드러내서 같이 가자.

송천은 난 실제로는 병까지도 불성이라고 봐요.

박맹수 병까지도요?

송천은 예, 병들어 있는 것.

박맹수 좋은 일이 아니긴 하지만.

송천은 그건 좋은 일이 아니지. 하지만 그것에서 힘을 얻은 사람도 있어. 병을 앓으면서 자기 인생도 제대로 보고, 안 보이던 세계도 보이고. 돈 그것만 가지고 보던 사람이, 병 들면 돈 가지고 안 되잖아요? 그러면 자길 새로 보게 되는 것 아니여? 거기서 깨치잖어. 스승도 되는 거여. 병이.

박맹수 그렇습니다.

송천은 그래서 내가 여덟 가지 정리한 것에 그런 것을 넣었어요. 선용(善用)하면 다 이게 스승, 거기에 스승의 뜻도 들어 있다 그거여. 처처불상의 뜻에는.

암세포는 어떻게 보면 병든 불성이지만 그걸 잘 선용을 하면 그걸 좋은 불성으로 변화시킬 수 있다…….

박맹수 예. 그렇게 노력을 하면…….

송천은 그것도 우리가 다 100% 치료할 수는 없는 것이지만 항상 밝은 생각으로 세상을 긍정적으로 보고 심지어 병까지도 이것이 나한테 무익한 것만도 아니다, 유익하게 할 수도 있다 그런 관점으로 봐야 병도 나아질 수 있는 것이여. 어느 정도는.

박맹수 그 말씀 들으니까 종사님께서 저희 수업하실 때 두 개의 일화를 들려주신 것이 기억이 납니다. 하나는 '꾸짖지 않는 교육' 말씀을 해 주셨고, 또 하나는 빅터 프랭클(Viktor Frankl)의 『죽음의 수용소에서』를 소개하셨습니다.

송천은 그랬지. 그런 사람이 그런 경험을 안 했으면 어떻게 그런 훌륭한 철학이 나왔겠으며 심리학이 나왔겠어요? 세상을 볼 적에 저걸 어떻게 좋게 만들수가 있겠는가? 그럼 그게 하나의 자료여. 그러니까 과학에서도 많은 실패들이…… 에디슨도 얘기했잖어? "99%의 실패가 내 성공을 가져온 것이다. 나는 절대 비관적으로 생각하지 않는다."

박맹수 지금 말씀 들으니까 요즘 청년들은 '삼포', '칠포'라 해서 세상이 어려우니까 결혼도, 출산도, 취업도, 인간관계도 포기한다는 이런 얘기를 하는데 그런 현실의 어려움 자체가 사실은 그걸 돌리면 발전의 가능성이 될 수 있다는 생각이 듭니다.

송천 할 수 있지, 실제로. 그래서 큰 성공을 한 기업들이 나오잖여. 그러니까 나는 원불교가 교리 가지고, 있는 것 가지고만 하는 게 아니고 응용을 해가지고 이런 사상까지 있는데 세계가 박수칠 일을 끄집어내야 될 것 아니냐? 만들어내야 할 것 아니냐 그것이지.

박맹수 새로운 창조. '또 있소' 정신이.

송천 '또 있소' 정신이 나와야 된다 그거여.

박맹수 100주년에 우리가 해야 할 중요 과제다 그런 말씀이지요?

송천 그렇지. 그렇지.

박맹수 원광대 총장님을 8년 동안 하셨는데요. 총장님으로 계시면서 잊을 수 없는 일들, 또 숙제로 남았던 일들, 생각나시는 대로 말씀을 해주세요.

송천 뜻을 가지면 대체로는 이루어지더라. 물론 잘못한 것도 있어. 잘 안된 것도 있고. 그렇지만 뜻을 가지면 대체로 이루어지더라. 내가 확실하게 봤어 그것은.

박맹수 총장님 계실 때 유명한 도올 김용옥 박사를 한의대생으로 받아들이셨는데요. 그에 관한 에피소드들이 많으시던데요.

송천 많아요? 그려요? (웃음)

박맹수 어떻게 한의대생으로 입학하게 됐나요?

송천 고려대에서 문제가 좀 생겼잖아요.

박맹수 그렇죠. 양심선언 하고 나오셔서.

송천 예, 양심선언 이전이었는가? 하여튼 부인하고 같이 찾아왔어. 나는 참 인연이 깊은가 봐. 내가 그때는 예일대학에 있을 때여.

박맹수 미국에요?

송천 예. 예일대학에서 연수할 때인데 거기서 서로 친선하는 한국인 모임이 있었어요. 학자들. 거기에 강연을 하러 왔더라고. 나는 캐나다에 일이 있어서 인사만 하고 갔는데. 또 하나는 프로비던스(Providence)에서 유명한 분이 계셨죠. 한국 교화 많이 한 분 있죠.

박맹수 숭산스님 말씀이신가요?

송천은 예. 대단한 사람이여. 전문대학인가 나와 가지고 영어도 제대로 못 하는데, 미국에 뜻이 있어 가지고 교화를 하려면 원어민한테 들어가야 된다. 그래서 직업을 가지고 들어가서, 기술자이긴 했으니까. 그렇게 들어갔는데 언어가 시원치가 않지. 내가 가 있을 그때는 법문한다고 오라 그랬었는데 "이프 유?" 어쩌고 그런 식으로 하더라고. 처음에는 웃음이 났는데 가만히 들어보니까 그게 아녀. 그것만 그러지 완전히 압도하더라고. 압도해 가지고 예일대학 의과대학 학생들도 많고, 직원들도 많고 한데 끝나고 나서는 다들 좋아하고 그려. 만족하고.

우리로 말하자면 일원상 사상도 들어가고. 내가 이러이러해서 미국이 발전한 것이 많지만 미국 돕기 위해서 왔다하니 그렇게들 좋아하더라고. 그래서 참 이상한 기술을 가졌구나. 했지. 나중에 알고 보니까 폴란드에서 온 교환교수가 반해 버렸어. 그래서 폴란드에 돌아가서 듣기는 절이 한 40군데가 생겼다고 그래.

박맹수 아, 숭산스님 영향으로요?

송천은 예. 그 영향으로 숭산이 자주 돌아다녔어. 근데 그때 한국서는 막고 있을 때여. 일본에서는 조총련 사람도 끼어 있는데 그냥 돌려 버렸어. 선 시켜 가지고. 또 인제 미국 가서 폴란드 사람 돌려버리고 말어. 다 공산권이여. 그래 가지고는 프로비던스에다 큰 절을 세웠다고. 숭산 그분이. 거기 한번 참석해보라고. 가 보니 진짜 어마어마하데. 미국서 제일 커. 근데 그 사람도⋯. 참 이게 이 방향이 내가 잘못된 것 아닌가?

박맹수 도올 선생님 이야기요.

송천은 아, 도올 선생. 가 보니까 세계 화가들, 불란서 화가들 굉장히 모아 놨어. 근데 우리는 높은 자리에다 앉혀 놓고 그 양반들은 땅바닥에다 앉혀 놓고. 나중에는 나 보고 좀 오라고 그려. 그 사람이 조선 핫바지 입고 돌아 댕기더라고. 히피였는데. 나한테 와서 일주일 선 하고는 아버지한테 불만도 많고 그랬는데 완전히 그냥 딴사람이 되어 버렸어. 그래, 진짜 혁명은 그렇게 하는 것이다.

박맹수 진짜 혁명이라고요?

송천은 진짜 혁명이라고. 네가 가정 가서 그렇게 하라고. 이 사람들이 완전히 반해 버렸어. 그 다음에 와서 바로 엎드려 가지고 제자 됐어.

숭산 그분한테 부부간에 와 가지고 그 사람을 내게 소개시켜 주더라고. 프로비던스 인류학과 교수여. 근데 그 사람 아들도 있는데 거기다 하버드 그 이름이 누구더라? 하여튼 여학생 하나가 서산대사 연구하는 사람이다. 나도 서산대사 연구한 사람이거든. 그러는데 부르더니 나 하버드 가면 좀 안내 좀 해주라고. 그래서 그때 내가 가기 전에 한 2개월 동안 그 월드센터인가. 한 2개월 동안 거기에 있었어요. 가니까 도올이 이제 그 학생하고 나왔어.

박맹수 하버드에서요?

송천은 예. 거기서 나왔어. 나도 깜짝 놀랐지. 거기서 얘기하고 그때부터 같이 생활했지.

박맹수 만나시기 전에 서로 이름은 알고 계셨나요?

송천은 나는 예일에서는 봤지만 이름은 잘 몰랐지.

박맹수 미국에서 처음 아셨구만요.

송천은 예. 그랬지. 그전에는 몰랐는데 거기서 데려와 가지고 친해져 버렸지. 하여튼 나는 숭산한테 가서도 보니까 엄청난 사람들이 왔어. 흑인은 복도에서

넙죽 엎어져 절을 혀. 하여튼 왕 노릇을 하고 있더라고 한국 사람이. 기가 막히더라고. 도올을 그렇게 만났다는 얘길 하는 것이고, 그 뒤에는 내가 여기 돌아와서 도올 선생이 박사 했을 적에 초청했지. 한국에서 제일 처음으로 초청했어.

박맹수 하버드 외에 최초 초청이다.

송천은 예. 최초 초청이여. 강연하는 사람 하나 추천을 하라고 하더라고. 내 도올을 추천해서 왔었어. 오니까 학생들이 어지간히 좋아해야지. 그런 사람 있으면 좀 다시 초청하라고 그래.

박맹수 박사 학위받고 고려대 교수로 가기 전에 하버드에서 원광대 초청받고 와서 특강하셨군요.

송천은 나도 초청 많이 받았어. 그쪽에서 행사하는 것. 서울 가서 영화도 구경하고, 거기서 만든 영화니 뭐 구경하고 그랬는데.

박맹수 고려대에서 문제가 돼서, 부부가 찾아 와서. 그다음은요?

송천은 아! 그 뒤에는 찾아와서 내가 여기 와서 또 반항이나 하면 어떻게 하겠냐 싶어 가지고. (웃음) 여기다가 뭐라고 좀 써달라했지. 이건 비밀이여.

박맹수 서약서요?

송천은 예. 나 혼자나 보게. 나하고는 친했지. 그렇게 해서 여기 들어왔어요. 근데 그때 총장은 내가 아니었어. 문산님이었어.

박맹수 아! 문산 김삼룡 총장님이요?

송천은 예. 내가 얘기를 하니까 그런 사람이 어떻게 다니냐고 그래. 괜찮을 거라고 그랬더니 와서 참말로 고마워했어. 그 사람이 "나 진짜 고맙게 생각혀. 여러 가지 도움 많이 주고 진짜 고맙게 생각혀."

박맹수 그렇죠. 과정도 다 이수를 해서 졸업도 하셨고.

송천은 그런데 이상한 일은 저기 여수에서 강연을 하는데 도올을 초청을 했어. 이선종 교무가. 그랬는데 나도 친한 줄 알고 같이 오라고 그래서 갔어. 갔는데 이상하게 거기서 하버드 박사, 그 저 아웅산 때 작고한 사람 비서 있었잖여? 키 크고. 그 사람이 한국 사람으로는 법철학으로 처음 박사한 거야. 그리고 두 번째로 박사 한 사람이 거기 찾아온 사람이여. 우리 보자고 한 사람이. 그래서 조선옷 입고 와서 얘기를 하는데 그 사람이 여기 와서 고려대학에서 초청을 받아가지고 한 6개월 있다 연구실에서 나와서 쓰러져 버렸어. 근데 이게 조사를 해 보니까 치료 불가능이여. 완전히. 이 사람이 가져온 책 같은 거 다 기증해 버리고 어디로 갔냐면 산에 도인들, 아까도 도인들 얘기 했지만은 도인들이 고쳐준 거여. 거기 가서 죽으면 죽고 살면 산다고 자긴 떠난 거여. 다 기증해 버리고. 그 사람이 가서 있는데 거기 국민학교 선생이 그런 경력은 아니까 철저히 도와줘야 되겠다 해 가지고 나왔는데 그게 부인이 된 거여. 애기도 둘인가 태어나고. 그 사람이 나아 가지고 와서 "나도 원광대학에 들어오고 싶다. 강의는 무료로 해 주고 학비나 여기서 좀 해주고 그랬으면 좋겠다." 이선종 교무님이 그려. 안 된다고. 손대지 말라고 그더라고. 그래서 못 보냈어. 못했어. 그래서 그런 인연이 있어. (웃음)

박맹수 그래서 도올 선생을 한의학 박사로 만드셨고요. 그래서 그 도올 선생의 『너와 나의 한의학』이란 책을 보면 원불교 얘기가 굉장히 많이 나와요.

송천 원불교 좋아했어. 실제로. 다른 데는 안 받아 주는데 원광대에서 받아 줬으니까. 실력이야 대단하지만 겁나니까. 원광대학에서 받아줘 가지고 나하고는 졸업할 때 같이 뭐 좀 하자 하더라고. 세레모니 같은 거 뭐 좀 하자 그러더라고. 기자분들도 많이 오고 그래 가지고.

박맹수 총장님 계실 때 도덕교육원을 만드셔서 활성화시키신 것으로 알고 있는데 도덕교육원을 설립하실 때 그 포부랄까 꿈을 좀 꾸셨을 것 같은데요.

송천은 그렇지. 숭산 총장님이 기초를 닦아 놓으셨잖여. 도학과 과학으로. 거기서 나온 것인데 그때 특색 있게 해 보자고 주장한 분들이 있었어. 그래서 해 보자고 했는데 오늘날로 얘기한다면 마음공부라고. 자격증도 주고 이렇게 한 것은 처음일걸 아마.

박맹수 국내 제1호입니다.

송천은 예, 1호. 그런 것을 계획했었지. 원광대학이 발전하려면 어떻게 해야 겠는가, 그래서 여러 가지 구상을 한 거예요. 그중에 하나지. 다 밝힌 순 없어도.

박맹수 대학의 특성화의 방향.

송천은 특성화의 방향. 나는 인문계통이지만 과학 같은 것도 관심이 많았어요.

박맹수 말씀 중에도 과학 얘기 많이 하셨지요.

송천은 그렇게 뜻을 가지니까 일본에서 연락이 오더라고. 그래 가지고 엉뚱한 일이 이뤄지고 그랬어요. 그 사람은 이제 형제같이 지내지. 일본 중부대학(中部大學)이라고.

박맹수 네. 저희 원광대와 자매결연 맺은 대학이요.

송천은 자매결연. 그것뿐이 아니라 그 사람이 와서 한 게 원광대학에서는 처음 일이 벌어졌지. 우리가 프로젝트 냈을 적에 한국에서는 그런 게 없었으니까. 1회 처음 나올 때 100억 원이 나왔고 연구실에 두 번째 또 100억 원이 나왔어요.

박맹수 정부에서요?

송천은 정부에서. 그 뒤에도 다른 것으로 이어져 가지고 거의 500억 정도 지원 받은 거예요.

박맹수 지원을요?

송천은 내가 상당히 염원을 했는데, 기적이다 그런 생각을 하고 있어.

박맹수 도덕교육원이 21세기 마음공부 또 인성교육의 새로운 도량으로 거듭날 어떤 준비를 하고 있다고 하던데요.

송천은 내가 아까 한 얘기대로 마음공부 하는 내용을 현대에 맞도록. 그래서 기운을 넣어 주는 것으로.

박맹수 종사님이 생각하시는 마음공부, 대종사님이 가르치는 마음공부는 이런 것이다. 그런 말씀을 좀 해 주시죠.

송천은 불성과 일상을 같이 보셨잖아요. 대종사님 글에도 나오고 그러지. 그러니까 불성은 대체로 만유에 들어 있는 것으로 보고.

박맹수 우주 만물에.

송천은 우리 은혜사상하고도 통하는 것이고 그렇단 말이여. 그런 것을 강조를 해 줘야 되는 것이여. 마음이라는 것을 이렇게 써야 한다 저렇게 써야 한다 그러면, 사람이 그렇게 안 되면 실망하고 기운도 안 나고 말여. 나는 그렇게 못 되는 사람인데. 그런 거 아녀? 그걸 부수는 일부터 먼저 해야 한다….

박맹수 나의 불성이 무한한 가능성으로서.

송천은 나도 불성이다. 쉽게 얘기하면. 나도 그 처처불상 중의 하나다. 그건 틀림없는 일이다. 확신이 세워져 가지고 착수를 해야 된다 그 말이여.

박맹수 출발을.

송천은 그렇지. 그것을 안 하고, 이것만 잘하고 얌전하게 하고 그렇게만 하면 안 된다 그 말이여. 그리고 그것을 통해서 기운을 넣어 줘야 사람들이 자신감도 생기고 실망할 때 기운도 일으키고 그런 거 아녀? 그런데 너는 전부 못된 것만 가지고 있다. 그러면 거기서 어떻게 기운이 나오겠어. 너는 이게 나쁘고 저게 나쁘지 않냐? 그것만 자꾸 지적해 버리면 무슨 거기서 창조적인 용기가 나오겠어? 그러니까 창조적인 용기가 나오게 하는 그런 문제에 역점을 두고 해

나가야 한다….

박맹수 창조적인 용기가 나오도록 이끌어 주는 마음공부.

송천은 수행에 대한 것도 묻고 그랬는데 나는 건강 관계로 자주 나오지도 못해. 환경도 그렇게 생겼고. 할 일이 있는 사람이다 그런 생각을 하고 있어요. 나는 할 일이 있는 사람이다. 그러니까 내가 건강할 때까지는 좋은 일이 있으면 찾아서 할 일을 해야 될 것 아니야. 그렇기 때문에 할 일이 있다는 것을 항상 강조하고 있는 거여. 다른 사람이 이렇게 보든 저렇게 보든 상관할 것이 없어. 내가 할 일이 있는 사람이라는 것을 강조하는 것이여.

박맹수 어떻게 보면 원불교에서 지도하는 마음공부의 핵심일 수 있겠네요.

송천은 예. 핵심일 수 있지. 그리고 두 번째는, 내가 그 부처와 하늘님이라는 모든 원료를, 내가 가지고 있다, 그걸 강조를 해 줘야 되는 거야.

대종사님도 그러시지만 수운 선생도 범신론(汎神論) 같은 말씀하셨어. '저거 다 하늘님이 아니냐?'고 해월 선생님이 말씀했다고 하는데, 사실 그것이 강조 안 되면 종교의 힘이 빠져 버리는 것이야. 원료는 다 우리도 있는 것이다. 안 쓰고, 안 하고 놔 두니까 잘못 쓰고 그렇게 된 것인데 그걸 갖다가 오바 센스를 하면 안 된다. 그래서 그것을 가지고 연구를 하는 것이여.

박맹수 그게 지금 남은 생에 종사님이 하실 일이라는 것이군요.

송천은 그렇지, 할 일이지. 난 다녀와서도 그런 일을 하겠다 그거여. 아까 '또 있소' 발견했듯이. 대종사님이 하신 것 중에서 그것만 있겠냐. (웃음) 그러니까 그런 것을 왜 발견을 못 하냐? 우리가 돈이 없어서 발견을 못 하냐? 이게 아이디어인데 말여. 돈만 밀어넣는다고 되겠어. 그게?

박맹수 전에 열정적으로 강조하셨던 것이 영육쌍전(靈肉雙全) 정신이시죠? 저희가 원불교적으로 공부하고 수행한다면 제 생각으로는 영과 육이 제일 건강한 사람일 것 같은데요. 그것이 도인이 아닐까요?

송천 은 도인이지. 그렇게 생각해. 그러니까 과거에 도인이라고 해 가지고 육신을 돌보지 않고, 아주 그 기력이 없는 경우도 있고. 이 몸이라는 것이 사실은 얼마나 파워풀한 거여.

이 속에 세포 하나하나가 다 불성이 있다고 그랬잖아요? 이것을 이용을 해서 키우고 그러면 거기에서 다 나올 텐데, 그 에너지가 말여. 그게 정신으로 발휘 못 되겠냐 그 말이여. 그걸 키워야지. 그러니까 그걸 원불교에서 해야 된다 그 것이지.

박맹수 마음공부하고 연결 지으면, 진짜 마음공부를 잘하는 것은 몸공부도 잘하는 것이라는 것이군요.

송천 은 그렇지. 그러니까 해야지. 아니, 당연한 일이지. 몸공부 그것은. 그때 우리 아버님도 너무 무리하게, 쇠진될 정도로 전재동포 구호 사업하고. 오실 때도 길이 하나도 닦여지지 않았어. 그분은 멀미를 많이 하시는 분이여. 근데 여기를 와야 회의를 하겠다고 해서 회장님 내려오시고 그랬잖여. 그런데 다른 것도 너무 과하게 쓰셨어. 대종사님도 사실 그런 데가 계시고. 그러니까 이걸 적당하게 조절을 하면서. 재정도 그렇잖아요? 막 써 버리면 아무리 좋은 일이라도 그것이 좋은 일이 되겠어요? 장래가 볼 것이 없는 것이지. 그러니까 적절한 만큼 이용을 해서 어떻게 튼튼하게 하느냐, 어떻게 길게 끌고 가느냐. 그것이 문제 아니여? 육신도 마찬가지죠. 그렇게 연구를 해야 된다 그 말이죠.

박맹수 그럴 때 이 마음도 같이.

송천 은 마음도 같이. 내가 옛날에 총장 이전에 법당 교감 할 적에 건강선 문화원을 만들었잖아요. 외부에서도 반향이 상당했어요. 노인들도 많이 오고 그랬는데. 왜 그러냐 하면, 선을 재밌게 해야 되거든. 몸도 건강하게 해주고 재밌게 기공도 좀 도입해 보고 여러 가지를 했는데 사람들이 모이더란 말여. 그렇게 하니까. 지금도 내가 대학원대학에서도 그런 얘기를 들어요. 재미있게 할 수 있다면 더 좋다 이거여. 다 같이 하면, 갖춰지면, 그게 대중화 아녀?

박맹수 재밌게 하는 것이 대중화.

송천은 그게 대중화. 그건 구라파 제 1회 바티칸 공의회에서도 나온 문제여. 그렇게 해야 된다고.

박맹수 종사님은 혈연이 좋으십니까? 법연이 좋으십니까?

송천은 다 갖춘 것이 좋지요. (웃음)

박맹수 다 갖춘 것이 좋으세요?

송천은 왜냐하면 혈연관계 있는 분들이 연결이 되면 아무래도 거기다 신경을 쓰지 않겠어? 그런 것도 있고. 난 혈연 가지고 어디 가서 얘기한 일 거의 없어요. 그분들에게 도움이 될까 해서 그랬을 뿐이고. 사실은 일반적으로 원불교 전체에서 그렇게 얽혀 있는….

박맹수 혈연.

송천은 예. 그런 경우는 별로 없으니까. 그런데 나는 사실은 한 번도 그것 가지고 내놓고 뭐 한 일이 없어요.

박맹수 겸하는 게 좋긴 하지만.

송천은 예. 겸하는 게 좋긴 하지. 고맙게는 생각하지. 내가 부족한 사람이고 우리에게 부족한 것을 치료해 줄 수 있는 분들이니까 다 고맙긴 하지만 내놓고 한 일은 없잖아요.

박맹수 종사님은 책도 다 기증해 버리셨는데 지금은 무엇을 소유로 삼고 그러시나요?

송천은 지금도 필요한 책은 주문해서 봐요. 내가 책을 많이 보는 편이 아니야. 아무래도 생각을 많이 하지. 아까 내가 얘기 한 중에서도 책만 봐가지고는 잘 나오질 않혀. 생각도 내 생각으로 궁글리면서 깊은 것이 조금씩 나오는 것이라 이게 결론을 내릴려면 상당히 오래 걸려. 표현을 어떻게 쓸 것인가 이렇게 궁글려보고 저렇게 궁글려보고 그러니까.

박맹수 책이 없으면 불편하지 않으세요?

송천은 그것이야 내가 꼭 마음먹으면 건강만 좋고 그러면 도서관에 다 있고 또 저쪽에 기증한 것도 있고, 가서 얼마든지 볼 수 있지. 그런데 그런 것을 다 들춰 볼 수 있는 에너지가 그렇게 많이는 남아 있지를 않으니까.

박맹수 요즘 무엇을 표준으로 공부하고 계세요? 수행이랄까?

송천은 그것은 아까 얘기대로 죽는다는 것, 산다는 것, 많이 잊어버렸다고 볼 수 있어요. 원불교 해탈 천도사상이 있잖여. 그런 것 가지고 많이 신경 쓰는 사람은 아니고. 그러니까 좋은 일을 조금이라도 남을 위해 할 수 있다면, 할 수 있으면 좋겠다…. 그런 것뿐만 아니라 아주 사소한 것이라도 내가 지금 할 수 있는 것이 있지 않는가. 남 좋은 일을 신문에서 본다든지 하면 내가 연락이라도 하면서. 격려도 할 수 있으면 하고.

박맹수 생사(生死). 산다, 죽는다, 이런 것을….

송천은 그런 것은 거의 잊어버리고, 이 병 치료하는데 잠을 못 자겠어. 여기다, 심근경색중인가 그래 가지고, 스텐트도 꽂고 그랬는데. 죽으려다 산 것이지. 병원 갈 때까지는 119랑 대화하고 그 뒤로는 아무것도 모르고 그랬는데 병원 때문에 살아난 것이지. 현대과학 때문에 살아났는데, 잠을 못 자겠어. 잠자는 약을 먹는데 자꾸 단위를 올려야 되겠다 그거여. 난 한 알을 먹어도 몸이 다 녹아나는 것 같은데 못하겠더라고. 두 알 먹고 한 알 더 먹으라고 그러는데 내가 인제 이건 포기할 수밖에 없다 그런 생각이 들더라고.

자기 전에 '이번에는 안 먹어 보자!' 그 무서운 결심을 한 거여. 한 시간인가 지나니 잠이 오더라고. '이제 되는구나. 이게 내 뜻으로 되는구나.' 의지로 말이여.

그렇게 해서 그 뒤로 딱 끊어 버렸어. 잠 잘 자고 지금은 그거에서 해방됐어요. 해방돼서 치료를 하나 끝내 버린 거여. 병원에서도 알아요. 내가 그런 줄 알아. 근데 또 한 가지 그런 것이 있어. 여기 그때 병원을 서울 수도권에다 착수했잖어.

박맹수 산본병원 말씀인가요?

송천은 예. 은행에서 이자를 얻었는데 이자가 27%인가, IMF서 내려왔는데 이거 어떻게 되겠어. 잠이 안 오고 여기 불이 막 (뒷목을 잡으며) 바짝바짝 나더라고. 이 뒷꼭지가. 그 뒤로부터 서서히 눈이 문제가 생기기 시작하는 거야. 외국가 가지고 다니는데 눈이 떠지질 않고 고생을 오래 했어요. 내가 미국 갈 적에도 치료 목적이 50% 이상은 됐어.

거기서도 약으로 시험을 하니까 막 쓰러질라 하고 못 하겠어. 그래서 누가 소개해 줘서 외과 의사한테 갔는데 거기서도 한 달 조금 지나면 또 그렇고 또 그렇고 그래. 여기 와서 처방을 해 줘서 여기서 치료를 받았거든? 여기서 하는데도 자꾸 단위가 올라가야 된다고 그래. 내가 그것도 아까랑 똑같은 방식으로 접근을 한 거야. '이제 안 간다. 눈 감으면 지팡일 짚고 다닐 수 있잖냐? 지팡이라는 것에 의지하자.' 그렇게 하고 딱 포기를 한 거야.

지금까지 안 갔는데 난 눈 뜨고 있다고. (웃음) 눈 떠진 거여. '아, 정신세계에서 조절을 할 수 있는 것도 있구나.' 다 되는 것은 아니야. 물론 아닌데, 워낙 강하게 접근을 하니까.

내가 고맙게 생각하는 게 내가 종교를 믿으니까 이 짓 하지, 누가 이렇게 하겠냐? 그런 생각을 하는데, 지금도 눈 나쁘지만 이 정도면 볼 만 하지 않어? 책도 보고 그러니까 조금 자신감이 생기는 거여. 이 몸이라는 것이 나빠지면 아이쿠 이거 큰일 났구나, 나는 이제 길이 없고, 그냥 부정적인 생각만 한다면 길이 없지. 그러나 아까 그 하버드, 그 사람 살아난 것 있잖여. 유명한 데서도 다 안 된다고 한 것을 살아난 사람도 있잖여. 사람이라는 것이 죽을 때 죽더라도 긍정적인 다른 시도를 할 수 있다면 해 볼 수 있는 것 아니냐.

박맹수 정신세계나 종교 세계가 그런 긍정적인 에너지를 불러일으키는 거군요.

송천은 일으키는 것이지. 내가 체험한 것이여. 여기 공부 시간에 내가 발표한 것이여. 내가 확실하게 체험한 것이고, 내가 실행한 것이고.

박맹수 육신이 정신을 구속할 때도 있지만 정신의 힘이 세지면 몸도 좋게 만들 수도 있다는 것이지요?

송천은 대종사님도 완전히 폐인이 돼가지고 얼굴 노랗게 되고 부스럼 딱지를 한 바가지씩 받아 내던 분이 도를 깨치면서 그걸 깨고 일어나셨잖아요. 우리가 비할 분은 아니지만 영향은 상당히 받을 수 있다.

지금 여기 와서도 얘기 많이 하거든. 그렇게 해서 건강도 챙기고 있고. 내가 언제까지 살겠어요. 한 2년 살면 이제 죽을 것인디. 근데 지금 이렇게 난 할 일이 있다고 항상 생각해, 내 할 일. 바뻐. 다른 사람이 와서 그려. 심심해서 어떻게 지내냐고. 제일 문제가 고독인데 심심해서 어떻게 지내냐고. 나는 그런 것 거의 없다, 지금 내가 병들어 죽게 생겼으면 할 수 없을지 몰라도 지금 내가 이렇게 해서 살아나가는데 뭔 그런 고독이 있어. 우리 여기 형제들이 많고 말여. 여기 와서 얼굴도 보고 서로 의견도 교환하고 동지들도 있고 그런데 뭐가 그런 생각이 나겠냐, 내일도 밥 먹자고 한 사람이 있어. 그 사람한테도 그랬어. 나 위로하려고 하지 마라. 난 아무런 그런 생각 없으니까. '난 오케이. 에브리씽 오케이.' (웃음) 그렇다가 죽는 것이지 뭔 걱정이 있겠어. 최선을 다하다가 부족한 것은 내가 지었으니까 받을 것이고, 할 수 없는 일이고, 그렇게.

박맹수 생사도, 모든 것이 다 에브리씽 오케이?

송천은 그렇지. '에브리씽 오케이'로 끝내야지. 그리고 대종사님이 그렇게 가르쳐 주신 거 아녀? 길을 열어 주셨으니까.

박맹수 그러면 이건 완전히 우문이지만 생사도 아무 걱정 없으시겠어요?

송천은 나는 밖에다는 용기 있게 말 못해도, 또 어떤 일이 일어날지 모르니까, 통증이 일어나면 끙끙거리기는 하겠지. 우리 어머니도 돌아가실 때 단 하루 만에 돌아가셨어요. 송관은 교수가 "우린 바빠 가지고 도와 드릴 수도 없으니까 가실 때는 빨리 가셔야 됩니다." 그러니까 "아니, 내가 맘대로 그것이 되냐." 그랬는데 아침에, 아침 같이 먹고. 많이 안 드시더라고. "내 몸이 좀 안 좋다" 하시고 거기 누우서서 그날로 돌아가셨어.

박맹수 후진들한테 당부하고 싶은 말씀 있으신가요?

송천은 원불교식으로 하면 다 고마운 분들 아녀? 고마운 사람들 아녀? 일 해 보겠다고 이렇게 열심히들 오는 사람들 다 고마운 사람들 아녀? 요새 긍정심리학 있잖여. 공부할 적에 많이 활용해 가지고 자꾸 조명해서 집중하면 좋은 것이 많이 늘어나니까. 나에게서, 내 자본이 자꾸 늘어나거든. 좋은 것이. 그러니까 웃을 일이 많아진다 그 말이여. 웃을 일이 많아지고 좋은 일 생각하는 일이 많아져. 그거 돈 들어가는 것이 아녀. 그게 돈도 안 들어가고 웃을 일은 많고 자꾸 더 웃고 그러면 생명이라도 연장 될수도 있고. 이 마음도 아름다워지고….

박맹수 밝아지고요.

송천은 기쁘고 그렇잖아요? 나는 아까 얘기대로 그걸 많이 얘기를 해요. 내가 이 원불교 만나서 고마운 것을 알게 됐잖냐? 내가 뭐 훌륭해서 그렇겠어? 다 좋은 것 다 배웠으니까….

박맹수 처처불성이고요.

송천 처처불성이고. 세포까지도. 나쁘게 보면 병들 수도 있고 그런 것이지만 불완전하다고 해서 그걸 나쁘게만 보면 쓰겠느냐 말이여. 그러니까 최선을 다해서 살고, 죽을 때는 깨끗이 굿바이 해야지. 허허허 (웃음)

박맹수 대종사님 당대 때 분위기부터 지금까지 이렇게 회고를 해 주셔서 참 고맙습니다.

송천 끝을 이렇게 맺을 줄 알았으면 걱정 안 해도 됐을 텐데. (웃음)

박맹수 걱정을 하셨군요.

송천 어제까지도 이거 다 완성 못 했어. 자유스럽게 하니까 더 좋구만 그려.

박맹수 장시간 소중한 말씀 고맙습니다.

예타원 전이창 종사

생사가 대사

어떻게 잘 갔다 올 것인가.
그것이 우리 관문이에요.

박맹수 예타원님께서 쓰신 책이 베스트셀러가 되었다고 들었습니다.

예타원 전이창 종사 (이하 전이창) 예, 생사에 관해서 썼어요. 그때 하여간 뭐라 그럴까, 쓰고 싶은 것을 다 썼는데 제목을 정해라 하니까 '죽음의 길을 어떻게 다녀올까' 그렇게 딱 생각이 들더라고요. 그래서 썼는데 그때 많이 책이 나갔다고 그래요.

박맹수 그 책 쓰실 때 연세가 어느 정도 되셨어요?

전이창 칠십에 퇴임이니까 칠십 무렵에야 한 것 같아요.

박맹수 예. 정확하게는 60때 후반쯤인 것 같습니다..

전이창 예. 60대 후반이죠.

박맹수 그러면 원기 26년이니까 대종사님 살아 계실 때 대종사님 임석하신 자리에서 생사대사(生死大事)를 주제로 강연을 하셨지요?

전이창 그렇죠. 그때는 지방 대항 강연이여.

박맹수 예. 지방의 지부들 대표가 와 가지고 강연 대회를 하셨지요?

전이창 그때 서울에서는 팔타원님 같은 분이 참가했어요.

박맹수 예, 쟁쟁한 분이 오셨네요.

전이창 예. 성의철 선생이라고 나중에 숙명여대 총장까지 하신 분, 그런 분들이 나와서 했어요. 거기서 대종사님께서 특등을 주셨어요.

박맹수 왜 특등을 주셨다고 생각을 하세요?

전이창 그때 강연을 하는데 박수를 몇 번 받았어요. 나 스스로 자신이 있었고 나한테는 별것이 아니다. 그런 생각이 들면서 자신 있게 가서 했어요.

박맹수 그때 나이가 열일곱이신가요?

전이창 열일곱이었지. 자신 있게 했어요. 집에서는 남녀 간 결혼하는 것이 대사다. 인간대사다 그러지요?

박맹수 예, 그렇죠, 보통.

전이창 그렇게만 알고 왔는데 여기 불법연구회에 와서 법문을 듣고 보니까 생사가 참으로 대사더라고. 내가 이것을 안 것은 모두가 대종사님 은혜다 하면서 한 걸음 나가 가지고 대종사님을 향해서 절을 했어요. 그것도 정산여래님께서 다 가르쳐주신 것이죠. 그렇게 하니까 박수가 우레와 같이 쏟아졌어요. 대종사님께서 "저 조만한 입에서 생사대사가 참으로 대사라는 것을 얘기를 하니. 감회가 새롭다."

처음에 방언 막을 때 그때 그 구인제자들을 데리고 할 때에 구인제자들이 스승을 스승으로 깊이 느끼지 못할 때여, 그때가. 원기 원년부터 시작을 했으니까. 그러니까 아무것도 모르고 아따, 저 양반이 위대하시다, 하고 따라서 했지.

박맹수 막연하게요?

전이창 예. 진짜 대종사님이 주세불(主世佛)이라는 것을 모르고 했다 그 말이여. 그러니까 대종사님 앞에서도 그냥 담배도 피우고, 다리도 올리고 앉고, 무릎 꿇고 안 앉고 말이죠. 그런 것을 볼 때 언제 저 사람들에게 진정으로 참 법을 심어주고, 심법을 심어줄 것인가 그랬는데 저렇게 "조그마한 입에서 생사대사가, 생사가 대사라는 것이 나오니 감회가 새롭다." 그런 말씀을 하셔요. 그래서 그때 내가 생사가 대사라는 것을 느꼈다….

박맹수 예. 사람들은 보통 생사문제를 굉장히 막연하게 생각하고 또 두렵게 생각하고 멀리 있는 것처럼 생각하고 그러기 쉬운데 예타원님께서는 어떻게 생사 도리를 연마해 오시고 공부해 오셨나요?

전이창 생사가 갔다가 오는 것이니까 어떻게 잘 살고, 어떻게 잘 오느냐 그것이 우리 관문이죠. 염원을 드리고 기도하면서 정진하고 그렇죠. 어떻게 잘 갔다가 올 것인가. 그것이 우리 관문이에요, 말하자면.

박맹수 늘 어떻게 기도를 하고 계세요?

전이창 기도는 여래(如來)를 표준 해서 이 생에서 여래가 많이 배출되도록 해 주시라고 법신불께는 그것을 염원하고.

박맹수 그런 마음이 언제부터 하나가 되셨어요? 모든 사람이 여래가 되도록 해 달라고 하는 그런 기도가요.

전이창 그게 아마 우리 법훈(法勳) 할 때부터였든가. 하여간 옛날에 저기 저쪽 앞채에 살 때부터 내가 여래를 표준해 가지고. 빨래 세탁물을 내보내거든요. 빨래 해달라고. 세탁부 직원이 있었으니까. 그런데 옷을 분별하기가 어렵잖아요. 네 옷, 내 옷. 그래서 거기다가 '여(如)' 자를 썼어요. 내 옷 표시를 그렇게 했었어요. 아마 수도원에 들어오면서부터 그랬는가 그건 모르겠어요. 하여간 그때 여래를 표준해서 다 여래가 되어야 되고 나도 여래로, 말하자면 표준을 했죠. 감히 그렇게 했었어요. 그때.

박맹수 큰 깨침을 얻으신 스승을 보통 여래라고 그러는데 좀 알기 쉽게 여래는 어떤 분을 여래라고 할까요?

전이창 여래 표준을 대각으로, 자비로, 자유로 봅니다.

박맹수 뭘 대각할까요?

전이창 진리를 대각하고, 마음을 대각하고 크게 깨쳐야….

박맹수 자유는 무엇에 대한 자유일까요?

전이창 육신 자유, 생사 자유, 마음 자유.

박맹수 살아 보면 본능이 있어서 식욕도 있고, 색욕도 있고, 명예욕도 있고, 재물욕도 있고 그렇거든요. 예타원님은 욕심 없으셨어요?

전이창 없어요. (웃음)

박맹수 어떻게 해야 욕심에서 벗어나 자유를 얻을 수 있을까요?

전이창 욕심을 자유로 하고, 생사를 자유로 하고, 업력을 자유로 하는 그런 힘을 얻어야 그게 진정한 자유죠. 그래야 육도 자유할 수 있는 것이고. 자유를 얻어야 된다….

박맹수 제가요, 업력이 좀 두터운 것을 느끼거든요? 이쁜 짓을 하는 사람은 그냥 넘어가는데 미운 짓을 하는 그런 어떤 대상을 보면 항시 저걸 고쳐줘야 되겠고, 바로잡아 줘야 되겠고 그게 안 되면 막 미워하는 마음만 있고 그렇거든요? 예타원님은 어떻게 그런 고비를 넘기셨나요?

전이창 처음에는 남의 허물을 보지 않는 것으로.

박맹수 보이는데 어떻게 안 봅니까?

전이창 보고도 이쪽으로 육신으로라도, 눈으로라도 이렇게 돌려 버리죠.

박맹수 허물이 보이면 피하는 거기서부터 시작을 한다?

전이창 예, 그렇죠. 피경(避境)을 하고.

박맹수 피경을 한다?

전이창 그렇게 하고 나중에는 보고도 보지 않는 그런 단계가 되어 버리면 자유가 되죠.

박맹수 그러니까 보고도 보이지 않는 그런 경지가 어떻게 해야 얻어지냐고요. (웃음)

전이창 정진 적공을 하고, 오욕을 자유로 능히 놓을 수 있고, 희로애락을 능히 놓고 잡을 수 있어야 그게 돼요.

박맹수 보통 중생들은 희로애락에 끌려다니는데 공부하는 분들, 이제 깨달은 분들, 여래는 희로애락을 자유로 한다 그러거든요? 방법을 좀 쉽게 알려 주시면 좋겠습니다.

전이창 그전에 내가 종로에 있을 때 대산 여래님께서 와서 법회를 보셨어요. 그런데 그때 정진(精進)이라는 말씀을 하시더라고요. 그게 마음에 딱 걸렸어요. 정진. 정진을 해야 업력도 소멸이 되고 자유도 얻고. 그래서 나중에 삼동원 올력 때도 "대산 여래님께서 말씀을 하나 써서 내려 주십시오. 무엇을 표준 해 쓰리까" 했더니 그때도 "정진이다"라고 해 주시더라고요. 정진이다. 그래서 저는 대산 여래님이 종로에서 하신 정진이라는 말씀을 가슴에 딱 새겼어요. 그때.

우리가 법문을 듣고 훈련을 받을 때는 희열이 솟고, 기쁘고, 금방 뭣이라도 얻어질 것 같은데 돌아서면 그것이 다 없어진단 말이여. 그래서 그러지 않도록 어떻게 훈련을 시킬 것인가, 정말로 그 기쁨과 희열의 마음이 계속되도록 할 수 있는 방법이 무엇인가, 그것이 훈련원에서 저의 숙제였고 그걸 기준으로 훈련 방법을 잡아나가도록 힘을 썼고 그랬어요. 그때 훈련생들이 훈련에 정말로 득력할 수 있도록 기도도 하고 그랬어요.

박맹수 일과 속에서 정진하시는 예타원님만의 독특한 방법이 있나요?

전이창 독특한 방법은 없고, 처음에도 그랬고, 처음부터 천일기도로 시작해서 끝나면 또 천일기도로. 하루에 단 몇 분이라도 마음을 챙기고 진리와 연하고 내 본마음을 챙기는 그 시간을 꼭 가졌어요.

박맹수 천일기도로. 그러면 지금까지 천일기도를 몇 번이나 해 오신 것 같습니까?

전이창 그것이 몇 번이나 했는지…. 지금은 천일이니 만일이니 생각 않고 계속해서 단 몇 분이라도 내 마음을 챙기고 부처님의 진리와 연하는 그런 시간을 갖도록 노력을 하죠.

박맹수 몇 살 정도 때부터 그렇게 기도 생활이 시작된 것 같습니까?

전이창 그때 훈련원, 훈련원서부터 그런 것 같아요. 훈련원에서 한 5년 있다가 삼동원으로 갔었어요.

박맹수 그때가 60대이신가요?

전이창 60대인가, 50대 넘어선가 그렇게 된 것 같네요. 동산훈련원 짓고는 여기 훈련원으로 왔었지요.

박맹수 기도를 하면 위력이 함께한다고 하는데요. 대종사님께서도 말씀하셨고. 그런 진리의 감응이나 위력을 아주 실감나게 느끼셨을 때가 있나요?

전이창 그걸 뭐 실감 나게 느꼈다기보다도 자신력(自信力)이니까.

박맹수 아, 자신력이요.

전이창 예. 누가 뭐래도 내가 진리와 연하고 스승님과 통하고 있고 자신이 생기니까. 누가 이래라저래라 이것이 아니고.

박맹수 그럼 자신감이 스스로 생기게 되면 경계를 당해도 그 경계를 부리게 되나요?

전이창 이게 처음에는 경계 당해서 마음도 상할 때가 있고 그렇지요. 그렇지마는 바로 기도로 마음을 돌리니까 또 그것이 힘이 되고 나중에는 그것이 경계가 아니라 여기고 예사롭게 넘어설 수가 있으니까.

박맹수 이렇게 50대 때부터 지금 90대까지 오실 동안 40년 정도 기도를 하시면서 고비들은 없으셨나요?

전이창 고비도 다 넘어섰는지 다 잊어버리고. (웃음)

박맹수 힘드셨던 기억은 없으십니까?

전이창 힘든 대목도 있었지요. 있어도 다 넘어가니까, 다 잊어버리고 없어요, 이제.

박맹수 지금은 다 잊어버리시고. 살아오시면서 가장 기억에 남는 순간이나 기쁜 순간이나 그런 때는 어떤 때가 있으셨어요?

전이창 더듬어서 찾아봐야 알겠어. (웃음)

박맹수 출가하실 무렵에 어머님께서 기운을 불어넣어 주셨던 그런 말씀이 있는 것 같은데요.

전이창 예, 그래요. 보통 가정에서는 자식이 크면 그저 결혼하는 것으로 생각을 하죠. 우리 어머께서는 내가 어려서도 촌에서 일은 많은데 일을 별로 안 시키셨어요. 그리고 십리 길이나 배를 타고 다니면서 학교를 다니니까 저 약한 것이 다닌다 해 가지고 일요일이면 아침 늦잠을 자도 허락을 하셨어요. 새벽같이 일어나서 학교를 가야 하니까. 그리고 촌에서는 일을 많으니까 일을 시킴직한데 너는 너 생긴 대로 살아라 그러고 일을 안 시키셨어요. 그때 이정만 선생이 나를 데리러 왔어요, 집에서 놀고 있을 때.

박맹수 영산학원으로요?

전이창 예. 정만 선생이 데리러 오니까 "네가 공부하고 싶으면 공부할 데로 가서 공부를 해라." 공부하도록 승낙도 하시고 밀어 주신 것이죠. 영산에서 공부를 한다든지, 전무출신 한다는 것에 대해서 조금도 반대가 없었고. 뭐 이래라저래라 없었어요. 그냥 으레 네가 하고 싶은 것 해라 하는 식으로 밀어 주셨어요.

박맹수 그 시대에 생각이 활짝 열리신 분이셨네요.

전이창 나에 대해서 뭘 막는 일이 없었어요. 그냥 그대로 후원을 해 주시고 그러셨지.

박맹수 어머니 생각이 가끔 나시나요?

전이창 그렇죠. 어머님은 너무 고생만 많이 하고 가셨어. 그 촌에서 논, 전답이 많았거든요. 그 전답 다 가꾸시고 그러느라 한때도 쉬는 때가 없었어요. 그렇게 고생만 하시고 가셨어. 조금도 노령에 호강을 받는다든지 공양을 받는다든지 그것이 없이 그렇게 가셨어요. 그러니 고생만 하시고 그렇게 가셨어.

박맹수 살아 계실 때 봉양을 해 보신 기억이 있으세요?

전이창 없지요.

박맹수 출가하시고 나서.

전이창 예. 출가해 가지고는 공부해서 교무로 나가고 내가 그때 서울 교무로 있을 때였으니까. 언제 가서 공양해 드리고 그럴 줄도 모르고 그랬어요. 그렇게 하고 가셨죠. 하여간 옛날 우리는 전무출신은 집에 안 가는 것이고, 사가는 생각하지 않는 것이고, 그리고 여유가 있어도 집안에 써 줄 생각도 안 하고 돈 한 푼도 드린 적이 없고 그래. 그랬어요.

박맹수 마음에 한은 없으세요? 어머니에 대해서?

전이창 그때는 그렇게 사는 것이 우리 전무출신이다 그러고 살았으니까 그렇게 살았지만, 사실은 '부모에 대해서 조금도 생각하는 바가 없이 살았구나' 하는 생각은 해요. 밥 한 끼라도 대접해 드리고 그래도 되는데 그걸 못 한 거예요. 그때는 다 그랬어요. 누구나. 나뿐만이 아니고 다 그랬어.

박맹수 다음에 인연 만나시면 효를 열심히 하셔야 되겠네요?

전이창 당하는 대로 해야죠.

박맹수 대종사님 말씀을 좀 여쭤 볼게요. 어떻게 대종사님과 인연이 되셨어요?

전이창 도산 어른이….

박맹수 도산 이동안 어르신 말씀인가요?.

전이창 예, 고모부였어요. 고모님이 내가 국민학교 졸업하고 집에 있는데 사람을 보냈어요. 윤타원 이정만 선생을 보냈는데 나보고 영산에 가서 공부하라고. 그때 생각으로는 이제 전북고녀를 다음에 간다고 이렇게 생각을 하고는 있었는데 그냥 따라서 갔었지요. 영산선원에 들어가서 3년 공부했어요. 그 다음에는 나더러 사무실 서기 역할을 하라고 그러데요.

박맹수 영산사무소 말씀인가요?

전이창 주산 어른이 거기 계셨을 때예요. 사무실 직원 노릇을 5년을 했어요.

박맹수 선원에서는 3년을 공부하고 서기로 5년을요?

전이창 예, 그렇게 하고 수계교당 교무로 갔어요. 1년 수계교당 교무 했는데 그때 유일학림(唯一學林, 1946년에 설립된 원광대학교의 전신)이 생겼어. 유일학림 전문부 1기가 졸업을 하고 2기가 됐는데 내가 공부를 해야겠더라고요. 나는 공비생(公費生)으로는 한 번도 안 했거든요. 내 사비로만 공부를 했지. 그래서 2기 생으로 들어갔었어요.

박맹수 유일학림 2기로요?

전이창 예, 2기가 된 거예요. 1기 할 수 있었는데 안 하고는 그렇게 2기로 들어가서 공부를 마친 거예요.

박맹수 그럼 영산학원에 3년 계실 때 그때 대종사님을 뵈신 건가요?

전이창 그때 뵈었죠. 그때 뵈었어요.

박맹수 어떤 기억이 나시나요?

전이창 그때 16살에 갔었는데, 그 해에 익산에서 영산으로 오셨어요. 한 번씩 순회를 하면서 거기를 오셨어요. 철도 없고 아무것도 모르고 그런데 모두 땅바닥에다 절을 하더라고요. 그 바닷가를 배를 타고 오셨는데 거기서 모두 땅바닥에다 절을 해요. '아따, 저렇게 땅에서도 다 절을 하는구나.' 했지.

대중 모아 놓고 말씀을 하셨는데 그때 기억은 하나도 없어요. 그리고는 법문 받들고 그리고 조실에서 우리 학원생들이 가서 뵈옵는 거예요. 그때 학원생들이 모두 나가서 하는데 내가 이창(二昌)이라는 법명을 받고는 마음속으로 그렇게 마음에 안 들어요. 이창이라는 법명이. 그래서 어째 이창이라고 법명을 주셨다고 내가 안 좋은 생각을 가지니까, 옆에 학원생들이 대종사님 오시니까 그 얘기를 하는 거예요. "이창이는 이름이 좀 안 좋다고 그럽니다." 그러니까 대종 사님께서 "이창이 이름이 안 좋냐? 이창이 이름이 참 좋은데….." 우리 교리가 그야말로 뭐여.

박맹수 이사병행(理事竝行)이지요.

전이창 이사병행.

박맹수 또, 영육쌍전(靈肉雙全)입니다.

전이창 영육쌍전. "두 가지로 다 완성을 하라고 그랬는데 어찌 두 가지 창성을 하라고 하는 것이 안 좋냐. 이창이 참 좋다." 그렇게 말씀을 해주셔요. 그러니까 더 이상 말도 못하고 그냥 그런가보다 했죠. 그때는 그렇게만 뵈었어요.

그 다음 해에 17살 때 이제 지방대항 강연, 교리강연에 영산선원 대표로 내가 17살인데 그때 오게 되었어요. 영산에서 둘이 나왔지요. 영산선원 대표로는 남자 학생 하나하고 나하고 둘이. 근데 그 사람은 퇴속을 했는데. 내가 그때 대종사님께 "생사의 원리를 안 것은 다 대종사님 은혜입니다." 하고 한 걸음 물러서서 절을 하니까 대종사님께서 강평을 하시면서 그 얘기를 하셔요. "언 막을 때는 팔구인의 제자들도 내 앞에서 다리를 꼬고 이렇게 앉고 그럴 때 내가 어떻게 저 사람들을 다 훈련을 시켜서 이 법을 넣어줄 것인가 그랬는데 이 저 조그마한 입에서 생사대사(生死大事)라는 것을 알고 얘기를 하니 내가 감회가 새롭다." 그런 말씀을 하셨어요. 그때 강평을 하시면서.

박맹수 여기 사진이 그때 그 교리강연 기념으로 찍은 그 사진이군요.

전이창 예, 그때 사진이에요.

박맹수 그때도 이렇게 사진을 찍어서 참가자한테 나눠 줬네요?

전이창 그랬어요.

박맹수 원기 26년이니까 한 70년 전의 사진을 고이고이 간직해 오셨네요?

누군가 아니, 내버렸는데 누가 주워 다 놨어요.

박맹수 누가 이 소중한 사진을 내버리셨어요? (웃음)

전이창 다 태워 버리려고, 내가 태우라 그랬는데 이것이 있어. 지금.

박맹수 이건 박물관에 보내셔야 돼요.

전이창 보냈어요?

원기 27년 4월 26일 제2회 교리강연 기념 사진, 앞줄 중앙 대종사님 오른쪽 바로 옆이 예타원 종사

박맹수 박물관으로 보내야 할 아주 소중한 사진이라고요.

전이창 그래요. 사실은, 그때 사진으로서는 이게 중요한 것이죠.

박맹수 사진에 예타원님이 아주 총기 있는 모습으로 지금 거기 계십니다.

전이창 그래요? 아이고.

박맹수 이창이라는 법명에다가, 강연회 상을 받으셔서 큰 칭찬을 해 주신 것은 저희들이 볼 때 부처님이 수기(受記, 부처가 되리라는 예언을 받음)해 주신 것 같다는 느낌이 들거든요.

전이창 그래요?

박맹수 어떤 생각을 하셔요? 70년이 흐른 뒤에 대종사님을 어떻게 마음에 모시고 사십니까?

전이창 우리가 이러고저러고 해도 다 미치지 못하고, 참, 평생을 모시고 영생을 모시고 살아도 다하지 못하는 그런 어른이시다, 그래서 장차 미륵불(彌勒佛) 회상이다, 이 어른이 미륵불이 아니신가 저는 그렇게 생각을 했었어요.

박맹수 미래에 오시는 부처님, 미륵불 말씀입니까?

전이창 예, 미륵불 회상이 아닌가. 그리고 여기 중앙총부가 미륵회상이 아닌가. 이건 내 생각이죠. 뭐 누구한테 들은 얘기도 아니고.

박맹수 미륵 회상은 어떤 모습이 구체적으로 미륵회상이라고 그럴까요?

전이창 우리 회상이 바로, 현실 생활에서, 금산사 가보셨어요?

박맹수 가 봤습니다.

전이창 큰 부처님이 이렇게 서 계십니다. 내가 거기 미륵불을 가서 뵈옵고는 주지 스님을 만나서 "이 미륵불을 여기다 모실 때 거기다 모시는 이유가 뭣이 있었을 텐데 진표(眞表)율사가 무슨 말씀이 없으셨냐. 내려오는 말이 없냐?" 그랬더니 모른다는 거예요. 거기 주지 스님이. 그런데 거기다가 모셨던 이유가 있지 않았을까. 가만히 보셔요. 거기에 금산사가 익산시의 접경입니다. 바로 뒤에 미륵불이 큰 부처님이 그렇게 계시거든요. 그리고 또 우리 위에 논산군이 바로 익산시의 접경입니다. 거기에 가서 지금….

박맹수 은진미륵이 있지요.

전이창 은진미륵이, 아주 큰 부처님이 딱 서 계시다 그 말이여. 가서 보고 또 거기를 갔었어요. 가서 보니까 정말로 우람하고 정말로 소태산 여래님 아니신가. 그런 생각이 들어요. 그래서 우리 익산시 접경으로 해서 논산군에 미륵존불이 크게 계시고 또 김제군 금산사에 미륵존불이 그렇게 계시고 우연하게 그렇게 계신단 말여. 그러고는 또 미륵산 아래 미륵사 아닙니까?

박맹수 총부 옆에 미륵산 말씀이신가요?

전이창 예. 미륵산이 있지요. 그 밑에 미륵사지가 있습니다. 미륵존불이 거기에 있었어요. 거기서 우리 익산 총부를 바라보면 직선거리가 4km도 못 되는 것 같아요. 그런 거리에 총부 회상을 딱 펴셨어요. 대종사님, 소태산 여래님께서 그렇게 한 것도 이유가 있지 않느냐 그런 생각이 들어요. 말로 '미륵존불 회상이다' 이렇게 말은 못하지만, 그렇게 이 자리에다 하지 않으셨는가 그게 내가 생각하는 거예요. 그래서 소태산 여래님께서는 앞으로 이 미륵불 회상을 열어 주실 그런 부처님이 아니신가 그래서 정산 여래님, 대산 여래님, 이 어른들이, 이건 내 생각이에요. 미륵존불이 아니신가. 이 회상이 만대에 전 인류를 다 구원할 그런 회상이 아닌가 그렇게 되기를 바라면서 그렇게 되리라고 믿고 있어요. 우리가 부족한 점이 있더라도 장차 그렇게 되리라고 믿고 있어요. 나 어느 석상인가 마이크를 주면 그 얘기를 한번 하려고 했는데 마침….

박맹수 지금 하시죠.

전이창 우리가 '대종사님, 대종사님' 합니다, 소태산 여래님을. 그런데 불가에서 절에서 대종사(大宗師)란 분이 많이 납니다. 대종사가 많아요. 또 설교를 좀 하서도 대종사시고 대종사가 많아요. 내가 그때 어느 절에 갔던가, 기억이 안 나는데 절에 가서 보니까 '대종사실'이 있어요. 그래서 어떤 대종사가 많이 계신가 하고는 가서 문을 열어 봤어요. 그랬더니 대종사님 동상이 많아요. 의자에 모두 앉아 있고 이렇게 모셔있고. 대종사가 많이 계시더란 말이에요. 그래서 내가 참 대종사가 많으시네. 스님들 부처님은. 스님들은 그렇게 대종사님 많이 계신데 우리 집에서는 대종사님, 소태산 여래님을 대종사라 한다 그 말이여. 우리가 모시는 소태산 여래님, 대종사를 그 어른들과 같이 '대종사, 대종사' 한다 그 말이여.

'우리가 모시는 대종사'와 '많이 부르는 대종사'와 어떻게 다르냐? 우리 대종사는 그야말로 주세불이시고 앞으로 수천 년 회상을 열어 갈 그런 부처님이신데 그런 대종사를 우리가 대종사라고 한다 그 말이죠. 그래서 우리가 모시는 대종사는 그런 부처님이시고, 다른 누구도 우리 회상에서는 대종사라고 할 수가 없어요. 소태산 여래불님을 대종사라고 하고, 주세불을 대종사라고 하고, 대종사 소태산 여래불님만 대종사라고. 우리가 모시는 대종사님은 대종사라고 하는 고유명사라 할까. 그런 대종사시지. 누구나 대종사라고 할 수 없는 그런 대종사시다. 그것을 나는 얘기하고 싶었어요.

박맹수 그걸 드러내야 된다는 말씀이군요.

전이창 예. 우리 회상에서는 다른 어느 누구도 대종사라고 할 수가 없고 오직 대종사님께만 대종사라고 할 수가 있고, 주세불이시고, 앞으로 수만 년을 열어 갈 그런 부처님을 우리가 소태산 여래불님을 대종사라고 한다. 그걸 얘기하고 싶었어요.

박맹수 열여섯 살에 직접 영산서 뵙고, 열일곱 살 때는 강연회에서 특등을 하셔서 칭찬 받으시고 마음에 늘 모시고 사셨을 것 같아요.

전이창 예.

박맹수 소태산 대종사님이 여래시라고 확신한 어떤 측면이 있기 때문에 여래다. 직접 모셨더니, 내가 뵀더니, 그분의 가르침을 내가 받았더니, 이러기 때문에 여래다. 그런 큰 대목이 마음에 남아 있으시죠?

전이창 어려서도 잠깐 뵈었고 그러니까 내가 확실히 여래시다 하고 할 수가 없어요.

박맹수 뵌 기간이 짧았기 때문에요?

전이창 예. 짧기도 하고 또 말하자면 여래님의 실력을 알아뵐 그런 기회가 없었어요. 기회가 없었으니까 그렇고. 그때 그렇게 배웠고, 내가 법을 받들면서 참 여래님이시다, 내가 여래로 향해야겠다. 여래를 꿈꿀 때 바로 이 어른이 여래시다 이렇게 느끼고 참여래로 생각이 들고, 그래서 그렇지 여래를 배운 기간은 별로 없죠.

박맹수 그러니까 그렇게 육신으로 모셨던 대종사님께 여래를 느끼고 한 것보다는 그분의 가르침, 그분의 법을 통해서 느끼셨다…. 그럼 그 법 중에 지금도 잊을 수 없는 대종사님의 가르침, 법, 제일 큰 특징은 어떤 것이 있을까요?

전이창 우리가 생활 속에서 이렇게 세세하게 공부할 수 있도록 다 해 놓으신 것.

박맹수 생활 속에서요?

전이창 예. 그리고 또 정산 여래님이 그 법을 받아서 또 그대로 전하시고 대산 여래님께서 또 받아서 하시면서 그 어른들이 여래행을 하시니까. 대산 여래님께서 조불(造佛) 작업을 하셔 가지고 법위를 올려놓으시고 그런 것들이 모두가 여래회상이 아니고는 이렇게 할 수가 없는 일이니까. 대종사님께서 참여래시기 때문에 여래님들이 나오셨고, 여래 조불 작업을 하시고, 법위 하나하나가 여래가 될 수 있도록 해 놓으셨고….

박맹수 누구나 다 여래가 될 수 있게 공부 길을 열어 주신 것인군요.

전이창 그래서 그 전에 대산 여래님께서 조불 작업, 기계를 "부처도 저렇게 만들어 냈으면 좋겠다" 하신 그 벽돌 찍어 내는 조불 기계를 대종사님께서 만들어 놓으신 거예요.

박맹수 조불의 기계를, 부처 만드는 기계를 대종사님이 발명해 놓으셨다, 그게 우리의 교법일까요?

전이창 그렇죠. 교법이죠. 회상을 펴신 거예요. 회상을 펴시지 않았다면 우리가 어떻게 와서 이 공부를 하겠어요.

박맹수 아까 영산에서 5년 서기를 하시고 나서는 교화계로 나가셨나요?

전이창 그렇죠. 1년 교당 교무를 했어요.

박맹수 어디서 하셨어요?

전이창 수계교당.

박맹수 수계교당 마치시고 그럼 또 어디로? 그다음에 유일학림이신가요?

전이창 유일학림으로 들어갔지요.

박맹수 유일학림에서는 몇 년간 공부하셨을까요?

전이창 그러니까 그때 6·25를 지냈기 때문에 한 4년 했을 거예요. 전쟁 지내면서.

박맹수 그러면 유일학림 다니시면서 6·25를 겪으셨나요?

전이창 그랬지요.

박맹수 그때 기억나시는 이야기 있으신가요. 6·25라든지.

전이창 우리가 피난 가 가지고 원평 과수원에서 지냈어요. 거기서 지내면서 인공(人共)치하도 지냈고. 그리고 나서 수복 후에 다시 총부에 와서 금강원에서 기숙하면서 또 공부를 시작했죠.

박맹수 그래서 한 4년을 유일학림 다니시고.

전이창 원광대학교 초급대학 인가 신청 서류를 우리가 냈었어요. 그래서 인가가 나왔어. 이쪽에 양철로 지었던 그 집에서 다니면서 거기서 마쳤죠. 그리고 그때 서울서 모두 부산으로 피난 내려간 뒤에 우리가 부산 가서 그 회사금도 전부 걷으러 다녔고. 유허일 선생하고 나하고 부산으로 가 가지고 법회 보면서 원광대학 만들 성금을 얻어 가지고 초급대학 만든 거예요. 우리가 다 역사의 증인입니다.

박맹수 그때 원광대학을 서울로 가자는 얘기도 있고 그랬다고 그러시거든요. 그때 기억나는 얘기 있으세요?

전이창 정산 여래님께서 딱 여기로 정하셨어요.

박맹수 익산에요?

전이창 예. 그리고 그때 원광대학 자리에 조그마한 송림이 있었어요. 거기가 묘지였는데 거기서 3천 진사(進士)가 나온다는 명당자리라고 그러셨어요.

박맹수 그 원광대학 자리 말입니까?

전이창 예. 그러니까 거기가 지금은 보건대학 자린가? 거기가 산이었어요. 송림. 거기에 자리를 딱 잡고 우리도 거기에 있어야 한다, 서울로는 생각도 안 하고. 그래 가지고 거기 자리를 잡고 원광대학으로 자리가 잡혔죠.

박맹수 그때는 식량도 많이 부족하고, 경제적으로도 어렵고…. 학교 다니실 때라든지, 초급대학 만들 때 어려우셨던 이야기 생각나시는 대로 부탁드립니다.

전이창 그때는 우리가 금강원에서 살면서 아흐레 동안을, 밀기울 있죠.

박맹수 밀기울이요?

전이창 밀가루 빼내고 난 그 껍데기. 그것으로 죽을 쒀서 먹었어요.

박맹수 일주일 이상을요?

전이창 예. 아흐레 동안을 그렇게 죽만 먹고 살면서 나중에는 못 한다고 중지

하려고 해서 우리가 모두 나가서 동냥을 해가지고 보리쌀을 팔아다가 밥을 지어서 숙식을 하고 그렇게 살았어요. 그러니까 말하자면 육영부에서는 그때 관여를 안 했죠. 우리가 스스로 이어나간 거예요. 금강원에서 보리쌀만 먹었어요. 보리쌀만. 우리가 씻어 가지고 보리 삶아서, 그걸 밥 지어 가지고 동네 가서 고구마순 뜯어가지고 그것으로 된장찌개 해서 그렇게 먹고 살았어요.

박맹수 자력으로 필요한 비용을 조달하셨다는 말씀이시네요.

전이창 그때는 6 · 25 때라 총부도 뭐 어쩔 수가 없었죠. 그 때 그런 고비를 넘어가지고 원광대학이 살았지. 육영부에서는 못한다. 그런데 그때 우리 2기생들이 이어나간 거예요.

박맹수 그런 어려운 고비를 다 넘기셨네요.

전이창 예. 원광대학 초급대학도 우리가 인가 서류를 내서 인가받았어요. 중산님이 그때 사무직원이었는데 내가 글씨를 잘 쓴다고 나더러 쓰라고.

박맹수 지금도 달필이세요. (웃음)

전이창 그렇게 해서 그때 내가 쓴 기억이 나요.

박맹수 서류를요?

전이창 예. 그때는 묵지로 했거든.

박맹수 영산에서 서기로 5년이나 하셨으니 그래서 글은 아주 잘 쓰셨을 것 같은데요.

전이창 하여간 그랬어요. 그런 시절이 있었어.

박맹수 유일학림 졸업하시고 그다음에는 어디로 가셨어요?

전이창 유일학림 졸업하고는 바로 서울교당으로 가라 그래서 서울교당으로 갔어요. 6 · 25 직후죠. 수복할 때 부산으로 간 사람들이 다 돌아올 때여.

박맹수 그때 위로는 누가 계셨나요, 서울교당에요.

전이창 없고. 부교무도 안 거치고 그때 바로 교무로 갔었어요.

박맹수 그럼 서울교당에서 몇 년 계셨나요?

전이창 4년. 4년 근무를 하고 그때 건강이 안 좋아서 수술하고, 건강이 안 좋아가지고 2년을 또 휴무를 했어요. 쉬고 그러고는 또 종로로 갔었죠.

박맹수 그러니까 수복직후의 서울교구를 책임지셨네요?

전이창 예, 그렇죠. 남을 감동시키고 감화시키는 일이 쉬운 일이 아닌 것 같아요. 살아보니까.

박맹수 예타원님은 어떻게 감동, 감화시키는 교화를 하셨어요?

전이창 별로 감동 시키지도 못했고 그랬겠지요.

박맹수 그래도 표준이 있었을 것 아닙니까?

전이창 몸도 약하고 그래서 사실은 다 감당도 못 해요. 원체 일이 많으니까. 일이 막 몰려와요. 종로에 갔는데 법당이 넘쳐나. 법당 수가. 그렇게 막 불어나 버리더라구요. 그렇게 하니까 감당하기가 힘들더라구요. 몸은 약하고 그러니까 하루에 하여간 네 건, 다섯 건을 맡아서 진행을 하고. 나중에 저녁에는 지쳐 가지고 못하겠어요. 법당에 가서 좌복을 하고는 밑에 가서 사람들 안 보이는 데 가서 누워서 쉬고 그렇게 했어요.

박맹수 일이 많아서요?

전이창 예, 일이 많아서. 일복을 탄 사람이다, 일을 안 한 것 같지만 가는 데마다 일을 많이 해. 일이 많아요. 그렇게 열심히 일하려고 노력은 했어요.

박맹수 종로 마치시고 그다음에는 어디로 가시게 되나요?

전이창 종로에서도 쉬러 나왔어요. 도저히 감당을 못하겠어서 2년을 또 쉬었어요. 그때 서울서 나와 가지고 순교감을 하면서 지방에 일주일씩 가서 훈련도 봐 주고. 종로에서 나와 가지고는 그렇게 2년을 휴무를 해 가지고 어디로 갔냐 하면 원평으로 갔어요. 내가 저 시골교당으로 갈란다, 서울은 안 간다, 원평가서 4년 살았죠. 4년 살고는 또 일이 많아지더라고요. 가는 데마다 일이 많아져요. 내가. 그래서 신도안으로 갔어요. 신도안에서 2년 사는데 대산 여래님께서 "나와라. 동산선원 지으라." 그래서 동산선원 짓고. 3년 동안에 1년 하고 2년에 집 짓고, 3년에는 또 "훈련원 지으라." 또 "훈련원으로 나와라." 하시고. 그렇게 훈련원에서 5년 살고. 훈련원 이거 지으면서…. 그러고는 삼동원으로 갔죠.

박맹수 그렇게 일복이 많으시고 건물도 짓고 그렇게 되면 돈도 많이 필요하고 사업 걱정도 많으셨겠어요.

전이창 내가 돈 버는 재주는 하나도 없어요. 재주가 없으니까 결국 남 희사받아 가지고만 해야 되잖아요. 주로 서울 인연들이 있으니까 서울 가서 많이 이렇게 했죠.

박맹수 일하시면서 만났던 인연들 가운데 기억나시는 인연이 혹시 있나요?

전이창 제일 큰 인연이 김명환 씨예요.

박맹수 종로교당의?

전이창 예, 종로교당 인연이 되었는데 그때 동산선원 기공식을 했었어요. 그 법당을 지을라고. 그런데 그분이 기공식에 참석을 했어요. 그때 모두 번 것이 돈 100만 원밖에 없었어요. 그래서 "돈이 얼마나 되느냐?" "돈 100만 원이 있다." 그 소리를 듣고 그분이 가 가지고 자기 영감님, 수산 이철원 회장님에게 조른 거예요. "저렇게 일 할려고 하는데 돈이 100만 원 밖에 없다. 그러니 여기서 좀 해 줘야지 어쩌겠냐?" 그렇게 사정을 해 가지고 수산님이 감동을 받아서 돈을 1,000만 원을 해 준 거예요. 1,000만 원을 받아 놓으니까 교단이 떠들썩했어요. 그때까지 누가 1,000만 원 기부하는 사람이 없었는데 1,000만 원을 현금으로 내주니까. 구타원 종사님께서 "우리 교단에 1,000만 원 현금으로 내놓은 사람은 없다. 이렇게 1,000만 원을 내놨으니 참으로 장하다." 그러셨어요. 그래 가지고 무난하게 아무 걱정 없이 그냥 그 집을 지어 버렸죠.

박맹수 예타원님의 법력의 힘이 아니었을까요?

전이창 뭐 교단 운(運)이죠. 교단 운으로 돼야 하지. 난 아무 능력도 없고 누구한테 가서 돈 좀 내놓으라고 말도 못하고 그러는데 그렇게 돈을 주니까 말이죠. 그게 교단 운이 아니고는 그게 될 수가 없어요. 물론 기도야 하지만 기도 위력이 나타나서 그런지는 모르지만 그 일을 해야 되겠다는 일념 그것이지 아무 능력이 없어요. 그렇게 되는 것 보면 교단 운이에요.

박맹수 갈수록 과학 문명이 발달해서 좋은 면도 많지만, 힘들다고 이렇게 생각하는 사람들도 많은 것 같아요. 그런 세상 사람들한테 예타원님께서 위로가 될 수 있는 말씀 좀 해주시면 어떨까요?

전이창 그냥 마음만 열어 버리면 되는데, 열어 버리면. 한 생각 돌려 버리면 돼요. 그런데 그것이 안 열리니까. 또 모르니까. 이런 법이 있는 줄도 모르고, 이런 성인이 다녀간 줄도 모르고, 모르고 있으니까 그래요. 인연이 닿아서 그 길만 열려 버리면 다 열려요. 그러니까 첫째는 우리가 이 법을 널리 알리는 데 노력을 해야 되고, 복이 있는 사람들 같으면 바로 문이 열릴 것이고, 복이 없는 사람들 같으면 터덕거리고. 그러니까 우리가 할 일은 사람들에게 어떻게 이 법을 알려서 마음을 열어 주느냐. 그것이 우리의 큰 숙제고 과제입니다.

박맹수 널리 알려야 할 책임. 아까 말씀 중에 우리 원불교가 좀 아쉽고 부족한 점도 있지 않나 그런 말씀 하셨거든요? 그 부족한 점은 어떤 것이고 어떻게 해결하면 좋을까요?

전이창 마음이 열려 버리면 되는데 마음이 닫혀있으니까 그래요. 닫혀 있으니까. 누가 뭐라 해도 대종사님은 소태산 여래님이시고, 소태산 여래님께서 내놓으신 법이니까 우리가 죽어도 살아도 이 법으로 여래님을 모시고, 믿고, 받들고 그대로 행하면 되는데 그것이 부족하니까. 그래서 터덕거리고 그렇죠.

박맹수 믿고 행하는 것이 부족하다 그런 말씀이신가요?

전이창 그러니까 마음만 열어 버리면 되는데 마음이 안 열리니까 그래요. 마음이.

박맹수 마음을 열려면 좀 알기 쉬운 가르침이나 큰 어른이 계셔야 하지 않을까요?

전이창 뭐 일시에 누가 콱 열어 줄 수는 없는 것이고 스스로 마음을 놓고 믿음이 그대로 계속되면, 믿음만 계속되면 언젠가는 열려요. 믿음이 시들면 안 돼요.

박맹수 믿음이 시들지 않으면 열릴 것이다. 예타원님은 무엇을 소유로, 내 것으로 삼고 살아가세요?

전이창 소유를 내자면 천하가 다 내 소유고 또 던져 버리면 아무것도 없고 그래요.

박맹수 던질 것이 있으세요?

전이창 던질 것이 있기도 하고.

박맹수 없기도 하고요?

전이창 예.

박맹수 있는 것은 뭐고 없는 것은 뭡니까? (웃음)

전이창 있는 것은 있는 것이고 없는 것은 없는 것이고.

박맹수 있는 것은 있는 것이고 없는 것은 없는 것이고. 평생 살아오신 삶을 갈무리하시는 시기잖아요. 다음 생에는 어떻게 오시려고 생각하세요?

전이창 이제 영생을 한결같이 그저 지금처럼 사는 것이죠. (웃음)

박맹수 영생을 한결같이 지금처럼. 지금 어떻게 살고 계시는데요?

전이창 지금 이렇게 사는 거요. 우리 회상이 장차 그야말로 여래를 표준 해서 다 여래로 살고, 여래로 가고, 여래로 오고 그렇게 하면 좋겠어요.

박맹수 아까 말씀 중에 수도원을 여래원으로 만들고 싶다고 하셨거든요? 그렇게 생각하신 내용을 좀 말씀해 주시죠. 여래가 지금 계속 표준이신데 왜 여래원으로 만들고 싶으세요?

전이창 소태산 여래님께서 우리 공부 최고 표준을 여래로 해 주셨습니다.

박맹수 공부의 최고 표준을 여래로 했기 때문에요?

전이창 대종사님께서 첫 여래로 하셨거든요. 우리의 표준은 여래예요 여래. 그래서 첫 여래뿐만 아니라 천 여래, 만 여래로 다 탄생을 하시고 또 공부하시고 모두 그렇게 했으면 좋겠어요. 그러기를 바라고 있어요. 대종사님이 계획하셨던 것도 다 이루어지시고, 이 회상에 온 목적도 이루어지고 그렇게 되기를 바라고 있습니다. 다 여래를 이루시길 바랍니다.

박맹수 정산 종사님은 어떤 어른이실까요?

전이창 정산 여래님은 어려운 교단의 고비를 넘기시려고 오신 어른이세요.

박맹수 어려운 고비를요?

전이창 예. 그때 일제시대. 어려운 때, 해방 그 무렵. 그때를 사셨거든요. 교단이 어려울 땐데 그 고비를 다 넘기셨어요. 어려운 도수(度數)를 넘기려 오신 어른이세요. 부처님을 부처님으로 알지도 못하는 시대에 우리 눈도 열리지 않은 때 오셔가지고, 세상이 막힐 때 그 기운을 다 털고 가신 어른이세요. 그래서 삼동윤리(三同倫理) 설하시고 가셨거든요. 삼동윤리로 세상 막힌 것을 다 터놓고 가신 거예요. 그래서 교단도 그렇고 세계도 그렇고 이 세상 삼동윤리로 다 터버리고. 지금 안 터 있지만 장차는 트일 거예요. 결국은. 그렇게 다 터놓고 가신 어른이서. 그 어려운 때에 우리를 끝까지 그 마음이 식지 않도록 이끌어 주시고. 6·25를 지내고 나서, 그 어른이 병이 드셔가지고 병으로 결국 가셨죠.

박맹수 그 고비 넘기면서 중병이 드셨네요.

전이창 대산 여래님께서 그 법통을 받으셔 가지고 그야말로 조불 조사를 다 하셨지. 그러니까 지금 이렇게 후진들이 마음을 내는 것도 장하고. 어떻게 저런 마음을 냈을까? 이 회상을 어떻게 알아보고 왔을까? 기특하고 장하고. 그 고비를 잘 넘기고, 앞으로 공부해 가는데 고비를 어쩌든지 넘길 수 있으면 더 좋다 그 말이여. 그래서 믿고 어떻든 그 고비만 넘기면 좋겠다. 그걸 기대하고 있어요. 그렇게 되리라고 믿고 있고. 앞으로 천 여래 만 보살이 다 탄생할 테니까. 다 천 여래 만 보살되기를 바라고 있어요.

박맹수 저희도 수도원이 여래원이 되시기를 늘 기도드리겠습니다.

전이창 감사합니다.

박맹수 예타원님도 여래로 다시 오시기를 기도드리고요.

전이창 감사합니다.

박맹수 우리 세상이 다 여래판이 되도록 기도하는 마음으로 살겠습니다.

전이창 그러세요. 그게 바라는 바요.

로산 전성완 종사

기쁨도 교육 슬픔도 교육

나는 이 세상에 와서
빚만 지고 가는 사람이다

박맹수 어떻게 지내셨어요? 올 여름에 더웠는데요.

로산 전성완 종사 (이하 전성완) 나 혼자 당하는 것 아니고 다 같이 당하는 것이니까 괜찮습니다.

박맹수 올해 연세가 어떻게 되세요?

전성완 아흔 둘이에요.

박맹수 아이구, 정정하시네요. 소태산 대종사님 뵈어 온 제자분들 모시고 기억나시는 대로 말씀을 여쭈려고 왔습니다. 우선 어머님 되시는 동타원 권동화 종사님에 대해서 말씀해 주시겠습니까? 어떤 분이셨어요?

전성완 저희 어머니는 전라북도 장수군 산서면 출신이에요. 열여덟 살에 결혼을 하셨어요.

박맹수 혜산 전음광 선진님하고요?

전성완 그때 저희 선친은 열한 살이에요.

박맹수 어머님이 더 연상이셨네요?

전성완 조부님이 일찍 열반하셨는데 아마 급한 생각으로 일찍 여우셨던 것 같아요. 그래서 원기 9년에 저희 어머니는 대종사님을 뵈었어요.

박맹수 원기 9년에요? 1924년인데, 그때가.

전성완 그때 저는 전주에서 막 출생한 때고 그래서 저는 어머니 등에서 대종사님을 뵈었을 것으로 그렇게 생각해요.

박맹수 태어나시자마자?

전성완 저희 어머니는 교육을 받질 못했어요. 겨우 한글 깨칠 정도였는데 선(禪, 원불교의 정기훈련)을 나면서 경전에 있는 한자 공부 다 하시고 다른 사람보다 일찍 경전 대의를 대개 터득을 하시고 후진들을 가르치셨어요. 촌에서 온 아가씨들이 가장 부담을 느끼는 것이 강연(講演)하고 회화(會話)예요. 대중 앞에 나가서 말을 해야 되니까. 그때 어머니는 오후 시간이 끝나면 바로 공회당 뒷마루에 앉아서 그 아가씨들 상대로 구전구수(口傳口授)로, 입으로 전하고 입으로 받아가지고 하는 식으로 가르쳤어요. 그래서 그날 밤에 가서 강연도 하고 회화도 하도록 만들었죠. 대산 종사님께서 저희 어머니보고 '재가(在家) 교무 제1호'라고 하셨는데 바로 그때 아가씨들 교육했던 그것을 말씀하신 거예요.

박맹수 아버님 되시는 혜산님이 출가를 하셔서 사가를 돌볼 수가 없으셨잖아요. 지금 종사님이랑 슬하에 네 분이 계셨다는데 자녀들을 그럼 누가 교육하시고 어떻게 먹여 살렸습니까?

전성완 어머니가 교육하셨죠. 그때 전무출신의 정신이 사가(私家)에 매이는 것을 굉장히 불명예스럽게 생각했고, 저희 어머니도 또한 저희 아버지가 사가에 관심을 갖는 것을 굉장하게 부담으로 생각하셨기 때문에 전혀 관여를 하시지 못하게 하시고 모든 살림은 어머니가 도맡아 하셨어요.

박맹수 예. 아버지의 영향보다는 어머니가 주로?

전성완 저희 집이 그때 4천 원인가 있었는데 그걸 가지고 황등에 논을 샀다가 그걸 또 팔아서 북일면 도치동(현재 전북 익산시 신용동 일대)에 산을 샀어요. 6천 평. 거기 풀을 전부 뽑아 가지고 복숭아나무 8천 4백 주를 심었어요.

박맹수 그걸 어머니가 심으셨어요?

전성완 어머니 혼자 일꾼들 데리고 그렇게 하셨어요. 그렇게 해서 혼자 살림을 일구신 거예요. 자본이 없이 시작한 것이라 빚을 내서 경영을 하고 수확을 해서 갚고 하는 식으로 어렵게 살았죠.

박맹수 동생 되시는 아타원 전팔근님이 쓴 글에 보면 '만약 네가 조금이라도 마음이 약해지려 하면 네 어머니의 구멍 뚫린 삼베 등받이를 생각해라'는 내용이 나옵니다. 어머님이 자녀들 키우시느라고 고생을 많이 하셨겠네요? 기억나시는 것 있으세요? 동타원님의 고생하시던 모습?

전성완 저희 어머니는 혼자 과수원을 경영하셨거든요. 아버지는 전혀 관여를 안 하셨으니까. 그래서 일꾼들을 사 가지고 과수원에다가 전력을 다했죠. 그리고 그밖에 총부에서 양잠을 하셨거든요. 그 양잠사업에도 중심적인 활동을 하셨고. 그렇게 집안 살림을 하시면서도 교당 출역(出役, 공동 노동)이 있으면 앞장서 나가서서 출역을 하셨고. 그렇게 했어요. 그러나 어렵게 생활은 하셨죠.

박맹수 아버님 되시는 혜산님은 전해 오는 이야기에 의하면 대종사님께서 "너 혜산하고 주산이 내 두 눈이다." 그러셨다는데요. 아버님에 대한 기억은 어떠세요?

전성완 아버지는 성격이 호탕하셨죠. 그때 당시 경찰이 교단에 대해서 굉장히 주목을 하던 때였는데.

박맹수 일본 경찰이요?

전성완 예. 더군다나 전쟁 말기가 됐을 때는 독기까지 올라 가지고 걸핏하면 경찰서로 불렀어요. 경찰서 고등계에 불려 다닌 것이 일과처럼 되었죠. 대종사님의 지시를 받들면서 그 형사들하고 잘 어울려 가지고 교단을 지켜 낸 거죠. 그때 형사들이 조실(祖室)을 자기 집 드나들 듯이 드나들었어요. 그때는 지금처럼 법무실이 있는 것도 아니고 조실은 문만 열면 바로 조실이니까. 언제든지 자유롭게 들어가니까. 그냥 걸핏하면 와서 조실에 들어가서 대종사님을 뵙고 하는 시대라. 그리고 심지어는 북일지서 순경들이 술 생각이 나면 찾아오기도 했어요.

한 번은 와서 창고 문을 열어라 했어요. 창고 문을 열면 그 속에는 총부 1년 식량이 들어 있어요. 그래 창고 문을 열면 당장 공출을 해 가져가 버리고 깻묵만 줄 참이거든요. 그래서 우선 순경을 산업부 골방으로 데리고 가서 술을 먹이고 그 사이에 창고에 있는 벼는 전부 다른 데로 옮겼어요. 술자리가 다 끝나고 갈 때는 창고 보자 소리도 않고 그냥 가 버렸어요. (웃음) 그런 시대였어요. 시대가.

박맹수 로산님은 대종사님에 대한 기억이랄까? 대종사님을 이렇게 또렷하게 뵈었던 기억, 언제쯤 되시는가요?

전성완 4살 때. 4살 때 대종사님께서 서울에 가셨다가 오셨어요. 그러면 총부 식구들이 전부 가서 인사를 여쭙죠. 저는 할머니 따라서 갔는데 저를 대종사님 무릎에 앉히시고 "할아비가 보고 싶더냐?" 하셨어요. 저는 "안 보고 싶었어요." (웃음) 할머니들이 "이놈아. 그런 말이 어디가 있느냐. 뵙고 싶었다고 해야지." 그러는데 대종사님께서는 "네 말이 옳다. 네가 나를 보고 싶어 할 까닭이 없지 않으냐?" 하시고 귀엽게 봐주셨어요.

우리가 6살 때 대산 종사님한테 『천자문』을 배웠는데 대산 종사님이 부산에 출장을 가시게 됐어요. 그래서 한 2주일 동안을 대종사님께 한문을 배웠어요.

박맹수 직접이요?

전성완 예. 조실로 가서. 과거에 영정 모셨던 방 있죠? 거기에서 공부를 하는데 신부들이 시집을 갈 때 도톰한 방석을 가지고 가죠? 그 방석 3개를 내주시면서 앉아서 공부를 시키시고.

대종사님께서는 어린이 상대하는 것을 굉장히 조심스럽게 하셨어요. 왜냐하면 어른들은 이해심이라도 있다. 그러나 어린애들은 이해심이 없어. 그러니 한번 머리에 섭섭하게 박히면 지울 수가 없다. 그러니까 조심해서 어린이를 다뤄야 한다고 늘 말씀을 하셨어요.

박맹수 『천자문』을 배우시고 그 뒤로 또 대종사님에 대한 기억이랄까? 우리 대종사님이 이런 것을 가르쳐 주셨구나. 기억나시는 가르침이라든지 이런 뭐가 있으실까요?

전성완 제가 15살 때 선방을 가거든요? 그때는 방학 때라 집에 와 있을 때인데 선방을 가면 대종사님께서 문제를 내셨어요. "지수화풍(地水火風)으로 된 것을 말하라." 여러분들이 대답을 했어요. 나도 그것 좀 맞춰 보고 싶은데 그때 지수화풍이 무엇인지 몰랐단 말이야. 대답을 못 하겠는데, 마지막으로 정산 종사님께서 "제가 여쭙겠습니다." 하니까 대종사님께서 "틀리면 위신에 관계될라고?" 하셨어요. (웃음) 그 말씀 속에 정산 종사님에 대한 그 대종사님의 깊은 애정이 숨어 있다고 생각이 되는데 정산 종사님께서 대답을 여쭸어요. 그러니까 정산 종사님 그때 무슨 말씀을 하셨는지 나는 모르는 소리고 대종사님께서 일어서시더니 "내가 아니냐? 내가 (손으로 가슴을 치며) 내가 바로 지수화풍으로 된 것 아니냐?" 하셨어요.

기운이 높이 뜨는 사람도 있고 낮게 뜨는 사람도 있어서 그걸 보면 그 사람의 정도를 알 수가 있어요. 대종사님이 그렇게 보시고 감쪽같이 불러다가 격려도 하시고 주의도 주셨고.

형사들이 아까 말씀드린 바와 같이 수시로 드나드는데, 조실에서 대종사님께서 시자(侍子)를 꾸짖으실 때가 있어요. 대종사님 꾸짖으실 때는 성음이 크시니까 다른 사람 볼 때는 흥분한 것처럼 뵈는데 형사들이 들어가면 돌아앉으시는데 그때는 훤히 웃으시는 얼굴로 대하셨어요. 속은 평탄했고 조금도 흥분하시거나 괘씸하게 생각하시거나 그런 생각이 없으시고 꾸짖으셨단 말씀이 돼요. 그리고 언제든지 돌아서기만 하면 바로 환하게 웃으시는 그런 표정이 되기도 하셨어요.

박맹수 화내는 마음이 다른 사람한테 일체 전가가 안 되는.

전성완 예. 절대.

박맹수 딱 그치시고.

전성완 '불천노(不遷怒)'라고 하죠. 불천노. 노한 것을 옮기지 않는다.

박맹수 대종사님에 관한 잊을 수 없는 기억들이 많으실 것 같은데요.

전성완 예. 한번은 유산님(유허일), 그 어른은 영광군에서 제일가는 한학자(漢學者)로 치는 분이에요. 그 어른이 처음으로 입교를 하셔서, 그때가 원기 17년인데 첫선을 나면서 밤에 강연을 하시게 됐어요. 강연 주제는 계문(戒文)을 새기는 거예요. 헌데 유산 선생이 계문을 새겼더니 대종사님께서 "갑(甲)이다"라고 평가를 하셨어요. 대종사님은 모두를 평가를 하셨어요. 의견만 내도 평가하시고 강연, 회화도 평가하시고 모든 것을 평가하셨는데 갑이라고 하셨어요. 사회에서는 갑이라고 하면 최고점이죠. 갑을병정이니까. 그런데 대종사님의 평가는 위에서 열두 번째, 밑에서 네 번째예요. 대종사님의 최고점은 12갑이에요. 12갑. 그러니까 12갑에서 차차 내려오면 갑은 열두 번째.

박맹수 그러시죠. 예.

전성완 유산 선생님이 대단히 섭섭해 하셨어요. 자기가 볼 때 그때 촌에서 온 열대여섯 살 먹은 아가씨들도 강연하면 6갑이다, 7갑이다 받는데 자기가 갑을 받았으니 굉장히 섭섭했어요. 그래서 다음 날 대종사님을 찾아뵙고 "제가 아무려면 저 열대엿 살 먹은 아가씨만도 못 하겠습니까?" 하고 여쭀어요. 그러니까 대종사님께서 "허일이는 계문 외웠는가?" 하신단 말야. 이 대학자가 계문을 한 번 읽어 보니까 다 아는 것이고 모르는 글자도 없고 뭐 그래서 덮어 버렸거든요. 그런데 대종사님 보실 때는 암만 해도 계문에 대해서 그럴 것만 같으시고 관심도 안 가지실 것 같고 하니까 방편을 쓰셨다 그 말이여. 그렇게 한 번 자극을 해 놓으니까, 그때 거처를 대각전에서 하셨는데, 다음 날부터 '제1조 연고 없이 살생을 말며, 제2조 도둑질을 말며' 하고 사흘 동안을 외웠어요.

박맹수 유산님께서요?

전성완 유산 선생님이. 그 양반이 한문 몇 번만 외우면 다 외우는데 사흘 간을 그렇게 외운 것이죠. 그리고 대종사님께서는 공심(公心)을 굉장히 중시를 하셨어요. 제일 경계를 해야 될 것이 대중에 대한 빚을 지는 것이다.

그때 어떤 전무출신 하나가 산업부에서 닭 30마리를 치는데 날마다 알을 낳아요. 30개를 알을 낳아. 그놈을 가지고 시장에 가서 팔아요. 그러면 계란 하나에 1전이라 30전을 받아요. 그런데 이 양반이 30전 가운데 1전을 떼어서 자기 통장에다가 저축을 했어요. 그것이 탄로가 났어. 쉽게 생각하면 별것도 아니죠. 그 1전이 뭡니까? 그 양반은 전무출신 못 하고 집으로 가서 재가교도로서 착실하게 생활했는데, 대종사님께서 공심, 대중에게 빚지는 것이 얼마나 무서운 것인가 하는 것을 언제나 경계하셨어요. 그리고 팔산 대봉도님이 "대종사님은 공심으로 똘똘 뭉친 어른이다." 하는 말씀이 나와요. "대종사님은 사(私)라는 것이 전혀 없었고 대종사님 전체가 공심뿐이었다." 팔산 대봉도님이 그런 말씀을 하셨어요.

박맹수 대종사님께서 왜 그렇게 공심을 강조하셨을까요?

전성완 인과를 아는 사람은 그럴 수밖에 없어요. 인과를 아는 사람은 사가에서 사심을 부리면 그것이 바로 장래에 영향을 미치는 것이기 때문이죠.

박맹수 그렇죠. 내가 복을 짓지 않은 것을 내가 갖다 쓰고 그러면 결국 그것이 인과로 되돌아온다. 그런 뜻인가요?

전성완 그런 말씀도 하셨고요.

박맹수 로산님은 공부를 어떻게 하셨어요?

전성완 어렸을 때는 공부한 일이 없고. 그러나 저는 대중으로부터 모범생으로 인정을 받았어요.

박맹수 왜 모범생으로 인정받으셨을까요?

전성완 대종사님 슬하에서 자라고 있고, 총부 구내에 사는 전부가 도인이여. 대종사님 밑에서 자라고 있으면 도인들 사이에서 사니까 얼마나 모범생이 되겠냐 하는 거죠. 저를 알아서 하는 소리가 아니라 그 환경으로 봐서 그렇다 그거죠.

박맹수 그럼 당시에 불법연구회가 사회라든지 일반 사람들로부터 굉장히 호감, 높은 평가를 받고 그랬나요?

전성완 그랬죠. 일반 대중은 불법연구회 사람들은 세상 사람들과 다른 걸로 인정을 했죠.

박맹수 일제시대 때도요?

전성완 예. 대종사님 열반 후에 대종사님 평을 하는 사람들이 있었는데 와카스기(若杉)라고 대종사님 주치의. 일본 사람이고 의학박사인데 그분은 말하기를 "대종사님이 부처님인지 나는 모른다. 그러나 대사업가이신 것만은 틀림없다." 그리고 병사구 사령관이 있었어요. 전라북도 병사구 사령관이 일본인 소장인데 그 사람이 대종사님을 뵙고 나오면서 "저런 어른이 내지(內地)에 나셨으면 내각 총리대신이 되실 것이다." 했어요. 내지라는 건 일본 본토거든.

박맹수 일본 사람들이 와가지고 그런 말씀을 하셨다구요?

전성완 천황이 될 것이다 했다가는 당장에 그 모가지가 도망가니까. (웃음) 자기 딴에는 최고로 생각하는 내각 총리대신이 되실 것이라고 했고,『대종경』에도 나옵니다만 안도산 선생은 대종사님 뵙고 "저는 민족운동을 한다고 동지들 희생만 많이 시키고 성과도 못 올리고 있는데 선생께서는 희생자도 내지 않으시고 크나큰 성과를 올리시고 계신다." 그렇게 평을 했거든요. 와카스기 박사는 대사업가로 평을 하고, 군인은 관료로서 최고 지위로 생각하고, 안도산 선생은 민족운동가로서 최고로 생각하고. 이렇게 마치 장인들이 소경들이 코끼리 더듬듯이 각자 자기 입장에서 다 대종사님을 최고로 생각했는데 그걸 다 모아 놓은 것이 대종사님이시다 생각하면 돼요.

박맹수 안도산 선생님이 대종사님 찾아오실 때 이야기라든지 또는 그때에 상황을 당시에 듣고 전해 받으신 것 혹시 계신가요?

전성완 그런 건 없어요. 저는 도산 선생을 뵙지 못했고 나중에 얘기를 들었죠.

박맹수 그러면 안도산 선생 같은 분이 찾아오실 정도면 일제강점기 때 많은 민족운동가나 독립운동가들 이런 사람들이 불법연구회를 상당히 주목했을 가능성이 있네요?

전성완 그때 언론에서도 평을 좋게 한 것이 많았거든요.

박맹수 기억나시는 것 있으세요?

전성완 그건 외우진 못하고 그때 언론 어딘가 있습니다.

박맹수 일제시대 언론들이요?

전성완 기사들이 다 적혀 있드만요.

박맹수 기록을 보면 당시 언론들이 불법연구회를 어떻게 평가했는지를 알 수 있겠네요?

전성완 아주 호감을 가지고 평을 하셨어요.

박맹수 대종사님께서 큰 눈물을 보이셨다고 하는 때가 계시던데요.

전성완 눈물?

박맹수 예. 눈물을 흘리셨다고 하던 때가.

전성완 대종사님 눈물 많이 흘리셨어요.

박맹수 예. 말씀 좀 해 주세요.

전성완 삼산 종사님(김기천)께서 열반하셨을 때. 삼산 종사님이 그때 부산 하단에 교무로 계셨는데 거기서 열반하셨거든요. 그 소식이 전해지니까 누가 시킨 것도 없이 새벽 5시에 기침하자마자 대각전으로 전부 모였어요. 저도 그때 거기를 갔는데 불도 안 켜고 캄캄한데, 대종사님은 법좌에 앉으시고 밑에는 쥐 죽은 듯이 조용하게 앉았었는데 대종사님께서 갑자기 "흑" 하고 울음소리를 내셨어요. 그래서 대중이 일제히 통곡을 하고 그랬는데. 대종사님께서 삼산 종사

원기 20년(1935) 9월 6일 열반_삼산 김기천 발인식 광경

님을 굉장히 아끼시고 평가를 높게 하시고.

박맹수 최초로 견성(見性)한 제자라고 인정을 하셨잖아요.

전성완 예. 우리 교단에서 최초의 견성하신 분이고, 그렇게 아끼신 어른이라 우리 교단에서 장례식을 치르는데 가장 호화롭게 장례식을 치렀다고 생각이 돼요. 인원수 많기로는 정산 종사님 때만 못 했지만.

삼산 종사님께서 열반하시니까 그때는 만장(輓章)을 가지고 갑니다. 만장을. 만장 40개가 앞에 섰어요. 그리고 상여가 서고 그다음에는 인력거가 15대가 쭉 늘어서고, 그 뒤에 도보로 따라가는 사람들이 있었고, 경찰 제한도 없었고. 그런 아주 성대한 장례식을 치렀어요. 대종사님께서 "삼산이 성리를 해석한 것을 보면 마음이 상쾌하다."고 하실 정도로 칭찬을 하셨거든요. 제 생각입니다만 우리 교단에 대각여래가 네 분 계시거든요. 삼산 종사님도 대각여래에 올려 드려야 되는 것 아닌가. 내 사견입니다. (웃음)

박맹수 그럼 대종사님이 열반하실 때가 다가오는데요. 그 당시 기억나시는 상황 있으신가요?

전성완 제가 5월 15일인가? 16일인가? 마지막 법회를 보실 때 거기에서 법설을 하시고 오후에 조실로 돌아가셔서 병환이 나셨어요. 바로 이리병원에 입원을 하셨는데, 저는 5월 30일날 대종사님 뵈러 갔어요.

박맹수 이리병원으로요?

전성완 예. 대종사님께서는 방바닥에 손을 짚고 앉아 계셨어요. 천식을 앓고 계셨기 때문에 숨이 가빠서 방바닥에 손을 짚고 앉아 계셨어요. 제가 가서 절을 올리니까. 곁에 와카스기 주치의가 모시고 앉았었거든요. 그래서 인사를 하라고 그래요. 그래서 제가 와카스기한테 인사를 하고. 거기에서 뵌 것이 대종사님을 마지막 뵌 것인데, 그때는 마지막이 되리라고 생각도 못 했어요. 다음 6월 1일날, 내가 그때 북일국민학교 선생이었으니까, 교장이 시내를 갔다 오더니 "불법연구회 대장이 돌아가셨다."

박맹수 불법연구회 대장이 돌아가셨다고요?

전성완 이게 무슨 소린가 하고 총부로 뛰었더니 총부 구내에 여자들은 그냥 땅바닥에 앉아 가지고 통곡을 하고 있어. 저는 그 길로 조실로 갔어요. 조실로 갔더니 단을 높이 해 가지고 대종사님을 모시고 김용호 선생이라고 대봉도님이 있는데 그분이 대종사님 연도(憐悼, 죽은 사람을 가련하게 여겨 슬퍼함)를 해 올리시고 계셨어요. 거기에서 상산 종사님이, 나중에는 그런 건 없는 걸로 났지만, 대종사님 유언이라고 발표를 했고 거기에서 정산 종사님을 후계 종법사님으로 모시기로 결의를 하고 대중이 일제히 일어서서 정산 종사님께 절을 올렸어요.

박맹수 시신을 모셔 놓고요?

전성완 예. 시신 모셔 놓고. 6월 8일날 출상을 하는데 나는 저희 반 아이들을 데리고 대각전으로 갔지요. 그래서 통로에 일렬로 세워 가지고 절을 시켰더니 형사들이 쫓아와서 막 쫓아내 버려요.

박맹수 못 하게요?

전성완 그때 총부 안에 형사들만 30명이 쫙 깔렸었어요.

박맹수 장례식 날 말입니까?

전성완 장례식 날. 쫓겨 나와 가지고, 그래도 섭섭해서, 지금 원대 후문 근처에 애들을 이열 횡대로 세워 놓고 떠나시는 거나 뵙게 하려고 그랬더니 거기까지 쫓아와서 막 해산을 시켰어요. 그때 대각전 주변에 인산인해를 이루고 있었는데 형사들이 300명만 상여를 모시고 가라고 했어요.

박맹수 숫자도 통제를 해 버렸구만요.

전성완 다른 사람 못 간다고 그래서 300명만 뒤를 따랐어요. 그래서 영 섭섭한 사람들이 저 논두렁길로 해서 따라갔는데 형사들이 거기까지 쫓아가서 그 사람들을 잡아 가지고, 그때 한참 모내기 할 때예요. 남의 집 모심는 데 집어넣어 가지고 하루 팔자에도 없는 모내기하고 간 사람들도 있었어요. 그리고 대종사님을 화장으로 모셨는데 대종사님 성체에 맞춰서 관을 짰거든요. 그런데 관이 안 들어가요. 화구에 관이 들어가질 않아요. 별수 없이 관을 버리시고 성체를 그대로 모셨는데 관을 열어 보니까, 그 6월 8일 여름 아니에요? 물기가 하나도 없었어. 그때 관은 가지고 가서 다른 걸로 이용했을 거예요.

박맹수 그때 화장해서 공동묘지로 모셨죠?

전성완 처음에 화장을 해 가지고 조실로 모시려고 했어요. 그런데 형사들이 법에 화장한 유골은 매장하도록 돼 있다. 조실로 모시는 것은 안 된다고 해서 저쪽, 그때 북일면 신흥리 초곡부락이라는 부락 뒷면에 있었던 공동묘지에 제일 높은 자리에다가 모셨었어요.

박맹수 그러면 금강리는 나중에 두 번째 옮겼는가요? 초곡부락에 있다가?

전성완 거기는 금강리가 아니고 신흥리예요. 신흥리. 그러다가 해방이 돼서 지금 성탑으로 모셨죠.

박맹수 대종사님 열반하신 뒤로 일제가 불법연구회를 해산을 시키려고 탄압을 많이 했다고 얘기가 있거든요? 기억나시는 것 있으실까요?

전성완 경찰들 생각으로는 대종사님이 돌아가셨으니까 후계 종법사를 가지고 틀림없이 저희들끼리 싸운다. 싸우기만 하면 불법연구회는 간판을 떼어 버리자 하고 내적으로 책략을 하고 있었는데 아무 잡음 없이 그냥 질서 있게 척척 진행이 되니까, 참 무서운 교단이라고 그랬어요. 그래서 무서운 교단이라고. 혀를 내둘렀죠.

박맹수 그 당시에 그렇게 착착 잘 진행되던 과정 중에 기억나시는 이야기라든지, 정산 종사님이 후계 종법사 되시는 과정에 기억나시는 얘기가 있으세요?

전성완 제가 그때 총부에 관여를 안 했기 때문에 그런 기억은 없습니다.

박맹수 그럼 대종사님 열반하실 때 소학교 교사로 계셨어요?

전성완 국민학교 교사로 있었어요.

박맹수 그러면 그때 그 국민학교는 우리 한국 학생들입니까? 일본 학생들입니까? 가르쳤던 학생들이 한국 학생들이었어요?

전성완 물론 한국 학생들이지.

박맹수 그럼 그때 일제 치하니까 어떤 마음으로 학생들을 가르치셨습니까?

전성완 걔들이 중학교에 가야 장래가 열려요. 그래서 진학하는 데 굉장히 관심을 가지고 했죠. 그런데 그때는 일제 말기라 전쟁이 이미 패전이 가까운 그런 때라 모든 게 질서가 없어져 버렸어. 날마다 학생들이 일을 해요. 솔공이도 따고.

박맹수 솔방울 말인가요?

전성완 솔공이.

박맹수 아, 솔공이. 소나무 옹이 말이군요.

전성완 거기에 송진이 맺히거든요. 송진 가지고 비행기 기름 짠다고.

박맹수 나무 솔기를 땄구만요?

전성완 솔공이를 하는데, 심지어 음악을 가르칠 때는 송진 솔공이를 치면서 박자를 맞춰서 노래를 부르고 그렇게 가르치라고 하는 장학사, 그때는 시학(試學)이지만, 시학이 있었어요. 그런 정도로 공부할 시간보다도 일하는 시간이 더 많았어요. 제가 그해 6학년을 맡았는데 가르치지 못하게 해 놨으니까 그 체면이 안 섰던지 "그해에 졸업생들은 전년도 그 학교 실적에 의해서 합격시켜라. 전년도에 한 학생이 중학교에 진학했으면 금년에도 한 학생을 합격시켜라." 하는 거예요. 북일국민학교는 전년도에 두 사람 합격했었는데 나는 운이 좋았던가, 네 사람이 합격이 되었어요.

그다음에 또 6학년을 맡았는데 6학년 가르치다가 해방이 되었거든요. 해방이 돼서 9월 24일날 개학을 했어요. 그때 교과서가 있어야죠. 교과서라고는 마분지에 인쇄해 놓은 국어 교과서 한 개밖에 없었어요. 아무것도 없어 다른 거는. 그래서 저는 일본 교과서 갖다가 번역을 해서 수학과 과학을 가르쳤어요. 그때는 6월에 졸업을 시키고 9월에 입학시험이 있었어요. 그래서 6월달에 졸업을 시키면서 신신당부를 했죠. "너희들의 앞으로 운명은 이 석 달 동안 결정된다. 그러니까 정신 차려서 집에서 열심히 공부하라." 보내 놓고 그다음 날, 그때 우리 집에 말이 있었어요. 호마를 타고 면내를 일주했어요. 집에서 만난 학생이 하나도 없어요. 전부 들에서 놀고 있어. 이거 큰일 났다 싶어서 다음 날 전원 소집했죠. 그때 진학 희망자가 35명인데 35명이 하나도 빠지지 않고 전부 왔어요. 걔들을 데리고 아침 8시부터 밤 8시까지 하루에 12시간씩 가르쳤어요. 가르쳐서 9월에 입학시험을 봤는데 이리공업학교는 수석 합격자가 나오고, 35명 가운데에 33명이 합격이 되고, 2명이 떨어졌는데 그중 하나는 다음 해에 합격이 되고. 나머지 하나는 자기 아버지가 보도연맹에 걸려 가지고 경찰한테 죽고. 그 뒤로 어디로 갔는지 소식이 끊겨져 버렸어. 그때는 제가 교육하면서 보람을 느꼈어요.

박맹수 그러니까 학교에서 교육을 제대로 못 한 것을 과외 공부를 시켜서 합격을 시킨 경우네요? 지금 그 제자들 중에 연락을 하고 하는 제자들 있는가요?

전성완 함타원. 함타원 송영지. 제가 다니면서 과외 운동했어. (웃음)

박맹수 해방이 되고 계속 국민학교 교사로 계셨습니까?

전성완 졸업시키고 사표 냈어요.

박맹수 왜 사표를 내셨어요?

전성완 떠나고 싶어서.

박맹수 왜 떠나고 싶으셨어요?

전성완 제 능력이 사람 가르칠 능력이 못 된다 싶어서.

박맹수 다 합격을 시켰는데 그런 생각을 왜 하셨어요?

전성완 제가 인격적으로 언제나 부족함을 느꼈거든요. 그래서 그만두고 대학이나 가려고 했는데 아타원이 딱 챙겨서 나가 버렸잖아요. 둘을 가르칠 순 없어. 나는 그만두고 영산으로 갔어요.

박맹수 대학을 가고 싶으셨어요 그때?

전성완 가고 싶었죠.

박맹수 그런데 동생한테 양보를 하신 셈이네요.

전성완 예. 그렇게 되었죠. 내가 양보한 것이 아니라. (웃음) 영산으로 배정을 받고 2년 동안 근무를 했어요. 첫해는 서무부 서기로, 두 번째는 서무부장으로 2년 동안을 근무를 하고. 그때 시국이 아주 위태위태하던 때예요. 낮에는 대한민국, 밤에는 인민공화국이라고 하는 때예요. 그때가. 거기에서 2년을 지냈더니 유일학림으로 발령을 내서서 유일학림 중등부 교사로 왔는데 가만히 생각하니까 내가 사범학교 나왔다고 자꾸 교육계로만 돌리시는데 중학교 선생이 되려면 자격이 있어야 돼요.

박맹수 그렇죠.

전성완 사범학교 나오면 국민학교 선생 자격밖에 없어요. 중학교 선생을 제대로 하려면 자격을 따야 된다. 그러려면 대학을 가야 한다. 해서 서울대학 법대 2학년에 편입을 했죠. 그랬는데 호사다마라고 집안 과수원 6천 평이 날아가 버렸어.

박맹수 왜 날아가 버렸죠?

전성완 재판에서 져 가지고.

박맹수 전 재산 6천 평 모두 다요?

전성완 예. 남은 것이 아무것도 없어요. 손에 돈이라는 건 아무것도 없어. 상산 종사님을 찾아뵀죠. 그때 상산 종사님은 원광중학교 교장으로 계셨어요.

"저 좀 써 주십시오." 했더니, "내일부터 나오소." 단 한마디 그거여. 난 그렇게 취직한 거야. 아마 세상에 없을 거야. "내일부터 나오소." 해서 원광중학교 교사가 됐는데, 1년 지나니까 교무주임을 시키셨어요. 그때 교무주임 하고 싶은 사람도 몇 사람 있었는데 다 상대를 안 하시고 저를 교무주임을 시키셨고. 원광중학교가 이리중학교보다 월등히 우수하다면 1km라도 걸어서 오지만 이리중학교가 선발 학굔데 이리중학교 안 가고 원광중학교 오기가 어렵거든요. 그래서 학생모집하고 다니면서 굉장히 고생을 많이 했어요. 저 김제 황강에서 부용까지 한 1Km되는 길. 그것이 비가 오면 포장이 안 돼서 질컥질컥합니다. 자전거를 타고 못 가요. 그래서 1km를 자전거를 메고 갔다가 메고 오고 그랬어요. 그렇게 해서 학생들을 모집하고 다녔는데, 모집이 끝나니까 상산 종사님이 보화당에서 보약 한 재를 지어 주셨어요. 아마 학교 교사 가운데 교장선생님한테 보약 받아먹는 사람은 저밖에 없어. (웃음) 그렇게 저를 아껴 주시고 퇴직한 뒤에도 언제나 세배를 가면 흔연히 대해 주시고.

열반하시기 조금 전에는 "교단에서 뭐 보답이 없더냐? 하고 저한테 물으셨어. 보답이 뭣인지는 몰라도 교단에서 보답이 없더냐고 물으셨어요. 저를 아껴 주시고 더군다나 결혼 주례를 서 주셨는데 결혼 주례를 하면 주례 선생님한테는 보답을 해야 돼요. 그런데 나는 그걸 몰랐어요. 싹 입을 씻어 버렸어. (웃음) 참 죄송하게 생각하고 있고, 저는 상산 종사님 은혜를 잊지를 못합니다. 그래서 1년에 두 번씩 꼭 찾아뵈었어. 설하고 추석하고 두 번은 꼭 찾아뵈었는데, 한 번은 음력설에 찾아뵀어요. 그랬더니 "자네도 오늘이 설이라고 왔는가?" 하셨어. 아차! 원불교는 설은 없어요. 양력설이지. 그래서 그 뒤로는 양력으로 돌렸지. 상산 종사님 말씀은 안 하셨어도 구력으로 설을 지내는 것을 대종사님의 방침에 어긋나는 것으로 생각하시고 못마땅하셨던 것이구나 하고 저는 생각을 했어요.

그렇게 원광중학교에서 근무하고 있는 중에 원광고등학교가 인가가 났고. 원광고등학교 졸업반 담임을 해서 24시간 근무를 했습니다. 아침에 출근을 해서 수업하고, 방과 후에 또 계속 지도를 하다가 집에까지 자전거 타고 와서 또 출근을 해 가지고 교실에서 잠자면서 학생들하고 같이 공부를 했어요.

박맹수 낮에도 출근하고 밤에도 출근을 하셨네요?

전성완 예. 학교에서 잤죠. 학생들도 거기서 자고.

박맹수 그때 연세가 어느 정도 되셨어요?

전성완 스물 일곱 정도 되었을 겁니다.

박맹수 그때 결혼은 아직 안 하셨고요.

전성완 그때는 결혼을 아직 안했죠.

박맹수 총각 선생이셨네요?

전성완 예. 결과적으로 서울 문리대에 두 사람, 서울 공대에 한 사람, 서울대학교에 세 사람을 합격을 시켰어요. 초창기 학교에서 그렇게 성적 내기 어렵거든요. 그때 대단히 기뻤어요. 그러고 있으니까 헌타원 정성숙 교장이 그 학교 원광여중 교장으로 오셨거든요? 그때 저보고 교감으로 와 달라고 그랬어요. 그게 학교 개교 1년 후의 얘기예요. 가서 또 교감 노릇을 19년 동안 했어요. 19년 동안 하는데 아마 총부에서 미안했던지 17년 되니까 부교장이 되라고 그러데요. 그래서 나는 싫다고, 부교장이나 교감이나 두 번째인 건 마찬가지인데 법에도 없는 부교장을 하느냐고 마다했더니 상산 종사님이 저를 부르셔 가지고 설득을 하셨어요. 부교장 되라고. 저를 생각해서 설득을 하셨는데 제가 반대를 할 수가 있나요? 그래서 부교장이 됐어요. 부교장으로 있었는데 원광대학교에서 또 이력서를 내라고 왔어. 영문도 모르고 이력서를 써서 보냈죠. 아마 그것을 아산님이 문교부에 가서 전문학교 교장 자격이 있는가 봐 달라고 그랬던 모양이에요. 그래 가지고 원광보건전문학교, 그때는 전문학교야. 전문학교 교장으로 불러들였어요. 그리고 1년 후에 전문학교가 전문대학이 되어 가지고 저는 학장이 되고.

박맹수 초대 학장 하셨네요?

전성완 예. 거기서 13년 동안 학장을 하고 마지막으로 끝에 2년 동안을 계약 교수로 근무를 했죠.

박맹수 결국은 원광중고등학교, 원광여자중고등학교, 원광보건대학 초창기를 개척하신 역할을 다 하셨네요?

전성완 저는 개교한 지 3년 만에 원광중학교도 갔고, 원광여중고도 개교한 지 1년 후에 갔고, 전문대학교 개교한 지 1년 후에 갔고. 그래서 초창기만 다녔어요.

박맹수 어려운 일이 많으셨을 텐데.

전성완 공립학교 있을 때도, 후광국민학교에 있었는데, 처음으로 6학년이 생겼을 때 제가 갔고, 북일국민학교도 최초로 6학년이 생겼을 때 가고. 북일중학교도 그렇고 꼭 초창기 학교만 다녔어요. 그러나 나올 때는 다 이름 있는 학교가 돼 있었어요.

박맹수 원광대학 초창기에는 '원광대학도 대학이냐, 멸치도 생선이냐?' 뭐 그런 말이 있던 시절 아니었습니까?

전성완 그건 원광대학 처음 얘기고 제가 보건전문학교 갈 때는 그런 말은 사라진 뒤였어요.

박맹수 그래도 초창기에 여러 어려움이 있었을 것 같은데요.

전성완 갔더니 학생들이 다리에 회칼을 차고 다녀. 회칼을. 싸울 때 칼로 찌르겠다는 거죠. 여기저기서 교수들이 싸워요. 치고 박고. 처음에 가서 교수가 싸우면 꼭 공개 사과를 시켰거든요. 엄격히 따지고 가니까 차차 그것이 잡히데요. 잡혀서 질서가 생기고 그랬어요. 그런데 학교를 망쳐 놓은 것이 그 민주화

운동. (웃음) 다른 전문대학들은 조용해요. 그런데 우리학교는 대학에 물 들어서.

박맹수 원대 옆에 있으니까요?

전성완 그 흉내를 내고 앉았으니 살 수가 있어야죠. 더군다나 학생회장이 된 사람이 누구냐 하면 남산에 있는 강 목사가 있죠. 그 사람의 아들이, 형은 원대 학생회장, 아우는 우리 학교 회장인데 학교에서 집으로 돌아가면 저희 아버지가 "오늘도 안 잡혀가고 그냥 왔냐?" 하고 야단을 친다는 거야. 그런 교육을 하고 앉았는 그 자식이 학생회장으로 돼서 아주 학교 방침이고 목표고 없이 저희들 하고 싶은 대로 학교를 몰고 가고 그런 시대가 있었어요.

박맹수 그런 것을 다 뚫고 현재 보건대학이 궤도에 올랐죠? 현재 보건대학은 세계적 수준의 대학이랍니다. 그 소식 들으셨어요?

전성완 훌륭하게 키워 냈어요.

박맹수 초창기 초석을 닦아 주셔서 그런 것 같은데요. 보건대학에 가끔 가실 기회가 계신가요?

전성완 보건대학은 뭐 행사나 있어서 초청하면 가지 그냥은 안 가고요. 그때 제가 있을 때도 평가단이 와요. 매년 교수 한 사람에 전문대학 학장 두 사람 해서 세 사람이 오는데, 그 두 사람이 서울보건전문대학 학장하고 고려전문대학 학장하고 거기 위원으로 들어 있어요. 그 사람들이 평가할 때 7년간을 우리 학교를 우수교로 쳤는데 문교부 장관 표창 제도가 생겼어요. 그러니까 서울 두 학장이 자기네들 표창 받으려고 우리 학교를 깎아내려. (웃음) 그래서 그때부터는 우리가 상을 못 탔죠.

박맹수 보건대학 학장으로 13년간 계시고. 퇴직하신 후로는 주로 어떤 생활을 해 오셨어요?

전성완 퇴직 후에는 교당으로 갔죠. 북일교당으로. 북일교당으로 가서 9년 동안 교도회장을 했고 그 뒤는 고문으로 생활을 하고 있어요. 요새는 늙어서 그런지 새벽 1시나 2시에 깹니다. 그러면 좌선하고 기도하고 한 두어 시간 걸려요. 그 이상은 체력이 딸려서 할 수가 없고. 이 세상에서는 나 할 일 다 끝났으니까, 어떻게 이 몸 가지고는 어떻게 할 도리가 없으니까, 내생에나 가서 잘해 볼라고 좀 정진하고 있습니다.

박맹수 이 생에 잘하셨는데 내생에 더 잘하실 게 있으세요?

전성완 가만히 생각하니까 내가 이 생은 잘했다고 생각이 되지를 않아요. 그래서 자식들보고 내가 죽으면 꼭 화장을 해서 절대로 땅에 묻지 말고 저 웅포대교에 가서 바람에 날리라고 했습니다.

박맹수 왜 그렇게 말씀하셨습니까?

전성완 나는 이 세상에 와서 빚만 잔뜩 지고 가는 사람이다. 나는 땅 한 평도 차지할 자격이 없는 사람이다. 그러니 절대로 나 묻지 말라고 그랬어요.

박맹수 왜 그런 생각을 하셨어요?

전성완 가만히 생각하면은 빚을 많이 졌습니다. 살림 넘어가 가지고 수중에 돈 한 푼 없는 그때 상산 종사님이 구제를 해 주셨어요. 원광중학교 채용을 해 주셨기 때문에 오늘날까지 이렇게 살아왔고 자식들도 가르치고 했습니다. 상산 선생님이 그때 받아 주시지 않았으면 나는 요령도 없는 사람, 체력도 부족한 사람. 생활할 방도가 없었어요. 그때는 자유당 때라 돈이 없으면 취직이고 뭐고 전혀 안 되는 때예요. 수중에 돈 한 푼이 없는 제가 어떻게 하겠어.

저는 원불교 때문에 살았고 그렇기 때문에 원불교에 봉사를 해야 된다는 생각으로 살았거든요. 저는 언제나 말하기를 '봉급은 내 노동에 대한 댓가가 아니라 나를 써 주신 분이 나한테 주시는 생활비. 생활비를 받아서 생활하고 있으니 나는 내 전체를 바쳐서 봉공(奉公)을 해야 된다' 그런 생각으로 지금까지 살아왔습니다. 그래서 사업 성적이 얼마고 그런 것 저는 이해를 못 해요. 빚쟁이다. 아직도 빚을 다 못 갚고 떠나게 됐다. 하는 생각으로 생활을 하고 있기 때문에 웅포대교에 가서 뿌려 버려라 했는데 자식들이 이걸 들어먹을지 안 들어먹을지 당최 자신이 없어요.

박맹수 이제 92세 되셨으니까. 생사도리를 연마하고 계시죠?

전성완 저는 제 딴에는 해탈을 했다고 생각을 하는데 죽을 때 되어 봐야 알죠. 죽을 때 되어 봐. (웃음) 그리고 영생을 믿는데, 종교적으로 신앙적으로 믿을 뿐만 아니라 심령 과학에서 전생, 후생 있는 것이 실제 증거로 나와 있는 얘기들이 많이 있어요. 그것을 제가 많이 알거든요. 그래서 저는 영생을 확신을 해요. 이제 다 늙은 사람이 아무것도 할 것이 없어요. 오직 수양 하나 길러 가지고 내생 준비하는 것밖에 없다. 그래서 그런 데 힘을 쓰고 있습니다.

박맹수 그렇게 내생 준비하시는 하루 중요 일과가 어떻게 되세요?

전성완 하루 일과는 아침 1시나 2시면 깨 가지고 뒹굴뒹굴하는 게 아니라 바로 일어나서 좌선하고, 기도하고. 낮에는 간간이 경전 공부하고. 제가 제일 궁금하게 생각하는 것이 화두(話頭)거든요. 화두. 의두(疑頭). 의두 연마도 저는 하고 있어요.

박맹수 의두 한 소식 좀 일러 주실랍니까?

전성완 영국 대처 수상이 한 말이 있어요. "사람은 생각에서 말이 나오고, 말에서 행동이 나오고, 행동에서 습관이 나오고, 습관에서 인격이 나오고, 인격에서 운명이 결정된다." 하고 말을 했는데 저는 거기다 두 개를 보태고 싶어요. 오관(五官)에서 생각이 나오고, 오관의 작용에 의해서 생각이 나오고, 생각에서 말이 나오고, 말에서 관념이 나오고, 그리고 관념에서 행동이 나오고, 행동에서 습관이 나오고, 습관에서 인격이 나오고, 인격에서 운명이 결정된다. 인간은 이 오관이 착각을 많이 하고, 생각을 어긋나게 하는 수가 많이 있어요. 그것이 쌓이고 쌓여서 생기는 게 관념이에요. 그래서 그 관념을 버리지 않고서는 실체에 도달을 못한다.

우리말로 하면 유상(有相)이 있고 무상(無相)이 있어요. 유상의 세계가 있고 무상의 세계가 있는데 유상의 세계는 언어에 의해서 이루어진 세상이에요. 우리들이 생각하는 것은 전부 언어를 통해서 생각하고 있지 언어를 떠나서는 생각을 못 해. 언어에 의해서 착각을 많이 해서 그것이 관념이 돼서 행동에 영향을 미친다. 이 관념을 떠나야 된다. 관념을 떠나서 무상의 세계로 가야 된다. 그 세계는 말이 없는 세상, 말이 생기기 이전의 세상. 이것이 철학적으로 말하면 절대(絶對)의 세계. 우리가 살고 있는 세상은 상대의 세계인데 이 말이 없는 세계는 절대의 세계다. 이 절대의 세계는 말로 표현을 못 하는 것이기 때문에 오직 관조만으로 보는 거다. 관조. 말을 잊어버리고 관조로 바라보는 세상. 거기에 도달해서 정진을 해야 비로소 진리에 도달할 수 있는 게 아니냐? 그런 생각으로 지금 수련을 하고 있습니다.

박맹수 저희 젊은 세대들은 지금 말씀하신 내용을 깊이 새겨서 그 절대의 세계를 관조하는 그런 공부길을 잡아 가도록 분발하겠습니다.

요즘 세상이 경쟁이 치열하고, 특히 오늘의 우리나라 교육이 너무 경쟁 위주로 간다고 그러거든요? 교육계에 오래 계신 어르신으로서 하시고 싶은 말씀 있으시다면요?

전성완 사회에다 발표를 하면 화를 내는 사람도 있겠는데 저는 전교조를 좋아하지 않습니다. 왜냐? 전교조는 교육을 노동이라고 생각해요. 노동이라고 생각하고 노동에는 댓가가 있는 것으로 생각하고 있어요. 댓가를 받아서 노동을 제공하는 것이 교육자의 생활이다.

옛날에 원광중학교에 수학 선생이 하나 있었어요. 그때 원광중학교 보수가 형편이 없었거든요. 그러니까 선생님들이 모여서 보수에 대해서 불평을 하고 앉았어. 그 수학 선생이 뭐라고 하는가 하면 "그럴 거 없다. 받은 만큼만 가르치면 된다." 그래서 그 수학 선생 쫓아내 버렸어. 교장선생님한테 상의도 않고 선생 몇이 들어서 쫓아내 버렸어. 실력은 있으니까. 어디든지 갈 수 있으니까. 우리가 나가라 하니 나가 버렸네요.

교육은 노동이 아니에요. 노동이 어디 인격이 필요합니까. 노동은 생산만 하면 돼요. 그런데 교육자는 인격이 가미되어야 해요. 자기 인격으로 학생들을 지도해야 하는 것이지 지식만 가르친다고 교육자가 되는 것이 아니요. 근데 지금 세상은 지식만 가르치고 있어요. 그런 점에서 오늘날의 교육은 여러 가지 문제를 가져온 것이 바로 그 지식 위주로 가르치고 마는 거기에 있다고 생각이 돼요. 그래서 교육자들은 좀 더 인격적으로 행동을 하고 인격적으로 감화를 시켜 가면서 학생들을 길러야 한다. 이런 생각을 하고 있는 저 혼자 생각이지. 뭐.

박맹수 교육은 노동이 아니다. 그런 말씀이시네요.

전성완 그래요. 노동이 아니죠.

박맹수 그 말씀에 감명을 받았습니다.

전성완 노동에 의해서 생산된 물건이 자기를 만들어 준 사람한테 감사를 하는 게 어디 있습니까? 제자 가운데 중앙대학교 부총장을 지낸 사람이 있어요. 그때 원광대학에 있던 신조영 교수. 그 제자가 연락을 해서 저를 초대해가지고 일식집에 가서 대접을 받고 나오는데, 집까지 저를 데려다 줬어요. 저는 제자 보고 "자네하고 나하고는 오늘이 마지막이 될 것이네." 인사를 하고 한참 걸어 오다가 뒤를 돌아보니까 그때까지 서서 저를 바라보고 섰어요. 어디 제품이 노동자를 그렇게 합니까. 정으로 맺어지는 것이 교육자거든요. 그래서 정이 깊을 수록 영향력이 커요. 감화를 많이 받아요. 교육자는 절대로 노동자가 아니라는 거야. 노동자에게는 인격이 필요 없다 그거야.

박맹수 예. 명심하도록 하겠습니다.

박맹수 원불교 100주년을 맞이해서 로산님이 꼭 하시고 싶은 일이 계실 것 같은데요.

전성완 제가 함부로 말을 못 해요. 제가 말을 하면 비판적인 말이 나옵니다. 함부로 말 못 합니다.

박맹수 그래도 한 말씀 해 주시지요. 건강한 교단을 위한 말씀이니까요. 개교 100주년에 원불교가 해야 할 일, 원불교인들이 준비해야 할 일 거기에 대한 기대나 당부, 이런 것이 계시면 말씀해 주세요.

전성완 세상이 이렇게 되니까 종교도 세력을 가져야 돼요. 수가 많아야 돼요. 교도를 많이 포섭을 해야 돼요. 그러려면 적극적으로 운동을 전개를 해야 되는데 가만히 보면 법회 설교를 들어도 윤리 도덕(道德) 얘기만 하고 있어. 도덕 얘기. 도덕 얘기는 저도 평생토록 교단에 서서 학생들한테 한 그 얘기에요. 신앙을 넣어 줘야, 어떻게든지 연구를 해서 신앙심을 북돋우도록 설교를 해야 돼요. '봉사를 해야 된다.' 이래서는 안돼요. '봉사를 하면 어떤 것이 있다. 결과가 어떻게 된다.' 말해 줘야 하는데 그것도 봉사를 많이 하면 세상의 존경을 받는다. 이건 소용없어요. 장차 내생에나 금생에나 신앙적으로 어떤 결과가 된다는 것을 가르쳐야 돼요. 그렇게 해서 정신을 개조해 줘야 되는데, 그런 면에서 부족한 점이 많지 않은가? 그렇기 위해서는 설교를 잘해야 돼.

과거에 사찰 같은 데서는 조실 스님이 인격적으로 훌륭하셔서 가지고 그 절에 있는 사람들 감화를 시키고 그렇게 지도를 하는데, 지금은 일요일날 법회 2시간. 그 뒤는 교당하고 관계없어요. 법회 2시간은 뭐냐? 설교 시간이여. 설교를 하는데 그 설교에서 성과를 올리지 못하면 달리 올릴 길이 없어요. 교무님들이 설교에 관심을 가지고 연구를 충분히 해야 해. 같은 말을 해도 어떻게 감화를 시킬 수 있는가를 연구해야 되는데 그냥 자기가 옳다고 생각하는 도덕 얘기만 하고 있어서는 결과를 올릴 수가 없어요. 기독교 목사들은 폭포 밑에 가서 폭포하고 경쟁하면서 설교 연습을 하고 그래요. 음성을 키워야 되니까. 설교할 때 음성이 굉장히 영향을 갖는 겁니다. 작은 소리로 하면 잠이 와요. 잠이 오면 감화고 뭣이고 2시간 그냥 있다 나가는 거죠. 어떤 사람 보면 속사포야. 속사포. 내 머리로 따라가기 어려운 속도로 막 주워섬기는 경우가 있어요. 속도가 적절해야 되고, 예화가 적절해야 되고, 억양이 적절해야 되고. 이러한 모든 조건을 충분히 연구를 해서 설교를 해야 되는데 우리는 그것이 부족하지 않는가.

사실 제가 볼 때, 유교는 전생 후생이 없어요. 공자님이 없다고는 안 하셨는데 제자들은 그것을 없다고 하신 걸로 받아들여 가지고 전생 후생이 없어서 착한 사람은 보답을 해야 되는데, 어떻게 할 도리가 없으니까 영명천년(英名千年). 꽃다운 이름이 천년을 간다고 가르쳐요. 그런데 그 꽃다운 이름은 고관대작들이나 천년을 가요. 일반 서민은 영명 그런 거 없어요. 또 그걸로는 안 되겠으니까 뭐라고 하나. 적선지가 필유여경(積善之家 必有餘慶)이다. 네가 착하게 잘하면 자손에게 경사가 있다고 가르쳐요. 자기가 잘했는데 자기는 아무 보답을 못 받고 자식들만 그 영향을 받도록 가르치고 있어요. 그런 종교, 그것이 유교고.

기독교는 어떠냐? 기독교는 전생이 없어요. 하나님이 만드신 거예요. 그들은 신앙으로서 받아들이지만 냉정하게 따지고 들어가면 하나님 원망할 게 많습니다. 왜 나는 늘 이렇게 못나게 만들어 가지고 고생시키냐고 하나님 원망하기 좋게 만들어요. 불교는 전생 후생이 있고, 자업자득이 철저하고 빈틈이 없는 교리를 가지고 있는데, 선전에 있어서는 기독교에 다 빼앗기고 있어요. 기독교는 오직 사랑으로 못난 사람도 우리가 잘 거두어 준다는 종교인데 철학적인 면에 있어서는 비판받을 점이 많거든요. 근데 그런 기독교만도 못해요. 왜 그러냐? 설교가 모자란다. 설교 연구 좀 철저히 해 주시라 그런 말을 하고 싶어요.

박맹수 교무님들이 교도들에게 감동적인 감화를 줄 수 있는 설교 말씀이네요.

전성완 그것도 도덕적인 감화가 아니라 신앙적인 감화를 줘야 한다는 뜻입니다.

박맹수 깊이 영혼을 울리는, 혼을 울리는 그런 설교 준비가 필요하다. 요즘의 젊은 세대를 보시고 당부하고 싶으신 생각은 없으세요?

전성완 저는 어려서부터 전무출신자들의 생활을 많이 보아 왔어요. 그런데 요새 젊은 사람들하고 비교를 하면 확연히 차이가 있죠. 옛날 전무출신자들은 대종사님이 모든 걸 다 아신다. 그런 확신을 가지고 있었어요. 그래서 대종사님 앞에 가서 거짓말은 감히 못 해요. 다 알고 계시는데 거짓말 해 봤자 소용이 없으니까. 그리고 구인선진님들께서도 같은 생각으로 공중에 대해서 봉공하는 그런 정신을 가지고 생활을 했는데 요새 사람들은, 물론 일률적으로 표현 못 하지만, 많이 달라졌지 않은가 이런 생각이 들어요. 기왕에 교당에 몸을 바쳤으면 자기를 잊고, 내생을 믿으면서 봉공을 하는 정신을 가져야 된다. 우선 내 앞에 이익이 오기를 바라지 말고, 내 이익을 앞세우지 말고, 자기 전체를 바쳐서 해야 된다.

박맹수 내 눈앞만 보지 말고 세상을 한집으로 보고 또 이웃을 생각할 수 있도록. 이 좁은 생각을 키우려면 어떻게 해야 될까요?

전성완 그건 신앙에 맡길 수밖에 없죠. 대종사님 가르침에 순종하는 수밖에 없어요.

박맹수 원불교를 모르는 젊은이들한테는 어떻게 해야 될까요?

전성완 방법은 여러 가지죠. 기독교는 우선 자기네들이 20~30명만 모이면 이벤트를 많이 해요. 그래서 신자 아닌 사람들한테 부러움을 느끼게 만들어. 그 다음에 좀 더 세력이 커지면 자기네들 집단 이외에는 배척을 자꾸 해.

박맹수 배척을 해 버리면 이 시대하고 맞지 않는 것인데요.

전성완 배척을 하면 쫓아와요.

박맹수 지금은 배척을 하는 시대가 아니고 포용을 하는 시대라 그러거든요?

전성완 끌면 도망가요. 자기가 마음속으로 좋게 생각하는데 너는 자격이 없다 하면은 그 자격을 갖추려고 노력을 하죠. 그래서 달려와요. 잡아들이면 도망가 버려. 집단행동을 많이 하면서 일반 불신자들한테 부러움을 느끼게 만들어 주는 그러한 종단이 돼야 해요.

박맹수 이렇게 표현할 수 있을까요? 내가 농사를 잘 지으면 다 따라온다. 그 뜻일까요? 내가 농사를 잘 지으면 오지 말라 그래도 사람들이 다 그 농사법을 배우러 온다. 그런 뜻일까요?

전성완 그런 면도 있죠. 그러나 세상 사람들은 꼭 좋은 것만 따라다니는 것이 아니라 성황을 이루는 곳만 따라다녀요.

박맹수 좋은 것만 따라다니는 것이 아니라 성황을 이루는 곳을 따라다닌다?

전성완 그러니까 성황을 이루도록 해야 된다 그 말이에요.

박맹수 종교가 성황으로만 가면 안 되잖아요? 좋은 것을 가지고 성황을 이루게 해야죠.

전성완 좋은 것은 물론 종교의 근본이고. 그것이 없으면 종교가 되지 않죠.

박맹수 예. 종교를 바탕에 두고 성황이 되게 만들어야 된다. 세상 사람들은 성황을 이루는 곳을 쫓아다니니까 그런 뜻이네요.

전성완 20~30명이 모여 하는 교당에는 갈 생각을 안 해요. 몇 백 명 모이면 구경을 와요. 그전에 국민학교 있을 때 아침마다 학교 조회를 구경 오는 사람이 있었어요. 그 구경해서 뭐합니까? 아침마다 와서 쭈그리고 앉았어. 조회하는데. 집단에 대해서는 끌리는 게 있거든요. 교도들이 많으면 사람들이 많이 모여들고, 교도들이 빈약하면 올 생각을 안 해요. 세상 사람들이, 종교 일일이 따져가지고 참 좋다 하고 오는 사람이 얼마나 됩니까.

그런 사람도 물론 있어요. 홍진기. 법무부 장관했던 홍진기 씨. 중앙일보 창설자. 그분 부인인 신타원 김혜성 종사님이 원불교에 다니니까 홍 법무장관이 원불교 경전을 가져오라 그랬어. 처음부터 끝까지 전부 읽어 봤어. 그리고 "믿어라." 그리고 집에다가 법당을 지어 줬어. 그 법당에서 수양하라고. 그런 사람도 있지만 대부분은 외형을 보고 끌려가요. 그런 건 소용없다. 우리는 우리 갈길만 착실하게 가면 온다. 지금 그런 세상이 아닙니다. PR 세상이에요. 어쨌든 교도 많이 모아 가지고 성황을 이루는 그런 교단을 만들어야 된다. 이건 제 개인 생각이지 내가 어디서 배운 생각이 아닙니다.

박맹수 마음에 새겨지는 게 있습니다. 근본을 바르게 세워서 성황을 이루게 하는 그런 노력. 그걸 꼭 많은 분들한테 전달하도록 그렇게 오늘 말씀해 주신 내용을 주변에다가 많이 전달을 하도록 하겠습니다.

전성완 잘 정리해 주세요. 괜히 저 욕 안 얻어먹게. (웃음)

박맹수 살아오신 생애를 쭉 정리하신 글을 저희한테 주셨거든요? 로산님께서 평생 살아오신 가운데 눈물이 펑펑 날 정도로 기뻤던 때는 언제인가요?

전성완 학생들. 결국 나는 학교에요. 학교. 쉬는 날도 학교에 갔고, 노는 날도 학교에 갔고 학교에서 늘 생활을 했어요. 제 일생은 학교하고 일체가 돼요. 학생들이 성과를 많이 올렸을 때가 참 기쁘죠. 학생들 가운데 잘해서 사회에 찬양을 받는 그런 학생이 생겼을 때. 상업학교 있을 때는 주판 경기대회가 있었거든요. 그런데 가서 우수한 성적을 나타냈다든지, 어디 또는 입학시험에 우수한 성적을 냈다거나 이럴 때 참 기쁘죠.

박맹수 제자들 가운데 기억나는 제자 있으세요?

전성완 이제 이름도 다 잊어버렸는데, 그 시절에 제가 있던 곳이 여자상업학교. 취직을 많이 했어요. 동양 뭐라고 하는 회사에 학생들을 보냈더니 네 명이 1, 2, 3, 4등을 했어요. 그런 소식 들으면 참 기쁘죠.

박맹수 역시 천생 선생님일 수밖에 없네요?

전성완 저는 기쁨도 교육이고, 슬픔도 교육이고. 학교하고 떠날 수가 없어요.

박맹수 그 과정에서 지금도 생각해 보면 가슴이 먹먹하고 마음이 아프고 그런 순간은 없으셨어요?

전성완 제가 19살에 국민학교 선생이 되었는데 첫해 1년간은 완전히 실패작이었어요. 학생들 다루는 법을 몰랐어요. 내가 교육자라고 할 수가 있었던가 하는 그런 생활. 그래서 지금도 그게 마음에 걸려요.

박맹수 첫 교사 됐을 때.

전성완 예. 후광국민학교 있을 때.

박맹수 그때 힘들었던 1년을 나중에 어떻게 극복을 하려고 하셨어요?

전성완 국민학교는 4년 반밖에 안 있었어요. 4년 반. 그러고는 원광으로 왔죠. 그 4년 동안 나하고 인연이 가까운 학생들이 마지막 해에 가르쳤던 그 학생 졸업시켰던 그 학생들이었어요. 성적도 좋았고, 학생들도 참 순진했고, 적극적으로 협력도 했고, 참 정이 갔고. 그 학생들은 졸업해 가지고 지들끼리 혼인계를 조직을 했는데 1번이 저예요. 제가 결혼할 때 곗돈을 태워 준다고 지들끼리.

박맹수 은사님을 1호로.

전성완 그리고 명절 때가 되면 북일지서 소재지. 거기에 모여 가지고 떡하고 술 받고 해 가지고 이고 지고 우리 집에 와요. 그때 중학교에 들어갔던 학생들 전체가 같이 파티도 하고 했는데 그것을 깬 것이 6·25예요. 6·25가 터지니까 반절이 산으로 들어갔어. 제자가 반절이 산으로 들어가 버렸어.

박맹수 6·25 때 겪으셨던 이야기 조금 들려주시죠.

전성완 6·25 때요? 저희 집이 총부 구내에 있었잖아요. 그때 총부를 인민군이 점령을 해 버렸어. 다 쫓아내 버리고 우리 집도 점령당해서 과수원에 가서 살고 그랬죠. 집이 깨끗하고 좋은 데는 간부들이 들어가고, 우리 집같이 보잘 것없는 집에는 졸병들이 살고. 간부들이 있던 데는 시내에서 고급 물품 갖다가 지들이 쓰고 도망갈 때 그냥 가 버렸어. 나중에 시내에서 다 와서 찾아갔죠. 우리 집은 졸병들이 사니까 남겨 놓고 간 것이 불에 탄 함석. 이렇게 쌓아 놓고 갔어요. 그것을 누가 찾아갈 사람이 없어. 그놈으로 우리 집 담을 쳤어요. (웃음) 그리고 우리 집에 동네 젓갈을 담은 독을 떠메다가 우리 집에 놓고 지들이 먹다가 도망 가버렸어.

그때 총부를 폭격을 하는 거. 미군들이 문화재를 굉장히 소중히 하거든요. 그런데 총부에는 성탑이 있어요. 성탑. 성탑은 그들이 볼 때는 문화재로 보였어. 그래서 총부는 전혀 해를 입지 않았어요. 그렇지 않았으면 거기 인민군이 주둔했었단 소리가 들어갔을 텐데 폭격을 당했을지도 모르죠.

7월 19일에, 공회당 밑에 지하실 있잖아요? 옛날에는 뽕 따다가 저장했던 거기에 숨어 있는데 7월 19일에 인민군들이 왔어요. 지하실에 숨어 있는데 끌려나갔어요. 집에 갔더니 집에까지 인민군들이 와 가지고 막 찾고 돌아다니고 그랬어요. 우리 6촌 동생이 인민위원회 위원장이 됐는데 그 자격이 뭐냐. 무식하다라는 거야. 무식. 한글도 몰라요. 무식한 덕택에 위원장이 돼요. 그때는 무식할수록 우대를 할 때야. 그런 세상이고 까닥하면 잡아다 죽이니까. 북일면에서 7명이 인민재판을 받아 가지고 처형을 당했는데 그중 하나는 등에 북을 달고 뒤에서 북을 치면서 따라가서 북일면 전체를 한 바퀴 돌고 와서 사형을 했죠. 아주 그때는 무시무시한 때고 인민재판이라고. 하나가 '죽입시다' 하면 끝나요. '죽입시다' 하면은 죽이는 거예요. 그게 인민재판이에요.

박맹수 그때도 교사로 계셨죠? 6·25때도.

전성완 그때는 나온 때죠.

박맹수 그럼 총부에서 살고 계셨던가요?

전성완 그때는 집에 있었죠.

박맹수 그래서 인민군한테 잡혀 가지고.

전성완 그때는 복숭아밭에 가서 생활을 하고 있었어요. 그런데 북쪽에서 마차를 끌고 오다가 비행기가 뜨니까 복숭아밭 속에다가 마차를 숨기는데 복숭아나무 가지가 우두둑 우두둑 부러지는 소리를 듣고 참 속상한 일도 있었고.

박맹수 6·25 때에 총부를 지키신 분이 정산 종사님이시죠?

전성완 정산 종사님은 그때 대각전으로 가셨던 것으로 알아요. 인민군들이 볼 때는 정산 종사님이 정산 종사님이 아니죠. 단순한 하나의 개인이지. 뚱뚱하다고 그래서 입에 담지 못할 소리도 하고 그랬어요. 그런데 북일면 다가포에 정 씨라고 하는 분이 있었는데 6·25가 터지니까 어떻게 처신할지 몰라서 어디로 도망가야 하나 망설이고 있을 때 떠오른 것이 원불교 종법사님. 종법사님은 무엇인가를 알고 계실 테니 종법사님 하시는 것만 잘 보고 있으면 되겠다 해서 그 양반은 피난을 안 가고 종법사 하시는 것 보고 그냥 머물렀다가 무사히 지낸 분도 있었어요.

박맹수 그때 총부에 피해는 없었습니까?

전성완 피해는 별로 없었을 거예요.

박맹수 피해를 입지 않은 이유는 뭐였을까요?

전성완 인민군들은 그때 총부 전체가 호남지구 경비사령부예요. 피해를 줄 필요가 없죠. 자기들이 점령하고 자기들이 생활하고 있으니까. 완전히 접수해 버렸어요.

박맹수 가족 이야기 좀 여쭈려고 그래요. 아타원님. 동생을 보시면 무슨 생각이 드세요?

전성완 이제 늙었으니까 늙었다는 생각이 들지 뭐. (웃음) 아타원은 이리보통

학교 다녔거든요? 수석 졸업이니까. 경기여고를 지원했어요. 경기여고에 8등으로 들어갔어요. 8등으로. 그 대단한 성적이죠.

박맹수 그때 그 뒷바라지는 어떻게 하셨어요?

전성완 저는 뒷바라지 생각도 못 했고 어머니가 다 하신 거예요.

박맹수 어머니에 대한 생각 하시면 뭐부터 떠오르세요?

전성완 어머니는 학교 성적을 굉장히 중시를 하셨어요.

박맹수 그때부터요?

전성완 예. 중학교부터는 잘 모르시니까 그랬지만 보통학교 때는 성적을 굉장히 중요시해서 가지고 필답시험에서 90점 이하를 맞으면 점수로 생각도 안 하세요. 80점 맞아 가지고 오면 꾸중을 하셔. 그런 속에서 생활을 했고. 어머니는 엄부(嚴父)와 자모(慈母)를 겸하신 분이에요. 자모만 할 수 없는 입장이니까. 아버지가 관여를 안 하시니까. 엄부도 겸하신 분이여. 그래서 절대로 실수를 용서하지 않으셨어요.

박맹수 많이 혼나시고 꾸중을 들으신 때가 있어요?

전성완 혼은 그렇게 많이 난 일이 없어요.

박맹수 공부를 잘하셨네요?

전성완 보통학교 때는 성적이 좋았죠.

박맹수 자랑 한 번 하시죠. 공부를 어떻게 하셨는지.

전성완 담임이 성적을 매길 때, 그땐 내신 성적이 중요한 때야. 그러니까 중학교 내신 성적을 다 올려 줘요. 그래서 우리 반은 세 명이 동점이에요. 예체능 4과목은 9점, 나머지는 전부 10점이에요. 총계 110점인데 그 가운데 9점 4개를 빼고 나머지를 10점을 주면 총점이 107점이 되고 평균점은 10점. 그렇게 받았어요. 대종사님한테 방학이 되면 성적표 가지고 가서 올리거든요.

박맹수 아버님한테다 올리는 게 아니고요?

전성완 집에는 가도 않고 집에 가기 전에 조실부터 가요. 대종사님께 성적표를 올려요. 그때 저는 떳떳하니까 떳떳하게 올리죠. 그러면 대종사님께서는 성적에 대해서는 말씀을 안 하시고 그냥 애썼다고 과자도 주시고.

박맹수 그렇게 공부하신 게 동타원님 어머님 덕분이시겠네요.

전성완 그런 면도 있죠. (웃음)

박맹수 엄하게 가르치셨으니까요.

전성완 전주사범 시험 볼 때 1,400명이 왔어요. 거기서 100명 뽑아요. 시험 과목이 다른 중학교하고는 달라요. 음악, 작문, 습자. 습자는 서예, 회화 이런 것까지 다 시험 봐요.

박맹수 1,400명 중에 100명을 뽑는 전주사범에 바로 합격하셨네요?

전성완 예. 그때 사범학교는 관립(官立)이에요. 한 달에 7원의 관비를 줘요.

박맹수 아, 그 당시에? 그때가 일제시대였는가요?

전성완 예. 일제시대죠. 제가 사범학교에 지원한 것은 그 한 달에 7원 받는 거 그것 때문에 갔어. 돈이 없으니까. 그러면 거기에서 피복적립금이라고 해서 2원을 빼고, 여행적립금이라고 해서 2원을 빼고, 동창회비라고 50전 내서 4원 50전을 빼고 나머지 2원 50전을 현금으로 줘요. 그게 내 한 달 용돈이었어요.

박맹수 전주사범 시절에 기억나시는 것 없으세요?

전성완 전주사범은 도지사상이나 군수상 안 받으면 지원을 할 생각을 못 해요.

박맹수 중학교 때요?

전성완 아니. 중학교를 지원할 때. 보통학교에서 도지사상을 탔거나, 군수상을 타지 않은 사람은 지원 자체를 생각을 못 해요.

박맹수 그럼 전주사범은 중학 과정 고등학교 과정이 같이 있었는가요?

그때는 중고 분리가 아니죠. 그냥 중학교예요. 전부가. 5년제 중학교.

박맹수 아주 우수한 학생들만 갔네요?

전성완 그렇죠.

박맹수 5년을 잘 다니시고 바로 교사로 발령을 받으셨나요?

전성완 예. 그때는 국가에서 다 책임져요. 자기가 취직 운동 하는 게 아니에요. 학교에서는 어느 도(道)로 가라고 그 도로 가면 도 학무과에서 각 학교로 배정을 하고. 한 사람도 낙오 없이 배정을 해서 취직은 생각할 필요가 없어요. 그래서 저는 평생 취직 운동을 단 한 번 했는데, 그 단 한 번의 취직 운동이 상산 종사님한테 가서 "저 좀 써 주십시오" 한 것이 그 단 한 번이에요.

박맹수 지금 전주사범 동기들이 살아 계신 분이 있으실까요?

전성완 100명 들어가서 졸업할 때는 92명이 졸업했는데, 지금 9명이 살아 있어요. 전라북도 내에는 5명이 살아 있었는데 작년에 1명 죽어서 이제 4명밖에 없죠.

박맹수 그 친구들하고 가끔 연락하세요?

전성완 처음에는 한 달에 한 번씩 만나자고 하더니 그 뒤에는 2주일에 한 번씩 만나자고 하고, 그 뒤로는 매주 만나자고 해서, 나는 일이 있어 매주는 못 가고 2주 만에 한 번씩 가마 그렇게 했는데, 몇 달 전부터 나 못 가겠다 거절했어요.

박맹수 아주 돈독한 우정을 지금도 나누고 계시네요? 후진이 와서 대종사님 당대 때 말씀을 받드니까 무슨 생각이 드세요?

전성완 대종사님에 대한 그리움이라고 할까? 그런 것이 있죠. 대종사님께서는 참 우리들을 굉장히 아끼셨으니까. 『대종경』에도 나오지 않습니까? 대각전을 가시다가 산에서 놀고 있는 애들 가운데 다른 애들은 "차렷! 경례!" 해서 경례하는데 그중에 애기 둘이 경례를 안 하니까 "경례를 하면 과자를 주마." 하고 말씀을 하시고 그러니까 둘이 경례를 했어요. 그냥 아무 생각 없이 몇 걸음 가시다가 "아, 내가 중요한 걸 잊어버렸구나." 하시고 거기에서 조실까지 가서 가지고 벽장에서 과자를 갖다가 어린애들에게 주었다 하는 대종사님의 말씀이 있죠. 그 산까지 왕복 100미터입니다. 그걸 일부러 대종사님께서 조실까지 가서 가지고 갖다 주실 만큼 어린애들에 대한 신용을 굉장히 중시를 하셨어요. 그러니 우리한테도 그런 태도로 대하셨기 때문에 그러한 것이 뇌리에 남아 있죠.

박맹수 대종사님의 어떤 가르침이나 교훈을 세상에 널리 전해야 할 것 같거든요? 대종사님의 가르침 이게 핵심이다. 이게 제일 나는 기억난다. 그런 대종사님의 교훈이나 가르침, 간단하게 정리하신다면 어떤 것이 있을까요?

전성완 글쎄요. 대종사님께 직접 말씀으로 받든 적이 없어요. 그냥 대종사님을 가까이 모시고 조석 문안 여쭈러 다니고 그랬지. 별도로 어디 모여서 대종사님의 말씀을 받들고 하는 일은 없습니다. 그 말씀이 필요하시다면 『대종경』이나 『대종경선외록』이나 그걸 보시고 나한테는 묻지는 마시고.

박맹수 대종사님은 이런 분이다 하는 한 말씀.

전성완 대종사님은 공심으로 똘똘 뭉치신 어른이시다. 사(私)가 조금도 없으셨다. 제가 어렸을 때 세 명이 친구입니다. 대종사님 둘째 아드님 박길주 씨하고, 문정규 선생 손자 문동호하고 셋인데, 그때 쥐불놀이를 해요. 쥐불놀이를 하는 것을 보고 불장난을 하게 되었어요. 지금 법은관 위의 산, 지금 법은관은 땅을 깎아 내려 가지고 깊숙이 건물이 서 있지만 옛날에는 언덕이거든요. 거기에 짚이 있었어요. 산업부 짚을 한 500뭇을 쌓아 놨어요. 그 남쪽에 검불을 모아다가 불을 질렀어요. 그리고 한참 쬐고 있는데 느닷없이 바람이 불더니 검불이 날려 가지고 짚에 불이 붙어 버렸어요. 세탁부에서 소일하던 어른들이 달려와서 불은 잡았는데, 죄를 지었으니까 다음 공회당에서 재판이 벌어졌어요. (웃음) 대종사님께서 재판을 하신 거예요. 박길주 씨는 대종사님 둘째 아드님이에요. 성냥을 가지고 왔다. 그러니까 5원 벌금. 그리고 종아리 다섯 대. 문동호는 성냥을 그어서 불을 붙였다. 그러니까 벌금 3원. 그리고 종아리 세 대. 그리고 나는 어른한테 이르지 않았다. 그러니까. 1원 50전에 종아리 한 대. 거기에서 도 층하를 두셨어. 그 정도로 공과 사를 엄격하게 따지시는 어른이셔. 팔산 대 봉도님이 말씀하신 바와 같이 "대종사님한테서 공심을 빼면 아무것도 없으신 어른이다." 그런 어른이셔. 그건 대중 생활하는 우리들이 본받아야 할 일이고 중요한 일이죠. 그리고 아까도 말했지만 그 닭, 계란 팔다가 공금을 뺀 그런 것 은 절대 용서를 안 하시고.

박맹수 아버님의 사랑은 받으신 적 없으세요?

전성완 아버지의 사랑을 느껴 본 일이 없어요. 과자 한 번 얻어먹어 본 일이 없어요.

박맹수 원망 안 하세요?

전성완 어머니 교육이 그거여. 아버지가 집안일에 관여하면 그건 부끄러운 일이여. 공인(公人)이니까 사가에 정신을 뺏기면 그것은 부끄러운 일이다. 철저 한 교육을 받았거든요. 그러니까 아버지가 나한테 뭣을 안 해 준다고 해서 섭 섭한 일을 느껴 본 적은 한 번도 없어.

박맹수 그게 다 어머니의 교육 덕분이시네요?

전성완 예.

박맹수 대종사님 이야기를 들려주셔서 너무 감사드리고요. 나머지 생사도리 잘 연마하셔서 마음에 의두 행하시는 것 꼭 답을 찾으시고. 다음 생에 오시면 무엇을 하고 싶으세요?

전성완 이제 그때는 출가를 해야죠.

박맹수 이번 생에서는 재가로 계셨으니까 다음번에는 출가를 하시겠다. 그 소원 세우셨어요?

전성완 마음으로는 세웠죠. 문서로는 작성 안 했고. (웃음)

박맹수 예. 내생 연마 잘 하시고요. 건강하시고 마지막까지 두 눈 감으실 때까지 대종사님에 대한 말씀을 원불교 사람들뿐만 아니라 세상 모든 사람들한테, 특히 공심으로 똘똘 뭉친 대종사님을 마지막까지 널리 알려 주시기를 부탁드립니다.

아타원 전팔근 종사

공심있는 공인

하여튼 그 공심이라는 것이
끝끝내 이렇게 남아 있어요

박맹수 제가 아타원님 뵈려고 살아오신 생애 약력을 찾아보니까 제일 처음이라는 1호 자가 많이 붙어 있으시더라구요. 그중 하나가 이리 익산 출신이 경기여고를 가셨더라구요. 어떻게 익산 이리에서 그 당시 경기고녀에 가게 됐는지 그 이야기부터 좀 해 주시겠어요?

아타원 전팔근 종사 (이하 전팔근) 경기여고는 처음에 생각지도 못했어요. 의례 이리여고, 전북고녀. 담임도 그렇고 주변 사람도 그렇고 문제시 안했어요. 두말없이 합격한다. 그런데 아버님이 어느 날 갑자기 원서를 한 장 내놓으시면서….

박맹수 아버님이시라면 혜산 전음광님이요?

전팔근 혜산. 그때 총부에서 교화부장인가, 무슨 부장인가 하고 계셨어요. 어렸을 때라 잘 모르지만.

"이것을 봐라." "아버지, 이것은 서울의 양반 아니면 아주 서울의 수재들만 가는 데예요." 아버지가 아무 말 없이 "그냥 봐라." 그런데 다른 데 같으면 한 학교 떨어지면 또 다른 데도 보고 또 다음에도 보고 그럴 수 있는데 한 번 떨어지면 다른 학교 못 가요. 그때 떨어지면 나는 고만인 거예요. "아휴, 저는 못 가요." "그래도 그냥 봐라." 강력하게 말씀하신 것도 아니고 "그냥 봐라."

그래서 별수 없이 원서를 가지고 담임한테 가서 담임이 그때 일본 사람이었어요. "이렇게 가야 합니다." 그랬더니 "네가 이리고녀나 전북고녀 같으면 이건 문제시 안 돼. 경기여고는 좀 그렇다." 담임이 그래. 그러니까 더 염려가 돼서 고민을 많이 했는데, 아버님은 말씀 안 듣고 원서 제출 날은 가까워 오고, 별수 없이 제가 결정을 했습니다. 어차피 그때부터 나는 전무출신이라는 것을 머리에 항상 두고 있거든요. 그런데 여자 교육장님들이 여고 나온 분들이 안 계셨어요.

박맹수 그렇죠.

전팔근 아휴, 별수 없다. 내 운명으로 알자. 만약에 내가 경기여고 떨어지면. 그냥 초등학교, 그때는 보통학교. 이리 공립보통학교? 그것으로 전무출신을 하자. 그 마음만 먹고, 결심을 해서 경기여고 원서를 갖다가 담임한테 줬어요. 운명이다. 이것은.

시험을 봤는데, 그때는 작문(作文) 시험도 있었어요. 작문 시험이 있는데, 그냥 원고지를 주는 것이 아니야. 이렇게 한 장으로 해 가지고 (양손으로 네모를 그리며)칸을 딱딱 만들었어요. 칸이 백 몇 개 칸이었던가? 그러니 더 쓸 수도 없고, 덜 쓸 수도 없고 그런 조건인데. 거기다 내가 작문을 지었어요. 작문을 지었는데 마지막으로 끝나자 동그라미를 쳐야 하잖아요? 동그라미로 딱 끝났어요.

박맹수 마침표 말씀인가요?

전팔근 마침표로 딱 끝났어. 난 그때 '나는 되었다.' 그때 혼자, 혼자 합격을 자신했어요. 그래도 모르는 것이지만 위안 받느라고 혼자 그런 것이죠. 그때가 3월 2일인가 발표한다는 말을 들었거든요. 그런데 내가 그날이 일요일이라는 것을 몰랐어요. 배달부들이 안 오는 것을. 3월 2일 아침부터 발표를 기다리는 거여. 하이고, 우체부가 안 오네요. 나는 이제 떨어졌다.

박맹수 일요일인지도 모르고요?

전팔근 그거 깜빡 잊어버리고. 그래서 학교도 안 가고. 일요일이니까 안 가도 되는데, 내 딴에는 학교도 안 가고 이불을 둘러쓰고 '나는 떨어졌다. 어떻게 내일 학교에 가 가지고 선생님을 뵙고 어쩌고저쩌고….' 별수 없이 하루 종일을 누워서. (웃음)

그래서 다음 날 아침에 일어나서 별수 없이 학교로, 이리초등학교 모르시죠? 이리 일출국민학교라고. 지금도 거기 초등학교일 거예요. 아마. 그때는 소학교라고 그랬지만. 그 옆에가 농림학교가 있었어요. 그 앞에를 다 죽어가는 모습으로 가는데 국민학교 정문에 학생들이, 내 동창들이 쭉 섰네요. 그때 내 창씨(創氏)가 뭐냐면 모토마루여. 일원(一圓). 일원을 일본말로 모토마루라 그래요.

"모토마루 왜 인제 와? 빨리 와! 선생님이 너 사무실서 기다려." 아이고, 나는 이제 죽었다. 떨어졌다고. 그렇게 가지 말라고 했는데 가더니 너 잘됐다고 뺨을 때리실랑가, 뭐라고 하실랑가 하고는 그야말로 호랑이 앞에 뭐 걸어가듯이 사무실로 들어갔더니 양쪽에 선생들이 대여섯 사람이 서 있어요. 양쪽 입구 옆에 그리고 저쪽에는 사람들이 뭘 책상에 놓고 보고 있고 '이것은 참말로 큰일 났네.' 속으로만 죽어나죠. 땀은 뻘뻘 나. 하도 마음을 졸이니까. 담임이 "모토마루. 왜 이렇게 느려. 이리와." 그러더니 선생님들 모여 있는 데로 데려가. '이 양반이 웬일이라냐. 선생님들 한가운데서 모욕 줄랑가벼.' 그러고 있는데 그 앞에 네모진 큰 책상, 거기에 신문이 딱 펴 있는데 그 신문을 선생들이 쳐다보고 있는 거예요. 그러더니 여기 보라 그래. 나보고. 그래서 봤더니 그 밑에가 빨간 것으로 줄이 하나 그어져 있는데 거기에 내 이름이 있어. 경기여고 합격자를 신문에 낸 거예요. 그런데 거기에가 내 이름이 있으니까 선생들이 거기다가 빨간 글씨를 해 놓고, 나 오기를 그렇게 기다리고 계셨어요. 그러면서 거기서 칭찬받고. 담임선생이 나를 교장실로 데려가데요. 교장 선생님이 딱 기다리고 앉아 계셔. 그러더니 일어서시더라고. 내가 들어가니까. 내가 속으로 '내가 들어가도 일어서시네?' (웃음) 손을 내미시면서 "잘해주었다."

박맹수 그 교장 선생님도 일본인이었나요?

전팔근 일본 사람. 하도 얼굴이 빨개서 우리들이 고춧가루라고 별명을 지었어요. 그 이름도 하도 오래되어서 잊어버렸네. 그 양반이 그렇게 칭찬을 하시더라고. 전무후무해요. 경기여고 합격자가 그 이후로 없어요.

박맹수 개인의 어떤 기쁨뿐만이 아니라 학교 전체의 경사였군요.

전팔근 학교를 빛내 줬다 그거예요.

박맹수 지방에서요.

전팔근 지방 사회에서 경기여고 됐다고.

박맹수 경기여고 합격해서 신문에 난 주인공이시네요. 그 무렵에는 소태산 대종사님께서 아직 살아 계셨을 때잖아요?

전팔근 그때는 살아 계셨어요. 그런데 참 이상한 일은 우리는 할아버님이라고 불렀거든요.

박맹수 대종사님을요?

전팔근 예, 대종사님을. '할아버님이 얼마나 좋아하실까?' 이런 생각도 갖고 그랬는데, 내가 국민학교 졸업하기 전에 그 학기말시험 있잖아요? 기말시험에 통지표는 꼭 갖다 보여 드려요. 국민학교 통지표를. 나하고, 돌아가셨지만 박광령 선생이라고 대종사님 둘째 아들 그 양반도. 그 양반은 항상은 아니지만, 나는 그냥 학기말만 되면 꼭 갖다 드리거든.

박맹수 아버님한테 가는 게 아니라 할아버님한테 가신 거군요.

전팔근 아버님은 계시든 말든 상관없고 할아버님한테만 가는 거야. 대종사 할아버님한테만 가는 거야.

이렇게 내놓으면 앉아 계시다가도 그걸 받으셔 가지고 요렇게 보시고 일어나셔. 일어나시면 어디로 가시나 이렇게 보면 다락으로 가셔. 처음에는 왜 저 양반이 다락으로 가시는가? 속으로만. 그때는 어리니까. 거기서 과자 봉투를 가지고 나오셔. 암말도 안 하시고. 잘했다 못했다 암말도 안 하셔. 그리고는 그걸 보시고 성적표하고 과자 봉지하고 같이 주셔. 하이고, 나는 좋아서, 그 당시에는 다마(구슬) 사탕이라고 해서 동글동글한 사탕 있잖아요. 까칠까칠한 그것, 그것 먹으면 아주 운수가 좋은 거여. 그 정도로 가난했어.

특히 나는 총부 살면서 우리 아버님이 사탕을 하나 사다 주셔? 뭐 하나 사다 주셔? 아버님은 밥만 자시고 총부로 홀랑 가셔서 얼굴을 볼 수 없고 그니까 아버님 뵙는 시간은 없어. 그러니까 여고 가는 것도 그냥 경기여고 원서를 갖다 주실 때 '이렇게 어려운 것만 시키신다.' 속으로만 불평하지. 겉으로는 안 해도. 그랬는데 대종사 할아버님은 암말도 안 하시면서, 뒤쪽에 다락이 있어요. 그리 열고 가셔서, 처음에는 이상하지만 이만한 봉지를 그 통지표랑 주셔. 잘했단 말씀도 안 하시고 못했단 말씀도 안 하시고 그냥 주시는 거여. 나는 또 그냥 받고 절을 꾸벅 하고 나오지. 그러고는 좋아 가지고는 집에 가서 할아버님이 과자 주셨다고 그냥 아랫방 윗방으로…. (웃음) 어머니는 그것 보고 "아따, 좋아도 하네." 누구 나눠 주지도 않고 실컷 먹고. 그러니까 기말이 되면 나는 좋은 거예요. 할아버님 생각하면 우선 그 성적표 드려서 과자 주셨던 그 생각. 암말도 안 해. 한마디라도 칭찬하시면. 아, 참 잘했다. 이 말씀이라도 하시면 좋은데 암말도 안 하시고 과자만 주시네. 그래서 내가 할아버님은 왜 이렇게 말씀을 안 하실까. 그런데 과자 주시는 것만 해도 충분히 그 따뜻한 정을.

박맹수 그러시죠.

전팔근 참 따뜻한 정을 가지고 계세요. 말씀은 잘 안 하시는데…. 그런데 참 인물이 좋으셔요. 인물도 좋으시고 훤해서. 먼 데 계셔도 대종사님은 바로 어디 계시는지 알 수가 있어요. 훤하게 비추는. 체격도 두툼하시고 아주 걸어가시는 것도 참…. 그런데 운동은 또 하시는 것 같아.

내가 어느 날 아침에 구내 어머님 심부름으로 나갔는데, 그때는 정문이 저쪽에만 있는 것이 아니라 옛날의 사무실 가운데 또 정문이 있었어요. 자그마한 것이. 그리 이렇게 들어오시는데 '할아버님 어디를 다녀오시나?' 그렇게 생각했어요. 그때 총부는 이렇게 크지가 못 했어요. 저기 울타리가 이쪽에 있었어요. 그 새벽마다, 얼마나 계속했는가는 나는 모르지만 할아버님이 그리 가셔서 울타리를 쭉 한 번 돌아보시고 들어오셔. 그래 가지고 행여라도 훼손된 게 있으면 바로 말씀하셔. 그러니까 나는 그것이 운동 겸 살피시는 것이 아닌가…. 그러니 건강이 참 좋으셨어요. 제가 보기에. 얼굴도 좋고. 그런데 말씀을 잘 안 하셨어요.

참 정이 많으신데 혼내고 꾸중하시는 것 보면 그냥 무서워요. 누가 그때 뭣을 했던가, 다른 사람이 신어야 할 신발을 신고 갔어요. 가 가지고 그것을 돌려줄 생각도 않고. 하도 오래돼서 잊어버렸는데. 어차피 그냥 자기 소유로, 자기 소유처럼 하다가 신발이 좋은 신발이었던가 봐. 들통이 났어요. 꾸지람을 하시는데 그 걱정하신 모습 보셔요. 우리 그전 집 모르시지? 옛날 식당 바로 옆이었어요. 그러니까 우리 조실하고 한 2~3미터. 가까워. 조금만 성음이 크셔도 들리는데 어떻게 성음이 크신지. 내가 마루에 서 있으면 무서워서 '하이고, 할아버님이 저렇게 무섭네' 하고는 방에 들어와서 있을 정도로 그러셨어.

우리 총부는 그때만 해도 사람이 적었어요. 그 모든 여기서 사는 사람들은 다 공부인이고 다 선인 같고 일체가 모두 대종사님의 법하에서 수양하고 있는 사람들이여. 가정주부, 우리 어머니, 대사모님, 영훈 사모님도 늦게 오셨지만 은 돌아가신 성보영 선생님 아버지가….

박맹수 성산님이요?

전팔근 성산 선생님 부인. 여자들은 그분들만 있었고. 그랬는데 그분들도 그렇지만 여기서 살면 일체 총부 인사는 다 똑같아.

박맹수 일종의 공동체였군요.

전팔근 공동체. 그냥 애경사의 공동체가 됐어. 삼산 종산님. 삼산 종사님 아세요?

박맹수 예.

전팔근 아주 어린애까지도 삼산님. 삼산님. 그랬어. 상사가 아니라 삼산.

박맹수 예. 삼산. 구인제자 중 한 분.

전팔근 구인제자 중 한 분인데 아주 덕망이 높으셨던가 봐. 우리 어린이들끼리 삼산님 계시다고 그래. 어린애들도 벌써 느꼈나 봐. 대종사님이 그분을 어느 정도로 신망하고 계셨는지.

그런데 한 번은 막 우는 소리가 났어요. 총부 안에서. 삼산님이 열반하신 거야. 총부에 계실 때 열반하셨던가 봐. 그래 가지고 얼마 있다가 다 대각전으로 모였는데 그것이 영결식이었던가 봐. 어렸을 때 나는 뭔지는 몰랐어. 다 모였어요. 구내 있는 사람들. 지금 대각전에 가득 찼어. 나는 어른들이 가면 의례 치마꼬리 잡고 따라가니까 가서 앞에 안 앉아. 의례 뒤에 서. 앉으면 안 보이니까. 참 기운도 좋았어요. 그것이 끝날 때까지 서서 구경해. 그런데 한참 회의를 진행하다가 갑자기 엉엉 울어요. 어른들이 다 (고개를 숙이며) 이런 식으로. '웬일이라냐? 갑자기 무슨 일이 있다냐?' 하고 나는 뭣도 모르고 사람들 우는 모양만 구경하고 있었어. 다들 고개를 숙이고 어떤 사람은 막 수건으로 닦고, 어떤 사람은 이러고(손을 올려 눈으로 가져가며) 있고, 어떤 사람은 이러고(머리를 세워 흔들며) 있고. 남녀 간에 울어요. '이상하네. 참말로?' 그러고는 이렇게 돌아보다가 할아버님은 어쩌신가 했는데 할아버님은 그 단상에 앉아 계시잖아요. 이렇게 앉아 계서. 세상에 하얀 손수건을 꺼내 가지고 눈을 이렇게 닦고 계신다니까. 그러니까 같이 우셨던 거야.

나는 그때 기가 막힌 걸 발견한 거지. '할아버님도 다 우신다.' (웃음) 나는 할아버님은 웃으시기는 해도 우시는지는, 부처님은 우시는 것이 아닌 줄 알았어요. 그래서 내가 '할아버님도 다 우시네?' 이런 생각을 했어요.

커 가면서 '할아버님이 참 정도 많으신 분이시구나. 저렇게 법 높은 제자라 해도 저렇게 우시고. 나는 부처님은 울지 않는 걸로 알고 아주 딱딱한 줄 알았는데 부처님도 우신다. 대중하고 같이 그렇게 눈물을 흘리시는구나. 거기서 할아버님하고 다른 면을 보고 나한테 과자를 주시는 것이 다 부처님이시기 때문에 때에 따라, 곳에 따라서 줄 때 있고 안 줄 때 있고 이렇구나 그런 걸 알았어요.

박맹수 그때 대종사 할아버님이 무슨 말씀을 안 하셨나요?

전팔근 몰라.

박맹수 지금, 다른 건 생각나시는 것 없으세요?

전팔근 내가 또 하나 얘기가 있어. 경기여고 들어가 가지고 통지표를 줘요. 통지표를 주면 그걸 가지고 가서 집에서 보는데 또 제일 먼저 할아버님한테 갔는데 내가 봐도 통지표가 좋아. 잘했어요. 시골 놈으로서는. 그래서 자랑 겸 할아버지한테 칭찬도 받으려고. (웃음) 나쁜 짓 했으면 못 가도 좋은 일은 가서 이렇게 보이면 할아버지는 참 잘했다 그러지 않겠어요? 촌놈이 가 가지고 그 정도로 상급에 들었으니? 그러실 줄 알았더니 이렇게 보시더니 (오른손 앞에 놓고 머리를 숙이고 보는 시늉을 하며) "음." 그러고는 그냥 주시네?

박맹수 또 말씀이 없으시고요?

전팔근 아무 말도 없으시고. 아니, 할아버님 말씀도 안 하시고 어떻게 하세요? 할 수도 없고 말이야. 또 받고 나왔지. 그것이 나한테는 퀘스천이야. 왜 칭찬 한 말씀 없으셨을까? 그때 합격했을 때도 왜 칭찬 한마디가 없으셨을까? 그런데 그다음에 1학기가 끝나고 또 성적표를 가지고 갔어요. 이렇게 보시더니 뭐라고 하신 줄 알아? 한 말씀만 하셔.

"너만 잘하려고 하지 말고 모르는 사람은 가르쳐 주고 같이 잘해라." 이 말씀을 하시네. 나는 '뭐, 즈그들이 다 잘하지. 가르쳐 주고 말고 할게 있간…. 더군다나 경기여고는 공부 잘하는 놈만 오는데. 그리고 내가 노력해서 성적을 올려야지 그러면 그것들 뭐….' 그렇게 생각을 했었는데 가만히 시일이 갈수록 아하, 만약에 조금이라도 성적 좋은 놈을 내가 더 칭찬해 주고 뭐해 주면 더 기를 쓰고 더 잘하려고 하고. 그런 데서 이기주의가 되고 저만 더잘 하려고 하고….

박맹수 자기 혼자만 잘하려구요….

전팔근 자기 혼자만. 다른 사람 잘하는 것을 샘이나 내고 이렇게 될까 싶어서 그런 것 아닌가 이런 생각이 들어 가더라니까요?

박맹수 '너만 잘하지 마라.'

전팔근 '너만 잘하려고 하지 말고 모르는 사람은 가르쳐 줘 가면서 해라.' 그 말씀 같아. 내가 생각할수록. 그러니까 칭찬을 해 주면 더 잘하려고 할 거야. 내가 할아버님한테 칭찬받았고 기고만장해지는 그걸 생각하시고 그렇게 교육을 하신 것 아니냐….

박맹수 굉장히 큰 사랑을 받으셨네요?

전팔근 내가 그것을 평생에 안 잊어버려요. '너 혼자만 잘하려고 하지 마라.'

박맹수 할아버님의 사랑을 많이 받으셨는데 경기여고 몇 학년 때 대종사님이 돌아가셨어요?

전팔근 경기여고 3학년 땐가? 3학년 때인 것 같아 졸업하기 전에.

박맹수 어떻게 소식을 들으셨나요?

전팔근 편찮으실 때부터 아버님이 전화를 하셨는데 "열반하셨다." 그때 6월.

박맹수 그렇죠.

전팔근 6월이지. 그런데 그 6월이 중간고사 한참 준비 때여. 중간고사가 6월 중순 넘어서 있거던⋯. 정신없이 그 중간고사 준비를 하고 있는데 전화가 왔어요. "아버지, 나 시험 준비해야⋯." "두말 말고 내려와라."

아버지 목소리가 너무 침통하셔. 그리고 나도 대종사님이 열반하셨다는 말을 듣고 어쩌겠어요? 아무리 서울에 떨어져 있어도 이건 내 생애 중에서 가장 큰 충격이고 슬픔이었던 것 같아. 그래서 담임한테 그다음 날 찾아갔어요. 제가 "나는 불법연구회에서 온 사람이고 대종사님은 '나의 수호신'이다. 대종사님은 우리의 할아버님으로 내가 모시고 있는 분이다. 그런데 그분이 열반하셨으니까 내가 중간고사를 못 보더라도 내려가야겠다." 하고 내려왔거든요.

그리고 기차 속에서, 기차도 그때는 좋은 기차가 아니야. 그때 내가 돈암동에서 다녔거든. 돈암동 교당. 그때 정윤재, 유수열. 여자 교역자가 한, 둘 있었고, 이동진화 선생님 계셨고. 그분들은 그냥 정신이 없어 가지고 미리 내려갔어요. 저보다도 일찍 소식 듣고. 그리고 나는 혼자 쓸쓸히 내려가는데 정신이 없어. 내가 조금만 늦었어도 표도 엉터리로 샀을 거야. 그때는 어떻게도 표 사기도 귀한지 몇 시간을 기다려서 표를 사고 기차에 앉아서 아무 생각 없어. 대종사님 생각만 나. 그것만 하고 있으니까. 저쪽에 앉았던 어떤 신사가 일본말로 "어디가 아픕니까?" 그래서 나는 몸 아픈 데는 없지만 마음이 아프니까 "마음이 아파요." 그리고는 암말도 않고는 이렇게 숙이고 있으니까 그 양반도 그랬을 거야. 저 사람이 뭐 못 당할 일을 당했는가 보다.

그래 가지고 내려가 봤더니 우리 할머님, 외할머니는 얼마 전 기절을 하셨었어요. 대종사님 열반 소식을 듣고 기절하서 가지고 어디 계신지도 모르겠고 집은 텅텅 비었어. 아무도 없어. 우리 그 사갓집이. 아이고, 어머니가 어디 계신지도 모르겠어. 물론 초상 준비 때문에 동네 어른들 다 모여서 있었겠지만. 혼자 별수 없이 조실로 갔어요. 아이고, 그때 살아남을까 할 정도로 슬프데요. 내 평생에 그런 그 슬픈 기억이…. 그런 일을 당할 줄은 진짜 몰랐지.

부처님은 지혜도 참 그렇게 밝으셔서서 그렇게 좋은 성적 가져가도 한마디 칭찬도 안 하시고. 그 깊은 뜻, 얼마나 깊은 사랑이야. 진짜 그냥 못된 짓을 할 때에도 그 부드러운 표정을 가지고 말씀으로 잘 타이르고 행여나 잘못 마음에 상처 날까 싶어서 그때부터 훈련을, 껍데기로 드러난 훈련은 아니지만 마음 훈련은 아주 많이 시켜 주고 가셨어. 갈수록 그것을 느껴요.

그때만 해도 상당히 젊은 청년들도 많고 그래서 총부일 가서 논 모심기, 풀베기, 총부 안에 있는 잡초 뽑기 이런 거 다 우리 식구들이 했어요. 놉이라는 것 없었어요. 청년들이 다 했어요. 뽕나무. 누에를 길렀으니까. 뽕잎 따기, 그런 거 다. 총부, 사갓집도 여가가 있으면 다 협력하고. 하여튼 일체가 한 가족이었어요. 진짜 가족적인 분위기라는 것이 그것이구나. 무슨 좋은 일 있고 하면 종땡땡 치면 다 모여서 사갓집 어른들도 다 모여서 식사하고 그런 시대가 있었어요. 우리 총부도.

그런데 그때 제가 한 번 대종사님께 지독하게 칭찬받은 일이 있는데 우리 집이 그때, 지금도 대사모님 댁인가, 누가 사는지 모르겠어. 숭산 총장님 사택인지. 그 앞에 땅이 있고 그 옆에는 누에를 키우고 양잠실도 하고…. 그런데 그 옆에 우리 집이 포도를 심어 포도밭이 있었어요. 넓진 않지만 자그마한 포도밭 옆에다가 딸기를 심었어요. 딸기를 따 가지고 먹고 하는데 한 번은 어머니가 "너하고 나하고 가서 풀을 뽑자." 하이고, 더워 죽겠는데. 그래도 뽑아야지. "좋아요." 나도 큰맘 먹고 어머니 하는 대로 열심히 하고 있는데, 그때 딸기길 바로 옆에 조실로 가는 길이 나 있었어. 누가 "아이고, 우리 팔근이 참 착하다."
할아버님 소리가 나. 깜짝 놀라서 요렇게 봤더니 할아버님이 거기서 이렇게 내
려다보시고 앉아서 "하이고, 우리 팔근이가 이렇게 착했냐?" 많이 한 것도 아니
고 어머니가 같이 가자 그래서 갔는데 어떻게 칭찬을 하시면서 "오늘 저녁에는
팔근이한테 없는 멸치 토막이라도 해서 주고 뭣도 좀 주고 밥도 좀 많이 주고
그래라." 그러신단 말여. 내가 풀 좀 뽑았다고. (웃음)

그 이야기하고 내가 성적 좋게 갖다 드렸을 때 그렇게 담담한 표정 하시고.
나는 그것을 참 때때로 생각해요. 지금도. 왜 그 자그마한 선을, 선도 아니지만
은 그것을 공심(公心)으로 생각하셨을까? 그리고 한편에는 자만심, 이기심, 그
런 것을 안 키울려고 그러셨을까? 그렇게 생각이 들어가요. 그날 저녁에 어머
니보고 "할아버님이 고기랑 주라고 하셨는데, 맨 이렇게 짜디짠 김치만 주시
고…." (웃음) 우리 어머니도 웃어. 우리 어머니도 그것을 모르시겠어요? 그 밭
조금 맸다고 그렇게 칭찬을. (웃음)

박맹수 소중한 뭔가 키워 주시려고.

전팔근 그게 키워 주실려고 기회를 그렇게 보셨던 것 같아. 내가 나이를 먹어
가면서 생각할수록 아, 참말로 큰 교훈을 내려 주셨구나 하는 생각이 들어가는
데 공심에 대해서는 참 엄했어요. 아까 그 청년들, 식구들 다 나와서 일했다 그
랬잖아요. 괭이질도 하고, 뭣도 하고, 뽕잎도 따고 그랬는데 꼭 대종사님께서
나오셔요. 옆에서는 감시로 보이지만 그것이 격려 아닙니까?

박맹수 지도자가 솔선수범하는 것이겠지요.

전팔근 솔선수범해서 그렇게 하시는 거. 그런데 다른 사람들은 공부만 제일
로 아는 경향이 생겨. 우리 그 학원(學員)들 중에서도 그걸 아주 경계하시더라
고.

박맹수 공부만하는 것을 경계하셨다구요?

전팔근 그리고 노동 이런 것을 갖다가 경히 여기는 것. 그리고 논에 가서 모도 심고. 이 전무출신들, 남자들은 할 수 있는 건 다했어요. 우리 학원. 그때는 학원생들이라고 불렀지. 학원생들.

박맹수 한쪽으로만 치우치는 것을 굉장히 경계하셨네요.

전팔근 아주 이 공부 방면으로만. 특히 공부 잘해야만 존경받고 공부 잘해야만 훌륭한 사람이라는 것. 이 관념을 아주 금하셨어. 아주 경계하셨어요. 노동을 싫어하는 것, 공심 없는 것. 물질에 대한 것도 하여튼 이만한 것이라도 이게 공이 아니면 안 되는 거예요.

박맹수 함부로 사용 못 하게요?

전팔근 예. 우린 어렸을 때부터 걸어다녔을 때부터 조실 인사 갔거든요. 아침 일찍. 그런데 서로 조실 인사 가는 것을 경쟁해 가지고.

박맹수 아침 일과를 인사로 시작하시는구만요.

전팔근 인사로 시작해. 일과가. 어떤 때는 기침종 있잖아요? 기침종 치면 같이 일어나. 옷 입고 어디 가냐면 할아버님께 인사하러 가는 거. 그런데 방에 들어가서 큰절은 할 수 없어. 그때는 바깥에서 이렇게 (두 손 합장으로 고개 숙이며). 그걸로 아주 만족하는 거야.

어느 날 할아버님 아침인사 끝나고 점심 먹으려고 하는 때여. 난 집에 가서 볼일 보고 그 위에 올라가서, 김영신 선생님이라고 그때 계셨어요.

박맹수 융타원님이요?

전팔근 예. 융타원님. 융타원님을 뵈러 이제 가는데 융타원님이 그때 그 조실 위에 여자 학인(學人)들 있는 집에 있었어. 거기 가 가지고 일을 보고 나와서 집에 갔다가 어머니가 식사 때가 곧 돌아오게 생겼으니까 식당에다 뭣 좀 갖다 주라고 해서 갖다 주고는 나오는데 식당에서 대사모님이 올라오셔.

박맹수 대종사님 부인 되시는 대사모님이요?

원기 15년(1930) 대종사님 모신 가족사진.
뒷쪽 왼쪽부터 아버지(전음광), 외삼촌(권대호), 어머니(권동화)
앞줄 왼쪽부터 외할머니(김만공월), 오빠(전성완), 중앙 대종사님.
할머니(전삼삼), 아기(전팔근)

전팔근 부인 되시는 대사모님, 양하운 대사모님이 올라오서. 계단으로 올라오시면서 식당에다가 무슨 이야기를 하시더니 막 가시려고 하는데 식종이 쳐. 그랬더니 식당 식구가 "사모님, 식종 쳤는데 식사나 하고 가세요." 그러니까 자연스럽게, 나도 속으로 '하이고, 좋아라.' 그때는 그렇게 총부 밥이 맛있던가 몰라. 우리 집 밥보다도 총부 밥이 반찬이 더 있는 것도 아닌데 여러분이 앉아서 밥을 먹는 것이 참 좋아 보여서 나도 속으로 덕분에 인자 사모님이 오셨으니까 옆에 앉아서 밥 먹겠네 하고는 인자 좋아서 사모님 옆으로 갔는데 그때 마침 누가 오냐면, 대종사님께서 이렇게 오시다가 양하운 사모님이 식당으로 갈라는 순간에 "하운이는 집에 가서 밥 먹지."

박맹수 예. 공과 사를 엄격히 구분하시는 말씀을 하셨군요.

전팔근 나는 깜짝 놀랬어요. 하운이가 누군가. 나는 이름도 몰랐어. 그때는 그냥 대사모님이지. 그런데 옆에 사람이 대사모님밖에 안 계시고 나한테 하운이라 그럴 리는 없고 대사모님한테 하는 말씀이야. "하운이는 집에 가서 밥 먹지." 이러시네. 그러니까 대사모님은 두말도 없이 딱 고개를 숙이고 가시더라고. 나도 별수 없이 따라가야지. 어떻게 해 (웃음) 나 혼자 식당으로 가겠어? (웃음) 그래 가지고는 아, 총부 밥은 먹어서는 안 되는 갑다. 왜 그런가는 모르겠지만 할아버님은 총부 밥 먹는 걸 안 좋아하시는구나. 그때 나는 깨달았어요. 그 정도란 말이여.

또 어느 땐가 조실에 종법사님 이렇게 계시고 또 그 옆에 방이 하나 있는데 그 방에서 바깥에가 다 보여. 그때 저 옆에 창고라 그럴까? 지푸라기도 넣고, 뭣도 넣고, 가마니도 넣고 그런 창고가 있었어. 그런데 거기에 도수 씨라고 있었어. 이도수 씬가 이름이. 그 양반이 뭣을 이렇게 짊어지고 가다가 거기다 놓고 이렇게 둥굴둥굴. 그 사나키가 있더라고.

박맹수 새끼줄 말이지요?

전팔근 새끼줄. 여기다 걸고 (왼 손목에 새끼줄을 거는 모습으로) 이렇게 하고 거기서 집으로 가려고 하는데, 대종사님께서 언제 내려오셨는가. 그 공회당(公會堂) 있죠? 공회당 옆에서 서서 "우리가 교단이 아무리 없더라도 너에게 그 새끼줄 못 주겠냐? 그러나 이것은 개인 것이 아니여. 이 새끼줄은 공중(公衆) 것이다. 네가 공중 것을 갖다가 개인 것으로 사용해서 좋은 일이 뭐 있겠냐?" 이렇게 말씀을 하시더라고. 그때 어린 마음이지만은 얼마나 놀랐는가 몰라. 우리는 보통 총부에 가서 새끼줄 있으면 새끼줄 없는가 하고 막 찾아댕기면서 이렇게 뛰어넘고 그랬는데 새끼줄 하나도 공중 것을 사용하면 안 돼. 이런 생각이 들어가더라고. '아하, 공중 것이라는 게 무서운 것이구나. 그러니 다른 것은 얼마나….' 그래서 '대종사님은 어린 내 마음에 여러 가지 것을 심어 주시는구나.' 이런 생각을 했지요.

박맹수 저희 회상이 100년이 됐어요. 오늘 정말 가슴에서 막 뜨거운 것이 올라오는 감동적인 말씀을 많이 해 주셨는데요. 100주년 맞이하신 아타원님의 소감이 어떠세요? 대종사님 생각 많이 나시겠네요?

전팔근 그것만이 아니라 대종사님 이렇게 평복 입은 것이 나한테 더 친근해. 그래서 내 사실(私室)에다가 평복 입으신 자그마한 영정을 놓고 있어요. 그리고 법의 입으시고 엄하게 생긴 것은 바로 옆에 복도가 있는 거기다가 뫼시고.

박맹수 숙소에 대종사님을 모셔 놓으셨구먼요?

전팔근 예. 모셔 놨어. 거기다가 딱 놓고 그 옆에다가는 우리 어머니 영정 놓고. 또 남동생 전팔현 변호사가 너무 젊어서 저거해서 조그마한 사진 저 구석에다가 하나 놓고. 이렇게 살면서도 어떤 때는 사심이 막 들어가고 사람이 미운 생각도 들어가고 욕심이 나고 그럴 때는 할아버님 얼굴 보면 '아차!' (웃음) 그래서 이것이 내 선방이다. 그러고는 누구 미운 맘 날 때도 '할아버님, 죄송해요.' 저 큰 데다가는 일원상 딱 해서 그때는 조석심고 할 때 모시고. 하여튼 할아버님은 내 마음속 깊은 곳까지 알고 계셔서. (웃음) 다른 사람은 속여도 할아버님은 못 속여서 내가 별수 없네요. 어떤 사람은 미웁고, 어떤 사람은 이쁘고. (웃음) 대종사님께는 하나도 숨길 수가 없다. 대종사님 금세 '허억!' 하고 막 혼내실 것 같고.

박맹수 지금도 옆에 바로 살아 계신 것 같은 느낌.

전팔근 언제나 선악 간에 마음을 낼 때마다 '아이고, 대종사님이 보시고 또 뭐라고 하실까?' 이런 생각이 들어가고 참말로. 하여튼 그 공심이라는 것이 끝끝내 이렇게 남아 있어요. 조그마한 것 하나라도 공중 것은 아끼고. 오늘날 세상이 이렇게 시끄러운 것도 사람들이 마음에서 공심이 사그라진 증거 아니냐? 그리 안 하면 당파도, 당파 싸움도 없을 것이고. 대종사님이 말씀해 주신 신심과 공심. 이게 우리 회상도 이끌어 나갈 수 있는 근본 토대가 되지 않을까?

박맹수 개척자 1호 붙은 게 또 있어요. 아타원님께요. 지금 해외에 교당이 나가 있는 나라가 한 25개, 30개 됩니다. 그런데 아타원님께서는 1960년대 초반부터 해외 포교를 개척하셨잖아요? 경기고녀 나오시고 서울대학교 사범대학 졸업하시고 영어를 전공하셔서 그 전공을 살리시면서 해외 포교를 하시게 되는 그때는 굉장히 어려운 시절이셨다는데 초창기 해외 포교 이야기, 숨은 이야기 좀 들려주실랍니까?

전팔근 숨은 이야기는 아니지만 내가 얘기를 안 할 수가 없네. 박창기 선생님 계세요. 박창기 선생님이 내가 여고에 나올 그때부터 서울에서 같이 있을 기회가 있었거든요. 그런데 우리 집에서는 나 대학을 생각 못했죠. 여러 가지 여건 때문에. 첫째로 경제적인 문제가 있고. 그때는 생각도 못했는데 박창기 선생님이 제가 서울에 왔다 갔다 하고 그러니까 불러서 이야기를 해요. "우리 원불교가 한국에만 머물 원불교냐? 우리 원불교는 한국에만 머물 종교가 아니다. 세계를 덮고도 남음이 있는 교린데 자격이 있는 사람이 그걸 상대로 해서 공부를 할 필요가 있다. 그러니까 네가 학교를 가야 한다." 이것을 강조하셨어요. 나는 얼마든지 가고 싶고 하지만 형편이 안 돼요. 그래 우리 어머니하고 접촉을 한 거야.

박맹수 어머님이 동타원님이시죠?

전팔근 동타원님. 그때 우리가 복숭아밭을 하고 있었어요. "이만저만 하니까 다른 것보다도 아무개는 대학에 보내십시다. 대학도 일반 다른 과 필요 없어. 앞으로 세계를 상대할 수 있는 그러한 공부를 할 수 있게 대학 보냅시다." 그러니까 우리 집에서는 어떻게 해? 우리 어머니는 "아휴, 그렇게 할 수만 있으면 좋은데…."

그때 김대현 선생, 또 정성숙 선생, 나, 여고 나온 자격자가 셋이 있었어. 그러니까 "셋이 다 대학에 가야 한다. 대학에 가서 앞으로를 이끌어 나갈 인재로 양성해야 한다." 그 설득에 성숙 선생 집에서도 어렵다고 하고, 대현 선생도 그랬지만, 결국 학교를 가는데 대학은 각 대학 따로따로 가자고 그렇게 한 거야.

성숙 선생이 나이가 제일 많았어. 그때 25세. 그러니까 숙명여대. 또 그다음에 많은 사람이 이화여대. 그다음에 남녀공학이지만 제일로 센 서울대. 셋이 나눠서 했더니 다행히 다 합격이 되었어. 그러면 과를 무슨 과로 하냐. 다 영문과로 해라 하서서 영문과를 하는데 정성숙 선생은 어학 하기는 너무 늦었다. 그러니까 전팔근, 김대현 두 사람은 영어과, 영어영문학과. 정성숙은 국어국문학과로 하자. 나는 영어영문학과 나와 가지고 쭉 영어영문학과로. 박창기 선생님 의도는 내가 영어를 능숙하게 해서 외국을 가야 한다.

박맹수 해외 포교를 염두에 두셨군요.

전팔근 해외 포교. 해외 포교가 중심이었어. 이분은 우리 원불교는 한국에서

만 머무는 종교가 아니라고 그러셨는데 나는 우선 당장에 어떻게 하냐? 그래서 여고에서 영어 수학 가르치고, 원여고(현재의 원광여고)에도 좀 있었고, 이리 여고도 좀 있었고. 그런데 이렇게만 하면 안 되겠으니까 원광대학교 영어영문학과로 가라 그래서 원광대학교 영어영문학과에 와 가지고 영어를 담당했는데 그때부터가 문제여. 내가 영어를 가르치려고 영어영문학과 나온 거 아니다. 영어를 활용해서 어떻게 우리 원불교를 세계에다가 포교를 하느냐가 문제지. 그래서 그 고생을 해 가면서 영어영문학과 나왔지. 여고에서 무슨 선생질 못해서 그러냐? 그래 가지고 생각해 낸 것이 어떻게 하면 해외를 상대할 수 있게 되느냐.

근데 나도 연조가 있고 하니까 숭산 총장님께 "총부에서는 해외 교화가 뭔지도 모르고, 다른 사람도 해외 교화가 뭔지도 모르지만 지금 우리가 해외 교화를 안 하면 늦습니다. 각 종단이 해외에 얼마나 나와 있습니까? 우리도 해야 되는데 저는 나갈 수가 없고 그러니까 대학에다가 '해외포교연구소'라는 이름으로 여기서 포교를 하고 싶습니다." 숭산 총장님이 "그건 좋은 아이디어인데 어떻게 그 많은 교육 과목을…." "제가 해낼게요. 해외포교연구소라는 기관을 하나 만들어 주세요."

숭산 총장님도 찬성을 해서 해외포교연구소를 했어. 근데 해외포교연구소를 어떻게 활용을 할 것이냐? '별수 없다. 내가 일 년에 한두 번밖에 못 나가지만 어떻게 할 것이냐? 책을 만들자. 책을 만들어서 대면은 못하더라도 서면으로 원불교가 이러이러한 종교라는 거, 이런 내용이라는 것을 뿌리자.' 해 가지고 『원부디즘(Won Buddhism)』 이것을 시작한 거야.

박맹수 그렇게 해서 영문판 원불교 잡지가 처음으로 나왔군요.

전팔근 그렇게 나왔어. 이것을 사람 대신에, 책으로, 서면으로 하면 사람들에게 더 널리 갈 것이다.

박맹수 잡지를 통해서요?

전팔근 이 잡지를 통해서 말하자면 여기 원불교를 선전하는 것이니까. 내면 교류도 그렇고.

박맹수 그때는 경제적인 여건도 어려우셨을 것인데?

전팔근 경제적인 여건은 학교에서 주는 저거 있잖여.

박맹수 지원 비용 말씀인가요?

전팔근 학교에서 주는 비용. 수당이 있으니까 그것이 다 책 출판비니 뭐니. 긍게 다달이는 못해. 방학을 이용해서 그동안에 번역하고 뭐 하고…. 인쇄비 그런 것을 모아 가지고.

박맹수 해외포교연구소 소장님에게 주는 수당이요?

전팔근 해외포교연구소 수당으로 주는 게 아니야. 그냥 원광대학교 수당. 학교. 학교 봉급.

박맹수 학교 봉급을 쏟아부어 가면서요?

전팔근 쏟아 넣었지. 인쇄비 쏟아 넣어야지, 인쇄비, 출판비 쏟아 넣어야지. 그러니까 부족하니까 아는 사람 꾹 찔러가지고 "나 돈 좀 줘."(웃음)

박맹수 후원금 모금하시고. 『원부디즘』 잡지에 아타원님의 원광대 봉급이 다 들어간 거네요. (웃음)

전팔근 다 들어갔다고 하면 좀 미안하지만. 그래 가지고 다달이는 못하니까 방학 동안에 강의하면서 번역하고 인쇄해 가지고 겨울방학에 내고. 이런 식으로 내는 거여. 나중에 보니까 질문이 들어오는 거 있지? '원불교가 뭐냐? 원(圓) 자는 왜 원불교냐? 그냥 불교면 불교지 무슨 원은 왜 붙였냐? 원이 무슨 뜻이냐?' 나도 모르는 걸 물어싸. (웃음)

박맹수 이제 반응이 오는 거죠.

전팔근 어. 반응이 와. 흥미를 갖기 시작해서 인자 그 사람들 편지를 놓고는 답장을 쓸라믄 타이프도 쳐야 하고. 책을 냈더니 자기들 방학 때는 보러 오고. 그래서 가서, 이게 우리 여기에 나온 성탑이고 뭐 어쩌고 이렇게 하고. 이게 말하자면 내 사자(使者)라고 사자.

박맹수 해외로 보내는?

전팔근 해외로 보내는. (웃음) 그래 가지고 이것을 각각 두면 안 되겠다. 합본을 하자.

박맹수 모아서 제본을 하셨군요.

전팔근 제본을 해서.

박맹수 30년치 전부를요.?

전팔근 예. 92년까지.

박맹수 『원부디즘』 보면 원광대에 계시면서 해외 포교에 정열을 쏟으시던 그 젊으셨을 때 생각이 간절하시겠네요?

전팔근 그때는 좀 젊었구나 싶어. (웃음)

박맹수 그 과정에서 잊을 수 없는 에피소드나 기억나시는 일은 있으신가요? 활동하실 때.

전팔근 나이를 먹으니까 이름을 다 잊어버려. 어떤 사람은 편지가 와. 반응이 와 가지고 "처처불상 사사불공이라고 했는데 이게 뭐냐. 그러면 나도 부처님이냐?" (웃음)

박맹수 상대방이 질문을 보내온 거군요.

전팔근 상대방이. 그렇게 하면 또 답장을 써줘. 그것이 더 괴로워. 그것이 엉뚱한 일을 몰고 오고. "당신은 그럼 당신 전생(前生)이, 전생이 있다고 했는데 당신의 전생은 뭐라고 생각하시냐?" (웃음) 그래서 여기 몇 사람 다녀가기도 했어요. 직접 보고 가서 주변에 자기 친구들한테 다녀왔다고. 제이 스테프트라고 유명해. 지금도 그 사람하고 편지가 왔다리갔다리하고 있는데 내가 답장을 하

도 조금 하니까는 "답장 좀 자주 주는 것도 부처님 마음 아녀?" (웃음)

박맹수 그러시죠. (웃음) '답장을 자주 주는 것도 부처님 마음이다.' 예. 그런 것 같습니다.

전팔근 그러고 또 하나는 북쪽에 서울에서 가까운 도시가 있는데 거기서 내 제자하고 결혼했어. 원대에 있다가 미국서 살다가 결혼을 해 가지고 서울 옆에 그 이름을 잊어버렸네. 조그마한 곳인가 봐. 여기 상주하기 전인가? 여기 다녀간다고 했는데 그 후로 소식이 끊겼어. 그래서 내가 '둘이 싸웠나? 왜 그렇게 편지를 안 하고?' 그리 생각했지. 그런데 내가 넘버가 있거든? 전화를 하면 아무도 안 받아. 그래서 미국으로 갔나? 그러고 지금 기다리고 있는 판이야. 근데 그 남자가 아주 괜찮은 사람이야. 긍게 한국 여성하고 딱 결혼해가지고 한국에 와서 살고 있고. 편지, 내가 요다음에 보여주고 싶다. 한지에 하얀 종이에다가 남자가 채색을 했어요. 채색을 해 가지고 거기다가 편지를 써서 보내. (웃음)

박맹수 아타원님한테요?

전팔근 그래서 그것이 일종의 직업처럼 됐나 봐. 누구한테 편지를 줄때 거기다 노란색, 파란색 칠을 다 해서 그림 그리듯이 그려가지고 그 위에다가 편지를 써 가지고. 세상에 별 한지 편지가 다 있다. (웃음)

박맹수 그렇게 세계 종교인들과 교류를, 그 포교문을 여시잖아요.

전팔근 〈세계종교인평화회의〉, 〈아시아종교인평화회의〉, 〈한국종교인평화회의〉 각 종교가 너무도 '내 종교, 내 종교'만 해싸서 이렇게 시끄러워. 그러면 세계 종교는 틀린 건데. 전체 종교가 합해야 한다 해 가지고, 조계종에 잘 아는 분이 있어요. 그분도 함께해서 〈한국종교인평화회의〉를 먼저 조직을 했지요. 간부가 되어 가지고 〈한국종교인평화회의〉만 가지고는 부족하다. 〈아시아종교인평화회의〉를 하자 해서 〈아시아종교인평화회의〉를 한국서도 했지요. 〈한국종교인평화회의〉는 물론 했고. 그러고는 이왕이면 〈세계종교인평화회의〉를 하자 해가지고 내가 아는 사람들한테도 편지하고 조계종에서도 같이 협력해서 〈세계종교인평화회의〉를 했지요. 그런데 하려니 문제가 뭐냐면 영어하는 사람들이 많이 있어야 하는데 사실은 조계종에서도 영어 하는 사람들이 많지는 않았어요. 그렇지만 조계종도 거기 간부들이 아주 잘하고 그래서 〈세계종교인평화회의〉는 한 번 더 했지. 한국서.

박맹수 한 10년 전에요.

전팔근 그러고 지난번에 작년엔가? 〈아시아종교인평화회의〉인가? 그때 내가 아파서 누워 있을 때. (웃음) 지금 다 하고 있어요.

박맹수 〈종교인평화회의〉에 뭐랄까? 개척자시랄까? 처음 만드는데 중요한 역할을 하셨네요?

전팔근 중요한 역할이 아니라 내가 제안을 했지요.

박맹수 제안을요?

전팔근 예.

박맹수 그렇게 제안을 하신 큰 뜻이나 정신은 어떤 것이라고 할 수 있을까요?

전팔근 우리 원불교가 사실 안 알려져 있거든요. 안 알려져 있는데 미국 가가지고도 미국도 여자가 머리 이렇게 하고 검은 치마 흰 저고리 입고 그런 사람이 없어요. 나 갔을 때만 해도 내가 거리를 걸으면 몇 사람이 따라와요. "어디서 왔어요?" "코리아." "오, 코리아?" 코리아라는 이름은 잘 알아요. 신문에도 자주 나고 문제가 많아서. (웃음) 코리아 어디냐고 물어요. "원불교라는 본부, 총부가 있는데 나는 총부에 있는 원광대학교." "오, 원광대학교!" '원광유니버시티' 아는 사람이 있더라고. 참 대학이 중요하긴 하다. 그렇게 아는 사람들을 때때로 우연하게 만날 때가 있어요. 내가 갈 때만 해도 이런 옷 하나도 없었어. 그래서 갈 때 더워 죽겠고 어떤 때는 추워 죽겠고도 하지만 우리 정복 꼭 입고가. 정복 입고 가면 즈그들끼리 소곤소곤 해 가면서. 이상하지 않겠어요? 머리도 이상하고 옷도 이상하니까. 어떤 용기 있는 사람은 물어봐. 어디서 왔냐고. 코리아라고 하면 코리아 또 유명하거든, 코리아! 그래서 코리아 어디냐고 또 물어보면 원부디즘이라고. 어떤 때는 주소도 주고 『원부디즘』 잡지 보내 달라고 그러면 보내주고. 띄엄띄엄 그런 인연들을 만났죠. 지난번에도 불교자대회 할 때도 나 찾는 사람이 참 많다고 그러더라고. 나 없어도 후진들이 하도 많고 잘 알아서 괜찮다 하니까 안심하거든.

박맹수 활동하는 과정에서도 중요한 개척을 하셨는데요. 저희 『원불교교전』을 최초로 영역하셨죠?

전팔근 내가 제일로 고맙고 즐거웠던 것이 『원불교교전』 영역 시작할 때 하이고, 『원불교교전』을 자기네 나라 말로도 잘 못하는데 뭔 영어냐? 하는 사람들도 있었어. 나는 직접 나가서 교화를 못해. 교화를 못하니까 내가 할 수 있는 도구가 뭐냐? 영어밖에 없다. 내가 영어보담도 일본말이 낫지. 그런데 일본말은 바로 이웃에서 얼마든지 할 수 있는데 영어만큼은 세계로 보낼 수가 있잖냐? 박창기 선생님 말씀대로 '우리 원불교가 한국에만 머무를 수 있는 원불교인지 아냐? 앞으로는 세계를 감쌀 원불교'라는 이 말씀이 항상 살아 있거든? 그럼 나는 뭘로? 어학. 언어다. 직접 말로 하지는 못하지만 글을 보면 알지 않겠냐?

그래서 '내가 나가서 직접 교화는 못하지만은 한 번 교전을 번역해 보자.' 용기를 냈죠. 용기를 내 가지고 교전 번역을 하자. 그런데 교전 번역을 하니까 도대체가 이게 어떤 영어를 써야 이 사람들이 알아들을까? 그래서 여러 사람들을 대했어요. 우리는 이런 말로 하고 싶은데 너희 말로는 이 말도 있고 이 말도 있고, 무슨 말이 제일 적합하겠냐? 그렇게 물어 가지고 쓰기도 하고 그랬어요. 부족해. 그래서 '내가 할 수 있는 데까지 하고 인제 후진들의 역할이다. 나는 이제 밭만 조금 갈아 놨으니까 후진들이 보고 얼마든지 좋은 말로 다시 해도 이건

근본정신만 안 틀리면 된다.'

진짜 밤을 몇 밤을 샜어요. 시일은 맞춰야겠고, 빨리 진행은 안 되고 또 인쇄할 때는 어떻게 그렇게 미스가 많이 나오는지? 고쳐 주면 또 나오고 고쳐 주면 또 나오고. 혼자 앉아서 하고 있으니깐 어떤 사람이 불쌍히 여겼나봐. (웃음) 자기가 옆에서 밤을 새 준다고 같이. (웃음) 하여튼 에피소드가 많아.

박맹수 그때 초판 내실 때 번역 작업 해서 책으로 나올 때까지 기간이 어느 정도 걸리셨어요?

전팔근 어느 정도 걸렸나? 1년 걸렸나?

박맹수 그걸 다 혼자 작업하셨어요?

전팔근 예. 인쇄까지. 처음에 시작해서. 타이프를 못했었거든요. 저거 할 때 인자 타이프도 막 시작했었지. 『원부디즘』 때문에 살았어요. 그것도 『원부디즘』이 기초가 되어 있으니까. 그러니까 『원부디즘』 합본 해 놓고 즐거웠고.

박맹수 미주 교무님들한테 이야기 들으니까 아타원님 번역하신 것이 미국 사람들한테 설명하기 더 쉽다 그러대요.

전팔근 그래요?

박맹수 예. 제가 여러 사람한테 들어 봤더니 굉장히 고생하시고 생각을 많이 하셔서 번역하신 것 같아요.

전팔근 듣기 좋으라고? (웃음)

박맹수 부총장님으로 원광대에서 마무리하셨잖아요? 해외포교연구소도 처음 만드셨고, 『원부디즘』도 처음 만드셨고, 또 영어 교전도 최초로 번역하셨고, 부총장님 하셨고. 후학들한테 들려주고 싶은 말씀, 부탁하시고 싶은 말씀 있으시면.

전팔근 다 잘하고 계셔서 뭐 특별히 부탁 말씀 드릴 것이 없어. (웃음)

박맹수 아타원님이 내가 할려고 했는데 못했으니까 윤철이 네가 좀 정신 차리고 좀 해 봐라. 그런 거라든지.

전팔근 가만히 보니까 나보다 더 잘하고 계셔. (웃음) 근데 역시 공인이라. 공사(公事)를 하는데 제일로 내가 나를 혼낼 때는, 뭐 하려고 할 때 귀찮은 마음, 하기 싫은 마음. 또 저 사람보다도 내가 뭐 해 보려는 마음. 이런 상대심, 경쟁심. 이게 다 자기 욕심, 말하자면 출가 도인들이 가질 마음이 아니더라구요. 나쁜 사람일수록 더 부드럽게. 자비심으로. 이야기해 줄 때에는 그 사람 마음 상하지 않게. 그래서 언제나 내 옆에 있는 사람이 훈훈한 느낌을 갖도록 교역자는 그렇게 살아야 하지 않을까? 왜냐하면 출가라는 것은 자기 욕심이 다 떨어져야 하거든요. 지금 세상이 이렇게 시끄러운 것이 너무도 공심(公心)이 없어서 그런 것이 아닐까? 나는 그럴 때마다 대종사님을 생각해요. 대종사님이 참 공심이 일관하셔서 놀라버렸다니까. 내가 대사모님 얘길 했잖아요? "하운이는

ACRP 회의 참석(1978년 11일)

집에 가서 밥을 먹지?" 밥 한 끼니가 아까워서 그러시겠어요? 그건 공가(公家)의 물건. 그 새끼줄 몇 자, 그것이 아까우셨겠어요? 그 사람한테 공가의 물건이 자기 개인 것이 아니라 공물이라는 것을 무섭게 알게 하시려고. 그 말이, 그 마음이 커 나가면 어떠한 일을 저지를지도 몰라.

앞으로 난 희망을 가져요. 100년 지나면 더 세상에 알려질 것이다. 왜? 다른 종단보다도 우리 공인들이 훨씬 더 공심이 강하고 장하고 대종사님 정신을 따라서 그렇게 해 왔기 때문에. '내 것 아닌데. 남의 것은 안 돼.' 이러한 정신을 받들면 그것이 세계인들에게 좋은 것이 되지 않을까? 공심. 신심. 이것 참말로 중요하다. 그거 많이 지키고 있거든요.

박맹수 예. 저도 열심히 공심 가진 공인이 되겠습니다.

박맹수 편안하게 다음 생 준비하고 계시죠? (웃음)

전팔근 생로병사라는 거 그것이 뭐 과정이지. 젊다가 늙고 늙다가 죽고 또 다음 세상에, 다음 세계에. 대종사님 말씀이 죽는다는 것은 눈 한 번 감는 것과 같은 것이고 한 번 눈 감고 자다가 깨는 것이나 같은 것인데 그렇게 크게 심각하게 생각이 안 들고, 눈 한 번 깼다가 또 한 번 잤다가 일어나고 얼마나 편하고 좋아요. (웃음) 그런데 다음에 좀 더 지혜롭게, 더 잘 살려면 이 세상에서 대종사님 말씀대로 많은 덕을 심어 놔야 하고. 신심이 깊어야 하고. 이 세상에서 그걸 많이 훈련을 해야, 재산을 다 모아 놔야 잘 사는 것이지 아무것도 없이 다 욕심내고 다 미워하고 그런 나쁜 마음 다 길러 놓고 어디 좋은 게 생기겠어. 어디 저 구렁창에 가서 뭐가 된다든지 어디 가난해 빠진 집에 가서 태어난다든지 나 그렇게는 싫거든. 긍게 기회 닿는 대로 복 지어 놓고 기회 닿는 대로 다른 사람 참 따뜻하게 사랑해서 정 붙여 놓고 좋은 인연 만나고. 아, 생사라는 것은 눈 한 번 감았다 숨 한 번 쉬었다하기에 달렸으니까. 언제나 심고 잊어버리지 말고, 아침에 일어나서 대종사님께 심고 올리고, 사은께 심고 올리고. 그리고 또 일어나서는 '이렇게 하겠습니다' 심고 올리고 그러면 마음이 가벼워지고 명랑해지고 후생도 맡아 놓고 좋은데. (웃음) 그리고 우리 원불교 가정들 다 만나게 하고. 이 좋은 가족들하고 만나면 얼마나 재밌겠어. 맨 저 싸우는 사회, 제발 그러지만 말았으면….

박맹수 오늘 아타원님 뵈니까 초창기 대종사님의 큰 모습을 새삼스럽게 다시 모시게 됐고요. 현역에서 물러나셨지만 물러나신 가운데도 이렇게 해탈 도인의 모습으로 유유자적하시는 아타원님 뵈니까 저희들이 행복했어요.

전팔근 아이고, 정말이여? (웃음)

박맹수 예. 행복한 시간을 주셔서 대단히 감사드리고요. 내내 건강하시길 빌겠습니다.

전팔근 감사합니다. 그것은 내 맘대로 못하니까 인자 아프면 누워 주고. 아프다는 게 몸뚱이가 '나 약 좀 주쇼.' 하니까 좀 받아다 먹고. '인자 고만 살고 쉬어!' 하면 '오케이!' 이러고 눈 감아 버리면 되는 거지.

명타원 민성경 종사

이름값

별세상을 다 살았어요.
참 별세상을

박맹수 안녕하셨어요? 올해 연세가 어떻게 되십니까?

명타원 민성경 종사 (이하 민성경) 나이도 몰라요. (웃음)

둘째 딸(송인호) 세 살 잡수셨어. 세 살. (103세)

민성경 이렇게 오래 살아서 어째.

박맹수 꼭 하실 일이 계셔서 오래 사신 것 같아요. 올해가 우리 회상 원불교가 생긴 지 100년이고 내년이 101주년이거든요. 원불교가 100년을 맞이했어요. 초창기 대종사님 모시고 사셨던 때 생각하시면서 무슨 생각이 나세요?

민성경 이렇게 오래 살아서 어쩌나 그런 생각했지. (웃음)

둘째 딸 처음에 익산 총부가 원기 9년(1924)에 이쪽으로 오게 되셨잖아요? 그런데 아버지(송봉환)가 원기 13년에 선을 나시고 전무출신을 하셨어요.

박맹수 법명이 성(聖) 자 경(敬) 자로 엄청나게 큰 법명인데 그 법명은 누가 내려 주셨어요?

민성경 대종사님이 주셨지.

박맹수 어떻게 법명을 주셨어요? 무슨 말씀 하셨어요?

둘째 딸 그 법명 받으실 때 이야기를 좀 하셔요.

민성경 그전에는 식당 방에다 절을 하면 머리가 맞닿아 해. 지금은 우리 원불교 절도 수월하고 좋잖아. 그냥 머리에 손대고 절을 하고 앉으니까. "왔냐?" 그러셨어요. 첫 말씀이요. "왔냐?" "예." 그러고 대답하고 앉으니까 시자더러 "벽장에 벼루를 내놓으라." 시자가 벼루를 내서 먹 갈아서 드리고. 그전에는 백노지가 좋은 것이 어디에 있어? 누런 것이지. 누런 백노지에다가, 요만한, 요만해. 대종사님께서는 생전 글씨를 쓰시면 붓을 다듬지 않고 생긴 대로 그냥 꾹 찍으셨어요. 꾹 찍어서 내 이름을 써 주시면서, 이름 받으면서 절을 하니 "이름값 해라." 그러셨는데, 제가 이름값을 못했어요.

박맹수 이름값을 많이 하셨어요.

민성경 뭘을 많이 해. 이름값 못했어요.

박맹수 슬하에 6남매 두셨다면서요.

민성경 예.

박맹수 네 분이나 출가를 하셨던데요?

민성경 세 사람 전무출신시키고, 큰아들은 생활고로 전무출신 못했어요. 그러다가 늦게야 전무출신을 했지요. 모자간에 서로 살림하고 애들 거두고 그랬지요. 그러고 살았어요.

박맹수 예. 정 자 호 자 큰아들.

민성경 예. 그러다가 월산이 늦게 전무출신을 하는데 그렇게 좋고.

박맹수 생활고 때문에 뒷바라지하고 생활해야 되니까 젊어서는 못하다가 늦게 큰아들이 출가하니까 그렇게 기쁘셨어요? 큰아들 생각나시는 것 좀 말씀해

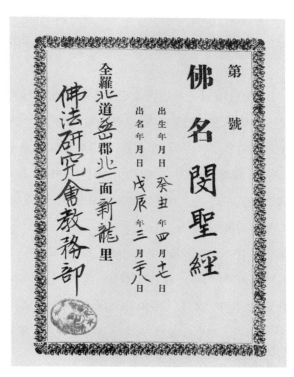

명타원 민성경 종사의 법명증. 원본 크기 가로15.4cm x 세로 20.8cm

주세요.

민성경 월산이 늦게 전무출신을 하니까 더 좋은 것이 없고. 생활고에 애들 거두니라고 총부를 못 들어가고 집에서 살림하면서 살았어요. 그것이 항상 미안하고.

둘째 딸 아버지가 44세에 열반하셨어요. 오빠가 대학교 3학년 때에.

민성경 자식이라 생각 안 하고 항상 스님으로 받들었어요. 평생을 스님으로 받들었어.

둘째 딸 오빠 졸업하면 살림을 우리한테 맡기고 아버지가 재(再) 출가를 하시려고, 전무출신하시다가 못하셨으니까. 그랬는데 3학년 때 가시니까 모든 책임은 오빠한테 떨어지고. 그때부터 어머니하고 오빠하고 밑에 동생 다섯을 대학 교육까지 교단에 의뢰 안 하고 집에서 다 가르치셨어요. 그리고 끝까지 정토회원 못하신 그것을 우리 가르쳐서 내놓는 것으로라도 보은(報恩)을 해야 된다고 하셔서 그렇게 하고.

전무출신 출가가 쉰다섯까지가 상한선이에요. 55세 되니까 그 막냇 동생(송성호) 대학원까지 마치고 "이제는 내가 너희들한테 해 줄 것은 다 한 것 같다. 그러니까 나도 내 일을 해야겠다." 어머니도 "네 일 해야지. 이제 동생들 그만 보살피고 네 일 해야지." 그렇게 오빠가 출가를 하셨어요. 1등 전무출신을 하고도 남을 사람을 붙들어서 살림 시킨 것을 늘 마음에….

우리가 생활할 수 있는 것만 남기고, 현금이고 부동산이고 정리를 해 가지고 부동산은 한 4천 평 정도 교단에 희사를 하셨어요. 100주년 성업을 그걸로 시작을 한다고 종법사님께서 수위단 회의에서 광고를 하셨어요. 그리고 현금 3억은 교육에, 교육부에 교육재단으로. 어머니가 얼마나 좋아하시고 그렇게 기뻐하셨어요.

박맹수 그 젊으셨을 때 삯바느질할 때 이야기 좀 해 주세요.

민성경 예. 바느질품 팔아서, 처음으로 법복(法服)을 내가 먼저 했어.

박맹수 대종사님 법복을 처음으로 만드셨지요?

둘째 딸 대종사님이 견본 주시면서 "관복(冠服) 같이 해 봐라." 그렇게 하셨다면서? 그 이야기 좀 하세요.

민성경 우리 시어머니 이대교 씨는 대종사님이 재단을 해 주시면 마름질을 하고, 그래 가지고 법복을 했지요.

둘째 딸 대종사님이 그리시면 할머니가 재단을 하시고 그러셨대요. "관복같이 하면 어떻겠느냐?" 그런데 어머니가 관복을 알고 계세요. 어머니 할아버님이 전라 현감을 하셨대요. 그 위에 할아버지는 더 높은 벼슬을 하셨는가 봐요. 관복이 어떻게 생겼는지는 아시니까 금방 알아들으셨던 거야.

박맹수 그러면 본관이 여흥이신가요?

민성경 응. 여흥 민씨야.

박맹수 그럼 조선 말 왕족 출신이시네요? 귀족 출신이시네요? 그러니까 그 위에 조부님들이 벼슬을 하셨구나.

둘째 딸 예. 대갓집. 아주 대갓집.

박맹수 결혼하실 때 이야기 생각나시는 대로 말씀 좀 해 주세요.

민성경 아, 그때는 뭐 어른이 붙여 주면 사는 것이지. (웃음) 충청도 부여서 이 갈산동으로 양반 찾아서 왔어. 아이구. 지긋지긋한 양반. 벼슬아치 집에서 생겨서 양반밖에 몰라. 맨 양반 타령밖에 몰라. (웃음)

큰딸(송명호) 어려서부터 너무나 차별 속에서 사셔서 원불교를 오니까 그 차별이 없으니까 그렇게 좋으시더래요. 그 일꾼들, 머슴들은 저 뜰 아래서 일하고, 곤장 맞고 그러는 것이 어려서도 '항상 왜 저럴까? 같은 사람인데 왜 저럴까?' 그런 생각이 참 많으셨다고 하시더라구.

둘째 딸 대종사님께 절을 하고 고개를 드는 순간에 '아차! 내가 길을 잘못 들었구나. 여기를 왔어야 하는데 그랬구나.' 속으로 그 생각이 번개같이 드는데 "할 일이 있다." 그러셨대요. "네가 할 일이 있다."

이렇게 뵙는데 뵈올 수가 없었대요. 대종사님 안광이 어찌나 부신지. 대종사 님을 똑바로 뵌 일이 없을 정도였다고 그러시더라구요.

박맹수 대종사님 뵙고 그 뒤부터 동하선에 열심히 참여하셨는데 대종사님 모 시고 공부하시던 이야기, 동선(冬禪), 하선(夏禪) 이야기 좀 해 주세요.

민성경 그전에는 훈련원에 가서 훈련을 안 받았어요. 오는 교도들이 새벽 공 회당에서 좌선하고 앉았으면 한 시간만 되면 대종사님이 들어오셔. 들어오셔 가지고 한 시간을 계셨어. 기운 뜨는 것 보시느라고. 나가실 때는 죽비로, 좌선 을 잘못해서 그러는가 머리를 한 번씩 때리고 가서.

둘째 딸 강연은 어떻게 하셨다고 그러셨죠?

민성경 그전에는 뭐 학식이 있어요? 맨 공자 왈 맹자 왈만 찾고 살았는데. 하

소태산 대종사와 여제자들. 왼쪽 첫 번째가 명타원 민성경 종사.

루 저녁에는 회화하고, 하루 저녁에는 강연하고. 남녀가 같이하는데, 무엇을 알아야 하지. 그전에 동진화 선생님 계실 적에 배워 가지고 저녁에 가면 다 잊어버리고 한 말도 생각이 안 나. 그러면 그놈의 치마꼬리가 뭘 달란가 치마꼬리만 움켜잡고 서서. 그전에는 노랑 저고리에다가 빨강 치마 입고 그렇게 살았어요. 자꾸 치마꼬리만 훑어 잡고 주워 온 뭐 하고 나오지.

그전에 여기 황등저수지가 있었잖아요? 저수지를 가시데. 그래서 대종사님 모시고 따라갔어요. 그전에는 거기서 배 타고 다니면서 저수지 구경을 하고 왔는데 그날 저녁 강연 자리가 돌아왔어. 그래서 민성경이가 그렇게 저수지를 구경하고 왔다고, 저수지를 구경할 때 그 물이 한 방울 두 방울이 보태고 또 보태서 저수지가 됐지 처음에 한 곳에서 내려와서 저수지가 안 되겠다. 그래서 공부하고 또 하고 하면은 그렇게 수양이 쌓이겠다고 했더니, 그때는 종사님께서 요만치만 옳은 소리를 해도 땡땡이를 치셔요. 막 땡땡이를 울리서. 그러니까 가슴이 떨려서 더 못했지. 그렇게 중언부언하곤 끝까지 하니까 두 번을 땡땡이를 하고 두 갑(甲)을 주서. 하이고.

박맹수 두 갑 받으신 기분이 어떠셨어요?

민성경 정신이 하나도 없지 뭐. (웃음) 정신이 하나도 없어. 기분이고 뭣이고 정신이 하나도 없어.

박맹수 왜 대종사님이 당시에 여자들한테 공부를 시키고 강연을 시키고 하셨을까요?

민성경 그러셨어. 남녀 똑같이 한 방에서. 강연도 한 방에서 하고, 회화도 한 방에서 하고. 이런 세상 보시고 그랬지. 이런 세상 보시고.

박맹수 그러니까 미래 세상을 내다보시고요?

민성경 그랬지. 앞으로 회상을 내다보시고. 그러셨지.

박맹수 그러면 우리 명타원님은 엄청나게 운이 좋으신 분이셨네요.

민성경 아, 그러지. 말도 못하지. 그리고 나를 이뻐하셨어.

박맹수 예. 그 이뻐하셨던 얘기 좀 해 주세요.

민성경 처음 법명증을 주시면서 이름값 해라 하셨는데 제가 이름값을 못했어요.

박맹수 이름값 많이 하셨어요. 잘하셨어요.

민성경 법명증을 싸고 또 싸고 해서 가지고 다녔는데 이사를 하도 다녀서 어디다 빠뜨리고 없어.

둘째 딸 총부에서 누에 키울 때 갈산동에서 누에 키우러 공동 작업하러 가시면 대종사님께서 뭐라고 하셨다고 그러셨어요?

민성경 한 걸음을 걸어도 이 회상을 위해서 걷고, 말 한마디를 해도 이 회상을 위해서 해야 한다.

둘째 딸 "자주 오너라." 그렇게 하셨대요.

민성경 작업 안 나오는 사람은 그냥 걱정을 하시지. 안 나온 사람이 많아. 그때 직산(남편 송봉환)이 전무출신 서무계 서기를 했는데 누에 치는 작업을 맡아서 했어. 그러니까 신랑도 볼 겸해서. (웃음) 작업도 할 겸해서. 한 번도 안 빠지고. 처음에 결혼해 가지고는 이틀 저녁인가 자고는 가서 석 달 만에도 오고, 두 달 만에도 오고. 그런데 그것이 시방 생각하면 괴로웠던가 봐. 그러니까 신랑도 보고, 대종사님도 뵙고, 작업도 하고 세 가지를 합해 가지고 갈산동서 걸어가지고 가면 벌써 작업장서 뽕들을 따. 자르는 작업이 아니라 뽕 따는 작업. 근데 누에를 10장이나 먹이니까 그 앞이 맨 뽕나무 밭이었죠.

큰딸 원광대학 그쪽이 뽕나무밭이어서 저기 넘어오면 여기가 훤했대요. 대종사님 계시는 데가.

민성경 뽕 따는 데가 그렇게 있고. 한 번은 종사님께서 나가서. 꼭 따라댕겼어. 종사님을. 꼭 모시고 가니까. 원광대학 전에 그게 무서운 솔밭이었어요.

"여기가 후세는 큰 문화주택이 들어앉을 것이다. 병원도 들어앉고, 학교도 들어앉고 그럴 것이다." 그러셔요. 그때는 어리고 뭣을 모르니까 왜 저렇게 부황스런 소릴 하실까? "이런데 뭔 학교가 들어앉고 병원이 들어앉아요?" "너는 볼 것이다. 앞으로 너는 볼 것이다." "그럼 대종사님 안 보셔요?" "나도 보지." 그러더니 저렇게 문화주택이 들어앉았어.

둘째 딸 그때는 대종사님이라고 안 하고 아버님이라고 그러셨다네요. 아버님이라고.

민성경 그때는 무서웠어요. 솔밭이. 요만한 솔밭 사이로 사람 댕기고.

박맹수 지금 원광대학 보시고, 학교 병원을 보시면 그때 말씀하신 대종사님 생각이 간절하시겠네요.

민성경 간절해. 간절해요. 그런 말씀을 하시면 왜 저렇게 부황스런 소리를 하실까 했더니 이런 세상을 보시고 그러셨던가벼. 참말로. 그런데 무지한 중생은 왜 저렇게 부황스런 말씀을 하실까. 부황스런 말씀으로 들었어. 대종사님 말씀은 그냥 안 하셔요. 단장부터 이렇게 한 번 하시고 말씀하셔.

박맹수 대종사님한테 칭찬 많이 받으셨을 때 계셨어요? 어떨 때 칭찬 받으셨어요?

민성경 강연할 때 "아, 놋쟁반에 구슬 둥그는 소리다." 그러셔요.

박맹수 놋쟁반에 구슬 굴러 가는 소리다?

민성경 뭣이라고 그렇게 했는가 몰라. 시방 가서 하라면 못해.

박맹수 옥쟁반에 은구슬 굴러갈 만큼 잘하셨네요?

민성경 대종사님만 뵈면 좋고 그냥 갈 때는 울고 가고 또.

박맹수 집에 오실 때는?

민성경 서운해서 울고 가. "잘 가거라." 하면 눈물부터 나와.

둘째 딸 그때는 식구가 적어서 그랬는가. 한 사람 한 사람을 챙기신 것 같아.

민성경 별세상을 다 살았어요. 참 별세상을. 누구든지 가난하게 사니까 그 풀 뿌리를 베어 가지고 멍석에다 문질러 까불러서 그놈을 또 삶아서 볶아서 그렇게 죽 끓여 먹고 살았어요.

그때 보리가 누럴 때 베어다가 멍석에 놓고 비벼서 까불를랑게 대종사님 돌아가셨다고 기별이 왔어요. 그래서 정신이 까맣게 되어 버려서, 그것을 멍석에다 까불러야 하는데, 가지고 나가서 수챗구멍에 까불러 버렸어. 정신이 하나도 없어서.

둘째 딸 검정 법복 200개 만들어 가지고 어머니 것을 영훈 사모님께 드렸다는 그 이야기 좀 해 보세요.

민성경 법복은 제가 안 한 법복이 없어요. 시어머니 이대교 씨가 재단사니까. 대종사님께서 이렇게 이렇게 하라고 하시면 우리 시어머님은 가위질하고.

둘째 딸 검정 법복을 200개를 하라고. 200개인지도 모르시고 검정 법복을 해 다 드리면 또 해 오라고 그러셨대요.

민성경 대종사님하고 광목으로 이렇게 넓이 요만하게 해서 이렇게 (목에 거는 시늉을 하시며) 법복 안 해 본 것이 없어요.

둘째 딸 옛날 의복 변천사 보면 검정 것을 많이 해 놓으셨더라고요. 그랬는데 돌아가셔서 법복 입은 사람만 따라가도록 했는가 봐요. 그런데 영훈 사모님이 어머님이 갖고 있는 것을 알아 가지고, 영훈 사모님하고 평소에 자매 같이 지내셨어요. 그거 나 달라고 하니까 어머님이 마음이 좀 여리셔. 이렇게 주셨대요. 그런데 나중에 보니까 갈 수가 없는 거야. 당신은. 그런 줄 모르고. 또 만들면 되는 줄 알고 그렇게 했겠죠. 그래서 거기를 가는데 논으로 밭으로 빠지면서 대종사님 열반하신데 다 가셨다면서요?

민성경 그때는 일본놈들이 막 이만한 몽둥이를 들고 막 때려요. 따라가면. 그렇게 못 가게 해서 논으로 밭으로 그 장지까지 갔어요. 가서 화장터에 입관을 하는데 널이 너무 커서 화장막에 들어가지를 않아. 그러니까 또 널을 빼고. 아이고, 그때 운 생각하면…. 그때 하도 울어서 시방 눈물도 안 나와.

박맹수 그때 그렇게 장례식을 치르고 화장을 하고 그 뒤로 정산 종사님 모시고 사실 때 고생하신 이야기, 기억나는 이야기 말씀 좀 해 주세요.

둘째 딸 6·25 때 인민군들이 총부를 점령해 가지고 가위 들고 바느질하라고 하셨던 이야기, 그래서 정산 종사님이 뭐라고 하셨는가 그 말씀을 해보셔요.

민성경 여름이라 모시로 조끼적삼을 입으시고 반바지를 입으시고 문 앞에 가서 서셨어요. 코가 땅에 닿게 절을 하면 "오늘도 오라 하데?" "예. 오늘도 오라고 해서 또 왔어요." "오라고 하면 자꾸 오고, 뭐 먹으라고 하면 자꾸 먹고 그래라. 잉? 내일도 오라고 하면 내일도 와. 내일도 와서 해." 어려서부터 바느질은 잘해서 광목을 한 서너 겹 접어 놓고는.

둘째 딸 전대를 만들었는가 봐. 이렇게.

민성경 이렇게 칼로 그려. 그래서 꿰매라고 그래. 펄럭펄럭한 거 이거 달고. 옷도 아니야.

박맹수 인민군들이요?

민성경 예. 정산 종사님께서 "하라면 해. 먹으라면 먹고, 가라면 가고, 오라면 오고." 정산 종사님 난리 통에 꼭 문 앞에 지팡이 짚고 서 계셨어. 오는 사람 다 말씀하시고 "하라면 하라는 대로 해라. 잉?"

박맹수 그때 아무도 상하거나 다치거나 그런 분이 없으셨나요?

민성경 없었어요.

박맹수 그럼 몇 달 동안 그런 생활을 하셨대요?

민성경 끝나도록 했지요. 총부서 끝나도록 했어.

둘째 딸 유일정미소에 낮에는 나와 계셨는가.

민성경 그 무서운 데를 어떻게 계셨는가 몰라. 정산 종사님은. "아이고, 종사님께서 어디 피난 가시죠." 그러니까 "피난은 어디로 가? 이게 피난처다. 피난은 어디로 가?" "어떻게 무서워서 여기서 계세요?" "아, 그놈들이 나를 무서워해. 피난을 내가 어디로 가? 꼭 하라는 대로 해라. 잉?"

명태, 호박 따다가 호박을 이만큼 썰어다가 명태 잘라 넣고 지져서 밥 주고. 그런데 맛있었어. 그때는. (웃음)

큰딸 인민군들이 해 줘.

민성경 정산 종사님께서 "안 먹고 가지 말고, 먹고 가."

큰딸 안 먹고 가면 사상이 또 그럴까 봐.

민성경 저물도록 저는 재봉틀 박고.

박맹수 지금도 바느질하실 수 있으세요?

민성경 눈 어두워서 바느질 못해요. (웃음) 제가 바느질품 팔아 먹고살았어요.

박맹수 그럼 말씀으로는 가르쳐 주실 수 있겠네요? 따님들한테 이렇게 해라 하고 하실 수 있죠?

큰딸 이제 우리가 잘나 가지고 종사님을 모시고 살아도 종사님을 호령하고 살아. (웃음)

둘째 딸 그래도 결정적인 것에는 우리가 꼼짝 못하죠.

큰딸 아무튼 큰 스승님이셔.

박맹수 다시 여쭐게요. 큰아들 이야기.

민성경 우리 월산.

박맹수 키울 때 이야기랑 뒷바라지할 때 이야기 좀 해 주세요.

민성경 끓이고 살았어. 난 달거리(현재 전북 진안군 마령)에서 살고 총부에 올 수가 없으니까. 우리 시어머님이 총부 감원으로 계셨어. 그때 할머니한테 보낸 것이지. 총부로 보냈어. 근데 그 사람은 콩밥을 그렇게 못 먹어. 그전에 콩을

쌀보다 더 많이 넣고 밥했어요. 콩밥 안 먹으려고 도시락을 가져가서 이렇게 콩 덜 섞어 달라고 하면 우리 시어머님은 그런다고 또 걱정을 하시고. 우스운 세상 살았어요. 월산도 애썼어.

큰딸　근데 큰오빠 월산은 날 때부터 대환영을 받고 한 번도 속을 썩어 본 적이 없대요. 한 번은 총부서 달거리를 오는데 차비가 모자라더래. 그때도 착한 사람이 있었던가 봐. 길가에서 울고 서 있었더니 어떤 신사가 왜 우냐고 그러더래요. 차비가 모자라서 그런다고, 50전이 모자란다고 하니까 돈 50전을 주면서 차 타고 가라고 주더래요. 그 돈 50전을 가지고 차 타고 돈 10전이 남으니까 사탕 사 가지고 갔어. 어머니 드린다고.

박맹수　월산님이 효도한 이야기 좀 더 해 주세요. 사탕 이야기 말고 또 다른 이야기.

민성경　월산은 말도 못할 효자여. 어머니한테 말 한마디 크게 안 했어. 나는 저를 스님 같이 생각하고 서로 그렇게 살았네요. 싸움이라고는 안 해 봤어.

큰딸　월산님 때문에 우리가 어머니한테 잘못할 수가 없어. 너무너무 잘하시기 때문에. 그야말로 심신안락과 육체의 봉양을 두루 하신 분이 우리 월산님이여. 처음에 학교 생겨 가지고 거기 선생으로 가서 벌기 시작했지요. 벌어서 자식들 가르쳐 주는 것이 그렇게 고마워서 참말로.

박맹수　동생들을?

민성경　예. 그렇게 고마워서 참 스님 같이 모셨어요.

큰딸　당신이 할 일을 그렇게 아들이 한다고.

민성경　자식이라고 말 한마디를 못했어. 함부로 안 했어.

박맹수　오늘 문 딱 들어서서 정 자 호 자 문패를 보면서 여러 가지 생각을 했거든요. 문패를 그대로 두신 뜻이 짐작이 됩니다. 아직도 마음속에 살아 계시죠?

민성경 평생에 동생들 전무출신 시킨 것이 그렇게 고맙고 뒷바라지해 준 것이 그렇게 고맙고. 근데 내가 먼저 가야 하는데 지가 먼저 가 버렸어. 생사는 할 수 없는 것이지.

둘째 딸 막둥이 동생이 어려서 다리를 다쳐서 치료 시기를 놓쳐서 고관절결핵을 앓아서 다리를 상당히 절어요. 어떤 과를 선택을 해 줘야 평생에 어려움 없이 살 것인가 생각을 하다가 의대는 그때 장애인은 안 받아 줘요. 그러면 약학대학을 보내야겠다. 그렇게 해서 약학대학을 가게 됐고. 군산으로 실습을 갔던 모양이에요. 어머니가 궁금해 하셔. "막둥이 아들이 잘하고 있는지 어쩌는지 모르겠다." 하루는 올 시간이 됐는데도 안 오더래요. 그래서 "야가 왜 안 오는가 모르겠다" 했더니 군산을 갔다 온 거야. 그 막냇 동생을 보고 와 가지고, 이름이 막둥이거든요. 성호라고 안 하고. "어머니, 막둥이 이렇게 실습 잘하고 있습니다." 어머니가 무엇을 염려하시는지를 오빠는 아시는 거예요.

우리 셋이 출가를 해서 당신이 그 월급을 받고 사는 그 전무출신도 있고 그렇잖아요? 요양비 정도는 있어야 사심을 안 갖겠구나 하는 것을 당신이 아셨다고 그래요. 너무 아무것도 없으면 공사(公事) 하다가 흔들릴 수도 있고. 그래서 세 사람한테 적은 돈도 아니고 1억씩 저축을 해서 주셨어요. 어머니가 무엇을 걱정하시는 것을 아시는 거예요. 그만큼 심지의 안락을 드리고. 그러니까 그런 아들을 앞세우셨으니 말로는 못하시죠. 그런데 갔다고 하니까 대성통곡을 하고 한번 딱 우시고 "어쩌든지 젊어서 소년 출가해서, 대종사님 문하에서 세세생생 그런 삶을 살도록 정성스럽게 빌어라." 100일 동안 여기서 우리가 날마다 셋이 앉아서 독경을 했어요.

문패를 떼지 말라고 그러세요. "문패 떼지 말아라. 이것은 네 오라비 집이다." 저 쪽방을 쓰셨는데 오빠가 안 계시고 그러니까 여기 올라오셨고, 대종사님 진영만 모시고 다니세요. 다른 스승님도 다 저 책상에도 다섯 분 스승 다 모셨지만 어려운 일 있을 때는 꼭 참회를 하시더라고요. 원망을 하시는 게 아니라 "종사님, 성경이가 잘 지어야 한다고 그랬는데 엄한 짓 해 가지고 이런 결과를 받아서 대단히 죄송해요."

민성경 나 같은 박복한 중생이 그런 대회상을 만났는가. 항상 즐겁고.

둘째 딸 그렇게 오빠가 42년 5개월을 원광고등학교에서 근무를 하고 퇴임을 했어요. 우리는 퇴임식에 갔다가 모시고 오니까 "그 목탁이랑 이리 갖고 와라" 그러세요. "법신불전으로 갖고 오라." 그래서 뭘 하시려고 그러시는가 했더니, 딱 서시더니 봉고(奉告)를 하시는 거예요. "민성경 장남 월산 송정호. 원고(원광고등학교)에서 42년 몇 개월 동안 아무 탈 없이 이렇게 근무하도록 해 주시고 오늘 퇴임해서 감사합니다." 우리보고 봉고를 하라고 했으면 형식을 차리고 뭘 갖고 와라 어쩐다, 준비가 안 됐다 그럴 텐데 그렇게 하세요.

일상생활의 단면을 말씀을 드리는 거예요. 일상생활을 그렇게 법으로 하시지. 이때는 무슨 기도를 하고 그러신 것이 아니라. 늘 기쁜 일이 있어도 종사님한테 먼저 감사하고. 어려운 일이 있어도 우리는 원망부터 나오더라고요. 그런데 꼭 그렇게 참회를 하시더라고요. 신앙의 차원이 다르구나. 저희는 출가를 했으면서도 느끼는 감정이 그래요. 그리고 "천념 만념을 일념으로 한다." 그 말씀을 그냥 시도 때도 없이 하세요. 염주를 가질 때도 있지만 거의 안 가지고 "나는 이렇게 맨단주 돌린다." 오빠가 가셨어도 또 이 회상에 와서 일할 것이라는 큰 믿음이 흔들리지 않으니까. 그리운 정이야 한정이 없지만 그래도 이렇게 견디시는 거예요. 보통 노인 같으면 눈물 바람 하고 그러실 텐데.

남편 송봉환 님하고 농업부 일을 하시는데 어머니가 그때는 감원인가 그렇게 사셨대요. 그러니까 대종사님 진지를 공타원님이 받드는데 너무 반찬이 없으니까, 어머니는 그런 말씀 한 번도 안 하시더라구요. 그런데 공타원님이 하신 말씀이에요. "너희 집으로 쫓아가면 고추장도 그냥 불끈 들어 주고 그렇게 해서 참 너희 어머니 덕을 많이 봤다. 그러고 너희 어머니가 보통 사람이 아니다. 너희 아버지는 말할 것도 없지마는 너희 어머니도 그러신다." 그때는 가족같이 지내서. 재가해서 따로 살림들은 살지만 그렇게 드나드셨고. 정산 종사님도 "내가 늘 너희들을 보면 보통으로 안 보인다." 보영이 소리를 보령이라고 그러시면서 "보령이 같이 생각한다." 그렇게 아끼시고 관심을 가져 주시고 그러시더라구요.

박맹수 그런 기억도 하고 계실까요?

둘째 딸 어머니는 자랑을 하신 일이 한 번도 없으세요. 그리고 산업부에 이불이 하나밖에 없는데 젊은이들이 서로 덮으려고 잡아당기니까 용타원님이 "그 이불이 너희 어머니 이불이다. 너의 어머니 시집을 때 해 온 이불이다. 예물 이불인데 그것을 총부에 내놔서 그랬다." 그때는 그렇게 좋은 비단 이불이, 두껍고 큰 비단 이불이 정말로 귀하고 없었는데 그렇게 보이지 않게 하셨어요. 현금으로 탁 사업을 못하셨어도 정말로 힘껏 작업도 오시고 그렇게 하셨고.

역사적으로 『교고총간(教故叢刊)』에 보면 처음에 법위사정을 예비특신급부터 하셨잖아요? 그때도 어머니, 아버지가 들어가셨어요. 정식으로는 5년이고 아버지가 원기 13년부터 18년까지 전무출신이 정식으로 되어 있고, 3년은 어떻게 하실까 하고 그냥 좌포에 머물러 계셨던가 보더라구요. 그때 아버지는 전무출신으로 아셨는지 어쨌는지 모르는데 서류상으로는 그렇게 되어 있더라구요? 그러고 나서는 살림이 어려우니까 대종사님이 "3년만 나가서 있다 오너라." 그러셨대요. 그러니까 마령으로 보내도 애들 교육이 그러니까 오빠만 이리 떼어 보내고, 안되잖아요. 그러니까 그때 세대 전무출신을 생각하지 않으셨는가, 제가 커서 생각하니까 그래요. 어머니를 딸려 보내셨거든요. 그래서 어머니가 감원처럼 구산 송벽조 님도 모시고. 대산 종사님이 편찮으셔서 잠깐 와 계시는데 살림 정리하러 가셨다고 그러셨어요. 대산 종사님이 그랬을 때 어머니가 그 진지를 받들고 그러셨으면, 재가교도인데 진지를 받들고 그럴 리가 없 잖아요? 그런데 그렇게 못하셨던 것 같아요. 그래서 별수 없이 돌아오셔서 사시니까 아버지는 그래도 전무출신 서류가 있는데 어머니는 제1대 성적이 없으세요. 그때 법위사정이 되어 있으면 그게 대단한 건데.

대종사님 목원단 의류 복제하려고 용타원님한테 신성혜 관장이 가니까, 나는 잘 모른다고 어머니한테 가라고 소개를 했다고 신성혜 관장이 나한테 이야기를 했어요. 그래서 어머니를 모시고 했는데. 그때 목원단 배자가 걸려 있었어요. 그러니까 "이거 내가 해 드린 거다." 그러시더라구요.

큰딸 예물, 예물로 받은 비단.

둘째 딸 함에 들은 비단이니까, 시어머니한테 받은 거니까 어른한테 여쭌 거예요. "어머니, 이거 종사님 해 드리면 마고자 하나가 되겠는데 종사님 해 드리면 어떨까요?" 그러니까. "하이고, 그러면 좋지." 해서 해 드렸대요. 그런데 얼마 전에야 그 말씀을 하시고 그랬지. 당신이 무슨 복을 짓고 그런 것은 한 말씀도 하신 바가 없으세요. 우리는 어리고 그때는 아버지 돌아가셨으니까 뭐 알아요? 까마득한데. 옆에서 성산 법사님이나 공타원님이나 용타원님이나 그런 분들이 아버지 인격에 대해서 얘기도 하시고. 그 『교고총간』에 아버지가 글 낸 것이 한 번씩 올라오더라구요. 그래서 아버지가 그러셨구나.

용타원님이 어머니가 굉장히 영민해서 가지고 대종사님이 그렇게 귀하게 아셨대요. "우리는 그 축에도 못 꼈다. 너희 어머니는 인물도 이쁘고 물찬 제비마냥." 20대 전이니까. 20대 초반이고 그렇게 고우시더래요. 사진도 보면 치마 이렇게 담박하게 입고 대체로 고우셨어요. 그런데 중간에 생활이 워낙 어려우니까. 그때는 총부밖에 없으니까 총부 안 가면 쉴 거잖아요. 그래서 정산 종사님께서 아버지보고 "계속 쉬면 그러니까 교당을 하라." 해서 아버지가 익산교당 창립 멤버세요. 그때부터 삼십 몇 년을 주무를 하셨어요. 교당 살림이 당신 살림. 근타원님이 그러서요. 양산 종사님도 그러셨고 성경 씨만 부르면 다 해결된다고. (웃음) 그래서 김치를 담그려고 하다가도 초상이 났다고 하면 엎어 놓고 가시지. 그래서 좌산 상사님하고 북일, 삼성 또 총부 옆에 있는 도원, 신용. 또 어디 다섯 군데 했다고 그러셨는데 그것을 머리에 지고 살림살이 사 나르면서 좌산 종사님하고 함께 그 연원교당을 하셨는데 좌산 상사님도 정말로 귀하게 하시더라고요. "어머니 꼭 100주년까지 사실 수 있도록 잘 모셔야 한다."고. 꼭 증명법사 하셔야 한다고 할 정도로.

박맹수 역대 종법사님을 다 모신 어른, 그리고 초창기 선(禪)을 나신 어른을 직접 앞에 모시고 여쭈려니까 제가 황홀해서 제가 뭐라고 얘기를….

큰딸 그때는 재가, 출가가 없이 그렇게 동하 6개월 훈련을 그렇게 열심히 하셨는가 봐요.

박맹수 명타원님께서는 다섯 분 종법사님을 모시셨어요.

둘째 딸 어머니가 대종사님, 정산 종사님, 대산 종사님, 좌산 상사님, 경산 종법사님 다 모셨죠?

민성경 응. 다 뵈었어.

박맹수 다 뵈신 소감, 느낌. 대종사님은 어떤 분이고 정산 종사님은 어떤 분이고 대산 종사님은 어떤 분이고 한 말씀씩 해 주세요.

둘째 딸 대종사님은 어떤 성자세요?

민성경 잊어버렸지.

큰딸 대종사님이 어떤 분이냐 물으니까 "대종사님이 대종사님이지." 그러셔서 깜짝 놀랐어요.

둘째 딸 대종사님이 어떤 어른이세요? 그러니까 "대종사님이 대종사님이시지. 그것을 어떻게 혀? 어떻게 표현해?" 그 말씀이세요. 정산 종사님은 어머니 같이 자애롭고 따뜻한 분이시라고 그러시더라고.

민성경 종사님들 다 뵈었네. 그렇게 오래 살아서 어째. 너무 오래 사니까 다 뵀어.

박맹수 그러시죠. 복이세요. 큰 복이세요.

큰딸 제가 볼 때는 대산님하고는 남매 같은 그런 거를 우리가 꼭 느껴. "너희 어머니, 너희 어머니가 너희들 낳아 가지고 내가 호강한다. 너희 어머니 좀 오시래라." 열반하시기 얼마 전에.

둘째 딸 재가로서는 우리가 맨 마지막으로 사진을 찍었대요. 대산 종사님 모시고 그렇게 밖에서 하는 것을.

큰딸 우리들은 어디라도 들어가야 절을 하잖아요. 그런데 땅에 그냥 엎드리시더라구. 땅에 그냥 엎드리서 가지고 오체투지 하시고.

둘째 딸 보이는 자리에서 그냥 이렇게 경배를 드리는 거지. 뭐 어디 앉으세요, 인사드릴게요 그런 게 없으시더만요. 그냥 본 자리에서 하시고. 대종사님이 신문이나 그런 데 나도 따로 정하게 모시지. 어른을 그렇게 함부로 아무 데나 하시는 것이 당신은 못마땅하다고 그러세요.

큰딸 그리고 좌산님은 말하자면 부모 자식 같아. 저번에 갔더니 "내가 퇴임하면 그 아랫방에 가서 살라고 그랬더니 이렇게 됐구만."

둘째 딸 이 방 도배 해 놨다고 그러세요.

큰딸 그러니까 어머니 하시자고 그러신 것 같은데 어머님은 큰 부처님으로 이 생에 큰부처님으로 모시겠다고.

둘째 딸 경산 종사님은 자주 뵙지 못했어요. 교당에 안 나가서도 유지 헌금을 1년에 꼭 한꺼번에, 지금까지. 안 나가면 보통 안 내지.

박맹수 가슴에 다신 훈장 말씀 좀 여쭤야 할 것 같은데요. 몇 년 전에 받으셨어요?

큰딸 72년에 했는가?

둘째 딸 좌산 상사님 맨 마지막.

박맹수 8년 전쯤일까요?

둘째 딸 예. 햇수로는 9년.

박맹수 따님들이 보시는 어머님에 대해 좀 여쭙겠습니다. 연타원(큰따님) 종사님께 여쭐게요.

큰딸 나는 종사님 아녀.

박맹수 어머니를 뭐라고 말씀을 하실 수 있을까요?

큰딸 우리 어머니는 사불범정(邪不犯正)한 대도인이셔. 그렇게 간단하게 표현을 하면 나을 것 같아.

박맹수 어머님을 뵈면 무슨 생각을 하시나요?

큰딸 늘 여며져요. 이렇게 늘 여며지고. 대종사님을 뵌 어른이라 저러시는구나. 다르구나. 늘 다른 점을 발견해.

박맹수 대종사님을 뵈시고 역대 종법사님 다섯 분을 다 모시고 또 100년을 이렇게 맞이하셔서 교단 100년을 증언, 증명 온몸으로 해 주시는 증명법사시거든요? 증명법사 어머님을 모시는 심경은 어떠세요?

큰딸 거룩하고 감사하죠. 참 감사한데 그렇게 효를 못했어 사실은. 거룩한 어른을 거룩하게 못 모시고. 때때로 일 하나하나 할 때마다 참 대단하시다, 거룩하시다. 저런 어머니를 모신 우리는 정말 행복한 사람이다 그런 생각을 많이 하고 감사하죠.

박맹수 예. 고맙습니다. 그러면 우리 인타원(둘째 따님)님께 여쭐게요. 어머님을 뵈면 무슨 생각부터 나세요?

둘째 딸 저는 어머님 때문에 전무출신을 했어요. 저는 어려서 서원이 없었는데 어머니가 늘 전무출신하기를 간절히 원을 하셔서 어머니 말을 들어야지 별수 없이 그러겠다고 할 정도로 서원을 주셨고. 그러고 연원은 나의 스승님이다. 그렇게 생각을 해요.

박맹수 어머니라기보다는 스승님.

둘째 딸 예. 스승님이다. 그렇게 생각을 하고. 우리가 학교 다닐 때부터 "문자박사 되지 말고 실천 박사 되라." 그러셨어요. "이것은 사은이고 이것은 삼학이다." 어려운 일 당하셨을 때 안분하시는 것 보면 '아, 수양을 저렇게 하시는 것이구나.' 또 즐거운 일을 당했을 때 보통은 감사를 잘 안 해요. 그냥 잊어버리는데, 어려운 일에만 참회를 하시는 것이 아니라 즐거운 일에도 꼭 감사를 하시더라고. "종사님 은혜 감사하지. 사은님 은혜 감사하지." 그 말씀도 하시지만 늘 종사님이여. "종사님 은혜 감사하지. 세상에 종사님이 너희는 다 본다고 하더니 이런 좋은 세상을 보는구나." 그러신 것을 보면 진리와 하나시고, 스승과 하나시고, 이 회상과 하나세요. 이렇게 나와 있으니까 여기가 교당이고, 익산교당 교도님들이 다 내 가족이고, 이 회상이 당신 권속이고 당신 생활의 터전이지 둘로 보지 않으시는 것이 참 특이하시구나.

박맹수 일상생활 자체가 신앙 그대로 수행 그대로. 도가 아님이 없는 그런 삶으로요.

둘째 딸 평상심을 가지셨지. 진폭이 없으세요. 그렇게 오빠 돌아가셔서 슬프신데도 사시는 것 보면 생활 자체가 법이고, 생활 자체가 신앙이고, 수행이고 그리고 우리한테 스승이고 그러신다.

박맹수 고맙습니다. 막내 며느님 되시는가요?

며느리 예.

박맹수 모시고 사시는 기쁨 또 애환. (웃음) 시어머님을 늘 모시면서 무슨 생각으로 생활하시는가요?

며느리 저는 커다란 어려움이나 애환 그런 것은 없고요. 제가 결혼한 지가 지금 36년 됐거든요? 근데 그때 처음 뵌 어머니의 그 마음, 36년이라는 세월이 지났는 데도 변함이 없이 큰 사랑. 그 사랑이 지금까지 이어 오고 있어요.

박맹수 시어머님 모시고 교당도 같이 가시나요?

며느리 저희가 안양에서 살다가 익산으로, 고향이라고 어머니 곁에 와서 산다고 이사를 왔거든요. 그래서 저는 이리교당으로 다니고 있고 어머니는 익산교당이고요. 그런데 저는 36년 동안 어머니한테 한 번도 저만큼 서 봐라 소리도 안 들어 보고 지적 한 번도 안 하셨어요.

박맹수 시집살이 하나도 없으셨단 얘기시네요. (웃음)

며느리 예. 그래서 저는 어머니라는 단어만 불러도 가슴이 막 벅차고 어머니의 그 힘이, 제가 큰 힘을 받아요. "에미야, 에미야!" 그러면서 그렇게 챙겨주시고 그러시는 게 너무 감사하고 어머니 모시고 100주년까지 맞이한다는 게 너무 감사한 일이에요.

박맹수 바톤터치를 하서 가지고 며느리도 그렇게 하셔야 되겠네요?

며느리 저는 시어머니라는 생각은 한 번도 안 해 보고요. 주위에서도 그냥 어머니라고 하니까 저는 남들한테도 얘기할 때도 그냥 어머니였지 시어머니 그렇게 구분해서 안 불러 봤어요. 어머니지. 오로지 어머니지. 그러고 또 우리 어머니도 제가 "어머니!" 그러면 "에미야!" 그 말에 가슴이 뭉클했어요.

박맹수 은타원 김상중 교무님(이하 김상중). 명타원님과 은녀의 인연을 맺으신 이야기하고 저희들한테 꼭 해 주실 말씀 좀 해 주세요.

김상중 제가 은녀라고 하니까 좀 멋쩍네요. 저는 1970년도 안양교당 간사로 갔을 때 어머니가 한 번 오셨어요. 그때나 지금이나 제가 가끔 하는 말로 "우리 명타원님은 정말 법사님이시다." 근데 요즘에는 법사를 넘어서 종사님이세요. 법위를 줘서 종사가 아니라 내외로 종사님이시다. 그리고 지금 노인이라고 그러는데 인지력이나 수행력은 예전의 젊으실 때 수양에 정진하는 그때하고 똑같으시거든요. 의식도 분명하시고 처신하시는 것도 그러시고. 우리 교단에서 주는 종사 그런 중이 아니에요. 진실로 법사. 종사님이세요.

박맹수 인연이 벌써 사십 몇 년 되셨네요?

김상중 예. 그렇습니다.

둘째 딸 우리 가족이에요.

박맹수 그러면 뭐라고 부르세요?

김상중 그냥 어머니.

박맹수 명타원님. 따님이 굉장히 많으시네요?

김상중 며칠만 안 와도 어디 외국 간 줄 알았다고 어찌 그렇게 소식이 없이 그랬냐고 꾸중하시거든요.

박맹수 그럼 은녀님이 은타원님 말고 여러 명 계신가요?

큰딸 은족은 수도 없이 많지만 정식 은족은 우리 상중 교무지.

박맹수 은녀와 은족을 좀 설명 해주세요.

큰딸 법으로, 원불교 법으로 자녀가 되는 것.

박맹수 형제의 개념.

둘째 딸 가족이 된 거예요. 원불교 법으로 가족이.

막내딸(송경호) 민성경 종사는 제게 어머님을 넘어선 큰 스승님이셨죠. 막내라고 늘 걱정하심 속에서도 크게 믿고 인증하셨죠. 경계를 당해도 어머니만 보면 신심과 공부심이 살아나고 서원이 커져서 지금까지 흔들림없이 살게된 원동력이셨습니다. 어머니가 내 어머니이신 것을 늘 자랑스럽게 생각하고 삽니다.

박맹수 마지막으로 증명법사 어머님을 모시고 100주년을 맞는 소감을 큰따님이신 연타원님이 한 말씀 해 주시죠.

큰딸 한 말로 하면 벅차지요. 사십 대부터 돌아가신다고, 건강이 약하셔 가지고 그랬는데 이렇게 오늘날까지 계신 것은 적게는 우리 가족의 영광이고 또 크게는 교단의 영광인 것 같아요. 그 어른들을 모신 투철한 신성이 어디다 내놓고 신심 있다 그런 말씀 한 번도 해 보신 적은 없지만, 그렇게 꾸준하고 정성스러운 어른을 모시고 이렇게 100주년을 맞는다는 것은 희귀한 일이죠. 참 복된 일이고.

박맹수 예. 그런 점에서 명타원님 자신의 영광이시기도 하고 우리 원불교인들의 영광이기도 하고, 앞으로 이 원불교가 세계에 가서 큰 역할을 하게 되면 세계 모든 분들의 큰 기쁨, 영광이라고 생각이 됩니다. 그 영광의 순간을 증명해 주셔서 정말 마음으로 큰절을 올립니다. 긴 시간 감사드리고요. 건강하세요.

민성경 감사합니다.

박맹수 자리를 함께해 주셔서 감사합니다.

승산 양제승 종사

바가 없는 마음

네 마음이다.
네 마음 알고 사냐

박맹수 일종의 깨달음, 작은 깨달음이랄까? 그런 경험을 하셨다구요?

승산 양제승 종사 (이하 양제승) 응.

박맹수 깨달음이란 무엇일까요? 깨닫는다는 것은 뭡니까?

양제승 지금까지 그렇게 얽매이고, 구속당하고, 구속을 느끼고 했던 것으로 부터 완전히 해방되는 것이지. 거기서.

박맹수 해방되는 것이 깨달은 거다. 얽매임으로부터? 어떻게요?

양제승 모든 구애가 다 풀어졌다. 떨어져 나갔다.

박맹수 그렇게 깨달음을 얻고 보니까 깨달음을 얻기까지 수행을 어떻게 하신 것 같아요?

양제승 늘 마음에 걸고 다녔던 것이 어느 날 어느 순간에 열린 것 같아.

박맹수 그러면 마음에 언제부터 거셨어요? 그것을?

양제승 그거야 잘 분간하기가 어렵지. 그 속에서 헤어나려는 그런 것은 간절 했었지.

박맹수 농림학교(일제 식민지기 전북 익산에 있던 이리농림학교. 현재의 전북대학교 익산캠퍼스) 다니실 때 그런 생각이 드셨어요?

양제승 그렇지. 그러니까 시험 기간에도 마음에 걸린 문제를 풀기 위해 책을 빌려 들고 다녔다고 그러잖아.

박맹수 공부는 안 하시고?

양제승 공부 그렇게 해 가지고 낙제 안 한 것이 이상하당게.

박맹수 농림학교 때는 공부 안 하시고 뭔가 마음에 걸린 것, 그걸 풀려고 그렇게 노력을 하셨어요? 어떤 방법으로 노력하셨어요?

양제승 종교 서적에, 고승들 전기랄지.

박맹수 그 기억나시는 고승 이름 있으셔요?

양제승 그때 일제 때라 일본 책도 있고 한글로 된 책은 있었는가 없었는가 잘 모르겠어요. 일본의 도원(道元)선사, 백은(白隱)선사하면 큰 고승들인데 도원선사 저서가 있지. 그걸 보고. 오직 구속에서 헤어나고 싶은 그 염원에서 저서도 섭렵하고 한 것이지.

박맹수 사람들은 왜 구속을 느낄까요?

양제승 가지고 태어난 천성일 테지. 전생부터 하던 습관으로 해 오던 것이 있으니까. 그것이 아닐 적에는 찾을 것 아니여. 그런 것 같아.

박맹수 그럼 전생은 어떻게 알 수가 있을까요?

양제승 모두 법으로 배우고 교리로 배워서 그걸 믿고 그런 것 아니여.

박맹수 어려운 문제를 너무 많이 드려서 쉬운 문제로 가겠습니다. 지금 올해 연세가 얼마나 되셨어요?

양제승 우리 나이로 구십 하나.

박맹수 91세시군요. 요즘에 일과는 어떻게 보내고 계셔요?

양제승 내가 원불교로 출가해 가지고 2~3년 크게 열리던 시기가 있었는데 평생을 두고 그것이 어떤 경지였을까 했었는데, 요 근래에 와서 그것이 견성이다 하는 자신이 생겼어요.

박맹수 언제쯤 자신감이 생기셨어요?

양제승 스무 살 초반이에요. 막 초반이에요.

박맹수 자신감을 얻으니까 생활이나 이런 게 달라지시던가요?

양제승 생활이 달라졌지.

박맹수 어떻게 달라지셨어요?

양제승 자초지종을 얘기해야 알기 쉽지. 그래도 될까?

박맹수 예. 자초지종 좀 말씀해 주세요.

양제승 그때 출가해 가지고 1년 동안은… 한 1년 되었을 거여. 서무부 서기로 있었고 그다음에는 소화가 잘 안 되고 그러니까 운동을 좀 해야 되겠다 싶어서 총부감원, 외감원이요. 식량도 내주고 정미소도 관리하고 그것도 한 1년 한 것 같아요. 그다음에 총부 산업부로 간 거예요. 산업부에서 보리를 베러 갔다가 학질에 걸렸어. 학질을 해 가지고 혼자 산업부에 들어와서 그 넓은 방에서 이불 둘러쓰고 덜덜 떨면서도 '원래 잘못한 것도 없는데 무엇에 이렇게 떠는고?' 그 생각하고 지낸 것 같아. 그러다가 2~3일 사이에 병이 나아 가지고, 마침 유일학림 학생들이 모를 심으러 나갔어요. 구루에다가 점심을 싣고 가지고 나갔어요. 나가서 밥 왔응게 나오라고 해도 얼마 안 나오더라고. 나도 걷어붙이고 들어가서 내가 못줄 잡는다고 못줄 잡는데 나도 모르게 막 터져서 나와요. 이게 말이 나와 이제.

박맹수 무슨 말이요?

양제승 아마 좀 이상하게, 이상하게 느꼈을 거예요. 모내기 논에 갈 적하고 올

적하고 확실히 달라져 버렸어. 갈 때는 소 옆에 달구지 가지고 뚜벅뚜벅 걸어 갔었는데 올적에는 그릇 싣고 남은 빈칸에 올라타고 그러고 정문에서 내리도 않고 식당 앞까지 곧장 갔단 말이에요. 종전하고는 확실히 달라져 버렸어. 그 러면서 모든 규제가 없어져 버렸어. 마음에 구애된 것이 아무것도 없어. 이제 걸릴 것이 없고 막힐 것이 없어. 그러니까 이상하게 본 거예요. 청년들이. 이 사람 미쳤다고 미친 사람 취급을 하는 거야. 나는 좋아서 그런데. 무엇이 좋았 었냐? 평소 내가 그렇게 짐이 되었었는데 내가 완전히 없어져 버린 거야.

박맹수 짐이었던 내가 없어졌다?

양제승 없어져 버린 거야. 그러니 좋아서 가만있을 수가 있어야지. 그런데 미 쳤다고 오해를 해 가지고 수십 명이 달려들어서 제재한 거예요.

내가 얼마나 없어졌냐면, 여기다 대고 (손으로 가슴을 가리키며) 총을 쏴도 내가 없으니까 그냥 총알이 지나가 버릴 것 같아. 그리고 변론을 해도 누구한테도 지지 않고 그 많은 사람이 달려들어서 제재하려고 해도 그 사람들을 마음대로 할 수 있는, 무엇이냐. 꾀가 생겨요. 팔다리 다 잡고 모두 다 잡아당길 때 확 뿌 리쳐 버리면 다 쓰러져. 다 떨어져 버려. 그렇게 뭔가 생겨. 이게 말뿐만이 아 니고 지혜도 그렇게 생기더라고. 그때 총부가 모를 심을 때여서 날마다 하니까 야단이었었거든. 그런데 이것을 풀어야 되겠는데 어떻게 할까 생각하다가 그 때 종법사님이 서울에 계셨어. 한남동에. 한남동 말만 들었지. 어딘지 잘 모르 는데.

박맹수 정산 종법사님이요?

양제승 어. 서울 가서 종법사님을 뵙고 종법사님의 법력으로 수순을 밟아야 되겠구나. 그 외에는 길이 없겠다 싶어 가지고.

박맹수 그것도 저절로 그런 생각이 드셨어요?

양제승 응. 그렇지. 서울 올라가는데 기차를 타고 올라간 것은 확실한데 돈

한 푼도 없는데 어떻게 갔는가는 잘 모르겠어.

박맹수 가시긴 가셨는데 기억이 안 나시고.

양제승 응. 서울 가서도 돈 한 푼도 없고 말만 어디라고 들었지 길도 잘 모르겠고. 택시를 딱 집어 탄 것이오. 평소 같으면 감히 엄두도 내지 못하지. 돈도 없는데 어떻게 택시를 타겠어.

가니까 뭔 주문을 외우고 계시더구면. 나는 내 목적이 있으니까 그냥 인사만 드리고 자세한 것 말씀도 안 드리고 그 양반도 해 주신 말씀도 없었고. 기억이 그래. 잘못되었는가 몰라도. 이제 내려와서는 말을 하고 싶어도 조금 참고, 어디 좀 가고 싶어도 참고. 그렇게 언제 그런 일이 있었냐 싶게 조용히 돼 버렸어.

박맹수 정산 종사님을 뵙고 아무 말씀도 안 하고 인사만 하고 오셨어요?

양제승 그런 기억이 없어.

박맹수 말씀을 나눈 기억이 없어요?

양제승 응. 물론 인사는 했을 테지. 그런데 아무 일 없이 되어 버렸는데, 보니까 그 경지가 가 버렸어. 그 경지가. 그 뒤에 큰일 났거든. 그걸 회복하려고 지금까지도 그걸 회복하려고. 그리고 유일학림 수업을 받았는데, 6·25도 있고 그래 가지고 수업을 못 받았어요. 그러면 어떻게 일원상 진리 법문을 하고 그러냐. 깨달은 경지로 법문에 비춰 보니까 스스로 해석이 나오더라 그 말이여.

박맹수 정산 종사님 뵙고 내려오시고 그 뒤로 어떻게 생활을 하셨어요?

양제승 열심히 살았지. 그 뒤는.

박맹수 어디 어디를 다니시면서 사셨어요?

양제승 수계농원. 수계농원 다음엔 만덕산훈련원, 만덕산농원, 평생 전무출신했어도 교당에 근무한 적은 없고 농원, 총부농원, 수계농원, 만덕산농원, 만덕산농원에 온 것은 7~8년. 가사 본다고 쉰 일이 있었는데 그것도 맘대로 안 되드만. 공부한 사람이 가사 본다고 가 있었더니 안 돼.

박맹수 평생 산업기관, 일하는 기관으로만 다니셨네요?

양제승 그랬지.

박맹수 그러면 승산 종사님은 일이 무엇이라고 생각하십니까?

양제승 공부가 일이지. 따로 있지 않지.

박맹수 저희는 잘 모르겠어요. 일이 공부란 이치가 어떻게 그렇게 되나요?

양제승 생활이 공부잖아.

박맹수 왜 생활이 공부가 되는 겁니까?

양제승 이 삼학(三學)이 마음하고 따로 떨어져 있는 것이 아니고 마음공부가 바로 삼학인데, 삼학은 어떤 특별한 때와 장소가 따로 있는 것이 아니고 항상 그 마음을 길들여야 하잖아요.

박맹수 삼학을 세상 사람들이 좀 어렵다고 하니까 쉽게 삼학이 무엇인지 말씀을 해 주실래요?

양제승 정신수양(精神修養), 사리연구(事理硏究), 작업취사(作業取捨) 아녀. 정신이라 함은 마음이 두렷하고 고요하여 분별성과 집착심이 없는 경지를 이름이요. 그러잖아요. 두렷하고 고요하다는 것이. 두렷하다는 말은 동그랗다는 말도 아니고, 뚜렷하다는 뜻도 아니고, 아는 이것이 무엇이 있어 가지고 아는 것이 아니고, 그냥 툭 터져서 걸릴 것도 없고 가릴 것도 없고 막힐 것도 없고, 정신이 그런 것이지. 우리 본래의 마음이고. 그러니까 마음 가운데 털끝만 한 것도 머문 것이 없고 마음이 국한이 없는 그 마음이 정신이고 본래 마음이라 그 마음을 챙기는 것이지.

박맹수 일하면서요?

양제승 일하면서도 그러고 일 안 하면서도 그러고. 항상 그 마음으로 살아야 하지. 그것이 공부지.

박맹수 일하면서 그런 두렷한 마음을 찾으려면, 일할 때 집중하는 마음하고 마음 찾으려는 마음하고 갈라져서 일하고 마음하고 하나가 되기 어렵지 않을까요?

양제승 마음을 비우고 얼마든지 할 수 있는 것이지. 마음 챙기기 나름이지.

박맹수 일하면서도 마음을 비울 수가 있어요?

양제승 그럼.

박맹수 좀 쉽게 알려 주세요. 일하면서 마음을 비우는 방법이요.

양제승 마음을 비우는 방법?

박맹수 예. 일하면서.

양제승 마음이 비어 있어. 그냥.

박맹수 마음이 비어 있어요?

양제승 어. 비어 있는 것이지.

박맹수 일할 때 그 비어 있는 마음을 어떻게 찾아야 돼요? 일과 공부가 둘이 아닌데 공부하면서 일하고, 일하면서 공부하고. 두 개가 충돌하지 않고 하나가 되려면 어떤 표준으로 일 속에서 살아야 되는가. 그런 것을 쉽게 알려 주세요. 일도 잘하고 공부도 잘하는 방법. 제가 풀을 벤다고 그럴 때 풀 베는 일 있잖아요. 풀 베는 일. 풀 베면서 마음속으로는 다른 생각 하면 마음이 이렇게 갈라지는 것 아니에요. 그러면 일과 공부가 둘이 아닌데 풀 베는 일을 할 때 이 삼학공부를 어떻게 해야 하는 겁니까?

양제승 무엇이 보이느냐. 이거예요. 요새 다른 것보다 언제 갈지 모르는데 확실한 결과를 못 얻고 이대로 갈 수는 없는 거 아녜요. 그러면 어떻게 해야 되느냐. 확실한 결과를 내려면 어떻게 해야 되느냐. 그게 무시선법(無時禪法)에 예로부터 '큰 도에 뜻을 둔 사람은 선(禪)을 닦지 않은 일이 없느니라.'라고 했더라고. 그 말씀은 큰 도에 뜻을 둔 사람은 성불하려면 선을 닦아라 그 말씀이더라 그 말이여. 무엇이 선이냐. 바 없는 마음을 바 없는 마음으로 바가 없이 마음을 작용하라.

박맹수 바가 없이 마음을 작용하라.

양제승 어. 바가 없이 마음을 쏟아라. 그 말이지.

박맹수 바가 없이. 그 바가 뭐에요? 쉽게 말씀을 하시면? 바가 없이 바가 없는 마음을 써라.

양제승 그것이 문젠데. (웃음)

박맹수 오늘 저희한테 바가 없는 마음을 일러 주시면 좋겠어요.

양제승 지금 이렇게 대화를 하고 있는데 무엇이 들어서 시방 이렇게 대화를 하고 있는 거여? 무슨 말 하는지 훤히 알아듣고 있다 그 말이여.

박맹수 세상 사람들은 보통 마음이 들어서 그런다 이렇게 얘기를 합니다.

양제승 거기에 만족하지 말고 제대로 한번 살펴보자 이거에요. 무엇이 알아들어요? 이거다 하고 내놓을 것이 있어요? 무엇이 이렇게 아는가 하고 안으로 살펴볼 적에 제대로 살펴볼 적에 거기에 '아, 이것이구나' 한다든지 '이것이다' 하고 내놓을 수 있는 것이 있냐 그 말이여. 없지. 아무리 찾아도 없다 그 말이여. 그것을 바 없다 그런 것 아니여?

박맹수 아무리 찾아도 없는 것. 그게 바가 없다.

양제승 없는 자리를 바가 없다 그런 것이다 그 말이여. 그러니까 바가 없이 마음을 작용하라. 그것이 익어 가지고, 성숙해 가지고 결과를 갖게 되면 바가 없단 말은 분별주착(分別住着)이 없단 말이나 마찬가지여. 분별주착이 없단 말씀이나 바가 없다는 말씀이나 같은 말인데, 분별주착이 없는 각자의 성품을 오득하게 된다 그 말이여. 그러면 그냥 천지가 바가 없는 천지가 되어 버린다 그 말이지. 거기까지 가야 공부를 마쳤다고 할 수가 있는데, 집중을 해야 되는데 금방 이해했다가도 또 잊어버리고 놓아 버리고 산다 그거여. 그것이 나이 먹은 탓인가 모르겠소. 그렇지마는 해결을 해야 되지.

박맹수 아직 해결을 하지 못하셨어요?

양제승 해결하고 갈 거여.

박맹수 해결하고 가실 거예요? (웃음)

양제승 될 듯하면서도 안 되니까. 거기다 집중하고 있으니까 다른 것은 거기까지 다 신경 쓰질 못하지. 그 큰 문제부터 해결해야지.

박맹수 그럼 매일같이 그걸 해결하시기 위해서 수행을 하시겠네요?

양제승 오직 그 일 뿐이지.

박맹수 그걸 해결하시기 위해서 어떻게 수행을 하고 계세요?

양제승 아침에 5시에 일어나는데 일어나면 노인들 하는 척추 교정. 일찍부터 해 온 것이거든.

박맹수 요가 말씀이신가요?

양제승 응. 운동하다가 운동 못 하면 결국 가는 것이더구만. 그래서 이것이 꼭 필수다. 그것하고 발목 펌프 요가라고 있어요. 동그란 막대기를 놓고 발목으로 이렇게 침대에 놓아 가지고 치는데 발목 펌프질을 수백 개 해요. 한 10분이나 15분이나 하는 것 같아요. 다음엔 아침 식사까지 1시간 될 때도 있고 50분될 때도 있고 정식으로 선을 하고. 선할 적에도 바가 없는 것을 시종해 가지고 선을 하게 되고. 그리고 식사 끝나면 일도 못해. 그 하는 일이 바가 없는 그놈하고 씨름하는 것이지. 하루 종일. 오직 그 일뿐이여.

박맹수 하루 종일 씨름하셔요?

양제승 어. 그걸 해결해야지 살지. 그리 안 하면 그냥 둘 수가 없어.

박맹수 그렇게 씨름하시면 어떤 소식이 가까이 오십니까? 그 경지가.

양제승 아, 이제 됐구나. 됐구나 하다 보면 또 멀어져 있어요. 이게. 그걸 수없이 반복하고 있어요.

박맹수 예. 그래서 끊임없이 그걸 붙들고 계시겠네요? 멀어지지 않기 위해서. 하루가 바쁘시겠어요? 그 씨름 하시느라고.

양제승 글쎄, 바쁘다고는 못하지.

박맹수 그러시다가 이렇게 회심의 미소를 지으실 때도 있으십니까?

양제승 있지.

박맹수 어떨 때 미소를 지으세요?

양제승 바가 없는 세상이 되었을 적에.

박맹수 하루에 얼마나 바가 없는 시간이 되세요?

양제승 아니. 하루에가 아니고 어쩌다가.

박맹수 어쩌다가. 그럼 저희들은 아직 큰일 났네요? 한 번도 바가 없는 바를 못 봤으니까.

양제승 거기에 대해서 무시선법에는 심히 어려운 것 같으나 닦는 법만 자상히 알고 보면 괭이를 든 농부도 선을 할 수 있고, 망치 든 사람도 선을 할 수 있고, 주판을 든 점원도 선을 할 수 있고, 정사를 잡은 관리도 선을 할 수 있고, 집에서도 선을 할 수 있고, 내 마음에서도 선을 할 수 있다. 그렇게 큰 공부를 쉽게 누구나, 언제, 어디서나 할 수 있다. 그런데 이 공부법이 교단에서 널리 실행이 안 되고 있는 것 같아. 어쩌든지 이 법이 모두가 다 좋은 줄 알고 해야 할 것이고. 대종사님께서는 내 법대로만 하면 예전에 상근기가 백 년 걸려서 할 공부라도 나에게 와서 1, 2년만 닦으면 그 공효를 이룰 것이라고 하셨는데 그 법대로 하는 공부가 어떤 것이냐. 연구 기관도 많은데 찾아 가지고 주장해야 될 것 아니여.

박맹수 법대로 하는 것을요?

양제승 법대로 하는 것이 어떤 공부인가 생각해 봤더니 생각이 났어. 사은사요(四恩四要), 삼학팔조(三學八條)를 실행해야 되지. 실행을 하는데 그냥 열심히

만 해 가지고는 힘들고, 바가 없는 마음으로 실행을 한다 이거여.

박맹수 바가 없는 마음으로 실행을 해라.

양제승 어. 그러면 그것이 법대로 하는 공부가 아니냐. 그렇지 않겠어?

박맹수 승산님께서 바가 없는 마음을 찾아서 활용하실 때 비법처럼 하시는 방법이 있으세요?

양제승 이제 이것을 성공을 해야 그것이 확정이 되지. 지금 하고 있는 중이니까 큰소리는 못하지.

박맹수 몇 십 년 하셨는데 아직도 하시면 어떡하세요?

양제승 글쎄 말이여. (웃음)

박맹수 만덕산은 교단에서도 또 사회적으로 마음공부 도량으로 상당히 이름이 났거든요? 찾아오는 사람들한테 여기서 어떤 내용으로 마음공부를 지도하고 계세요?

양제승 일원상의 진리를 가지고, 일원상의 진리를 깨달아야 제대로 모두 공부가 될 것 아니여.

박맹수 일원상의 진리는 무엇입니까? 알기 쉽게 말씀을 좀 해 주시면요?

양제승 일원상의 진리를 한마디로?

박맹수 예. 마음공부를 하기 위해 찾아오는 교도님들이나 일반 사회 사람들한테 설명하실 때, 풀어서 말씀하실 때 그런 말씀을 좀 해 주시면 좋겠어요.

양제승 가다가 길에서 친구를 만났다. 원불교 다니는 줄 아니까. "원불교가 무엇이냐? 원불교에서 뭐 믿느냐?" 하면 어떻게 대답해요? 원불교에서는 뭘 믿어요?

박맹수 진리. 일원상 진리를 믿는다. 그러죠.

양제승 진리가 뭐예요?

박맹수 좀 알려 주십시오. (웃음)

양제승 원불교에서는 무엇을 믿느냐? (손으로 원을 그리며) "이거다." 하는 것이 대종사님께서 밝혀주신 법에 가까운 것 아니냐 그거에요.

그럼 그 다음에 질문이 정해져 있어 "이게, 그게 뭐냐?" (손으로 원을 그리며) "이거다." 하니까 "그게 뭐냐?" 했을 때 뭐라고 대답해요? "네 마음이다. 너 마음 알고 사냐?'

내가 내 마음을 제대로 알고 있으면 그 자리에서 바로 그 사람에게도 깨닫게 할 수가 있다 그 말이여. 이것이다 했는데 이것을 설명하려면 복잡하고 어렵고 길고 그래요. 길에서 만났는데 바쁘니까 가야 된다고 할지 모르니까 짧게 몇 마디 가지고 이것을 제대로 드러내 줘야 되는데 그러려면 일원상의 진리 가지고는 어려워서 안 돼. 복잡해서. 그럼 무엇 갖고 해야 돼요? 여기에 들어맞는 것이 없어. 정신이라 함은 마음이 두렷하고 고요하여 분별성과 집착심이 없는 경지를 이름이요. 그 가운데 다 제대로 드러나 있다 그 말이지. 근데 뭐라 하냐? 그걸 정신이라 하는 것 아니냐. 그러니까 이것은 바로 정신이다. 이 원불교에서 이것을 믿는다 하면서 왜 정신을 가지고 그러냐? 이것이 무엇이냐? 일체중생의 본성이다. 본성이 무엇이냐? 본마음이다. 본마음을 또 뜻만 제대로 밝히면 바로 본마음을 깨달을 수가 있다.

박맹수 살아오시면서 하신 공부를 마음공부라고 해도 될까요?

양제승 그렇지.

박맹수 그럼 마음공부를 왜 해야 되고 제일 명심해야 될 내용이 뭔지 그동안에 말씀해 주신 내용을 좀 쉽게 알려 주세요.

양제승 사람이 누구나 잘 살기를 원하는데 어떻게 제대로 잘 사는 것인가? 내게 갖추어 있는 불성을 위해 부처님을 제대로 알아 가지고 매일매일 그 부처님 제대로 모시고 사는 것. 그보다도 잘 사는 길은 없다고 생각해요.

박맹수 불성을 찾아서 잘 모시고 사는 것. 그렇게 살려고 노력하는 것이 마음

공부인가요?

양제승 그렇죠. 나에게만 있는 것이 아니고 모든 사람들에게 다 있다 그 말이여. 모든 사람에게. 미물, 곤충까지도. 그런데 사람이 아니면 깨달을 수 없지. 깨달을 수 있는 것은 오직 사람뿐이라. 그래서 사람이 귀하다고 하는 것이고 사람으로 태어나서 그 일 해야 제대로 했다고 볼 수가 있는 것이지. 그것을 못한다면 아쉽지. 세상에 종교가 제일 왕 노릇하고 있는데.

종(宗) 자가 마루 종, 근본 종, 우두머리 종, 어른 종 그렇더라구요. 이 세상에서 제일 소중한 것을 가르쳐 주는 것이 종교다 그 말씀 아녀요? 그러면 무엇이 제일 소중하냐. 무엇이라고 하면 될까요? 무엇이 제일 소중해? 이 세상에서?

박맹수 내가 제일 소중하죠.

양제승 그래 가지고는 잘 안 통하는 거여. 뭐라고 하면 확실히 통할 수 있을까? 무엇이 제일 소중하냐? 생명이다. 그거에는 반대할 사람이 없어요. 그렇다면 무엇이 생명이냐? 무엇이 생명이에요? 뭐라고 했으면 되겠어요? 아는 것이 생명. 그런 것 아니냐. 아는 것 없어지면 죽었다 그러잖아요? 맞죠? 아는 것이 바로 생명이다. 아는 그것보고 뭐라 그러냐? 그것은 마음. 그러잖아요? 종교는 마음 밝혀 주는 것이다. 마음 내놓고 하나님, 부처님 있다면 그건 거짓말이다. 말이 아니다. 하나님이다 부처님이다 하는 것도 마음의 다른 이름이다. 다른 이름으로 부를 뿐이지 마음이다. 그런데 자기 마음을 두고 마음을 밖에서 찾는다. 다른 데서 찾는다. 그건 되지 않는 일 아니냐? 그러니까 가장 귀한 그것을 가르쳐 주는 데 있어서 제대로 안 가르쳐 준다면 그보다도 큰일이 없는 것 같아. 그렇게 소중할수록 제대로 가르쳐 줘야지. 종교에 대한 그런 생각을 가지고 있고. 또 마음은 있는 것이냐, 없는 것이냐. 어디 한 번 물어봅시다. 마음은 있는 것이에요? 없는 것이에요?

박맹수 있기도 하고 없기도 하고.

양제승 그것을 유(有)도 아니요 무(無)도 아니요 그러셨단 말예요. '우주와 만물은 유도 아니요 무도 아닌 그것이나 그중에서 그 있는 것이 무위이화(無爲而化) 자동적으로 생겨나.' 그 말씀은 있다고도 못하고 없다고 못하고 그 말씀인데 이것을 확실히 하게 되면 우리 마음에 좀 더 가까워지는 것 같아요. 그래서 이 문제를 냈는데 어째서 유도 아니요. 있다고 하냐. 그 말이에요. 어째서 있다고 못해요?

박맹수 내보일 수 없으니까.

양제승 내보일 수 없으니까?

박맹수 보일 수 없어서요. 있으면 보여줘야 하는데 보여줄 게 없어요.

양제승 있기는 있는 거예요? 그 뒤에 그 말뜻이 감춰져 있잖아요.

박맹수 있기도 한 것 같아요. 이렇게 말할 때라든지 들을 때라든지 뭐가 있어서 듣고 말하는 것 같습니다.

양제승 있어서?

박맹수 예. 그럴 때만. 들을 때.

양제승 유도 아니요 있다고도 못한다. 그랬는데 그 대답이 안 되잖아요. 어째서 있다고 못하나요?

박맹수 보여줄 수가 없으니까.

양제승 그것 가지고는 절반밖에는 안 될 것 같아. 어째서 있다고 못하는가? 없으니까 그래야지. 어디가 있냐. 무엇이 있냐. 없기로 하면 아무리 찾아도 없다. 이 안에도 없고 바깥에도 없고 이 삼천대천 다 찾아도 없다. 그래서 있다고 못 한다. 이건 확실해야 돼요. 그렇게 없으면 없다고 할 수 있어야 하는데 왜 또 없다고는 못하냐? 없으면 아무것도 몰라야 되고 캄캄해야 될 것 아니냐? 그건 내 생각이잖아요. 논리고. 없으면 그럴 것 아니냐? 논리다 그 말이여. 그건 내 생각이고.

그런데 현실은 어떻게 되어 있냐? 이렇게 드러나 있잖여. 내 방 안, 내 시야가 미치는 이것만 현재 드러나 있는 것이냐? 저 하늘도 안 보이고 저 나무도 안 보이고 산도 안 보이고 하니까 그건 없는 거여? 이 방 안이 있는 그대로 드러나 있듯이 우주 전체가 있는 그대로 드러나 있다. 그 말이여. 그건 사실이죠. 그럼 언제부터 드러나 있는 거여? 우주가 이 방 안이 드러나듯이 그대로 드러나 있다 그 말이지. 진짜 그런가 살펴보려면 어떻게 해야 돼요? 뭐든지 빠른 것 타고 쭉 가 봐요. 드러나 있는가, 없는가? 그대로 드러나 있다 그 말이여. 언제부터 드러나 있냐? 언제부턴가요? 언제부터가 없잖아요라고 할 수가 있느냐? 언제가 없다 그 말이여. 언제가 없으니 그러면 언제까지나까지도 없을 것 아니냐? 그런데 보니까 사람이고 동물이고 다 죽더라 그 말이야. 그 죽음에서 면한 사람은 하나도 없어. 그건 왜 그래요? 왜 죽느냐? (웃음)

박맹수 태어났으니까 죽죠.

양제승 그렇지. 안 태어났으면 죽을 까닭이 없지. 태어났으면 다 죽는다. 그래서 우리는 태어난 것이지. 없어질 것이여. 그런데 그것이 아니여. 아무리 찾아도 무엇이 있지 않아. 이게. 그런데 이것이 없어질 수가 있냐?

우리 육신은 태어난 바가 있기 때문에 죽는 것이고, 아는 이것은 태어난 바가 없다. 이거에요. 죽지 않는다 영생이다. 그 말이지. 우리 아는 것은 그런 것이여. 나는 바로 그런 존재여. 육신은 천만 번 나고 죽고 죽는다 하더라도 그것은 그냥 변하는 것이지. 몸만 바뀐 것이지. 없어진 것이 아니다. 몸을 받을 적에 아무렇게나 받는 것이 아니고 지은 대로 받게 된다. 그 말이지. 이 천지가 아무 소리도 없고 멍청한 것 같지마는 하는 것을 보면 그렇게 기가 막히게 봤다 그 말이지.

저 칡넝쿨도 많이 보이는데 칡넝쿨에도 그놈들이 기가 막히게 알드만. 넝쿨은 반드시 뭐든지 엉기기만 하면 감고 가는데, 어떻게 감아요? 칡넝쿨은? 요렇게 시곗바늘같이 이렇게 돌아야지. 어떻게 도는 것인가? 안 보고 말하면 내 생각이고, 봤으면 그것을 사실을 말하게 되는 것인데, 혹시 보셨어요?

박맹수 보긴 봤는데 어느 방향인지는 확인 못했습니다.

양제승 백이고, 천이고, 만이고 하여튼 보는 놈마다 똑같은 방향이야 이게. 한 놈도 어긴 것이 없어. 이게.

박맹수 침냉쿨이요?

양제승 침이. 그렇게 엄격하게. 누구 지시를 받는가 모르겠어. 이렇게 가는 놈을 떼어 가지고 돌려 봤어요. 반쯤 돌려서 이렇게 딱 해 놨더니 고대로 안 가. 반드시 도로 제 갈 길로 가더라 그 말이여. 그래서 니가 누구 말 듣고 내 말 안 듣고 기어이 이렇게 가냐 그렇게 해 본 적이 있는데. 이건 확실해요. 본 것이니까 확실하죠. 내가 추측한 게 아니고. 저것도 그런 기가 막힌 힘을 가지고 있어. 그러니 이게 천지의 조화를 더 바랄 것이 없잖아요.

지은 대로 받게 된다. 사람만 받는 것이 아니고 생명 가진 것들은 생명의 원(源) 근원이 하나이니라. 지은 대로 받고 있다. 지금 현재 내 몸을 받고 있는 처지니까, 이것이 얼마나 중요해요? 이게 어떻게 될지 모르는 것이거든. 또다시 틀림없이 사람은 받는다. 그건 되어 봐야 아는 것이지. 짓는 것이 거기에 합당치 않으면 합당한 대로 더 받게 된다. 그 말이여.

그런 가운데 지금 내가 하는 과정이 다 얼마나 소중해요? 참으로 소중하다는 것을 알아 가지고 바른 믿음으로써 오직 깨달을 수 있는 것도 사람이고 닦을 수 있는 것도 사람이다. 그런 소중한 것을 잘 가꾸어 가야 해. 소망이야 이게. 세세생생에 부처님의 은혜를 떠나지 않고 항상 바른 스승을 만나서 성불하고 제중하는 서원을 이루어 가도록 하는 것. 그보다 큰 서원은 없는 것 같아. 이게 영생의 서원이여. 그러기로 하면 갈 적에 제대로 보고 눈뜨고 가야 할 텐데 바쁩니다. 바뻐.

박맹수 예. 그렇게 평생 바 없는 바 찾으시려고 살아오셨는데요. 뒤에 오는 후학들, 후진들에게 꼭 일러 주실 말씀이 있으시면 해 주세요.

양제승 이 회상 찾아서 전무출신까지 했으니 부지런히 공부만 하면 될 것 아니여? 다른 무엇보다도 오직 공부. 공부는 이미 법이 나와 있으니까 사은사요 삼학팔조. 그것이 법이고 그 법을 실행할 적에 바가 없는 마음으로 선으로 한다면 틀림없이 다 큰 성과를 얻을 것이고 큰 도인이 될 것이고 성불을 해야 제중도 하고 할 수 있을 것 같아요. 이미 서원 세우고 나오기 어려운데 서원 세우고 나왔으니 망설이고 할 것이 없고 오직 공부심으로 본마음을 찾고 양성하는 데 유감없이 있는 힘 다 바치면 틀림없이 소원 성취한다고 생각이 됩니다. 내 공부하는 이 나만 이로운 것이 아니고 내가 공부 잘해야 모든 사람들 다 인도할 수 있고 깨우칠 수 있으니까 성불하는 것이 공사 잘하는 것이고 큰일 하는 것이죠. 하여튼 힘내서 열심히 유감없이 있는 힘 발휘해서 성불들 하시길 바랍니다.

박맹수 이제 91세시니까 생사가 이렇게 결판나는 때가 곧 오시겠죠?

양제승 그렇죠.

박맹수 생사도리는 어떻게 연마하고 계세요?

양제승 바 없는 마음만 제대로 회복하면 생사는 뭐 다 호시절이다. 모두 걱정할 것 없을 것 같아요.

박맹수 승산님 걱정 없으세요?

양제승 내가 지금 한다고 애쓰고 있죠.

박맹수 개교 100주년 맞은 소감 한 말씀해 주세요.

양제승 모두 잘 공부하고 발전해 왔지만 공부하는 사람들 모두 법대로 해 가지고 다 부처가 되고 성인이 되었으면 좋겠어요.

박맹수 예. 고맙습니다. 이 더운 여름에 장시간 긴 말씀 해 주시고 또 바쁘게 공부하시는 그 소식, 저희들한테 깨우쳐 주셔서 대단히 고맙습니다.

양제승 아이고, 모다 장비까지 가지고 와서 별것도 아닌데 이렇게 공을 들여 줘서 감사합니다. 수고들 하셨습니다.

박맹수 고맙습니다. 감사합니다.

향타원 박은국 종사

그래프 일기

제일로 무서운 것이 탐진치보담도
시기심, 질투심이여

박맹수 영산에서도 아주 가난하고 어렵게 사셨잖아요? 처음에 소녀 시절에 공부하러 영산에 오셔서 원불교와 이렇게 인연이 되셨다면서요?

향타원 박은국 종사 (이하 박은국)　응. 그때는 집에서 식비가 와. 한 달에 그때 돈으로 백 원. 그때 백 원이면 요새 백만 원이여. 그때 돈이면. 그러면 그것 갖고 쌀 팔아서 먹어. 그것 갖고 쌀 팔아서 보리 섞어 갖고. 그런데 밥을 얼마나 하냐면 소금밥(반찬이 변변하지 못하게 차린 밥). 밥그릇 양재기. 거기다가 싹 깎아서 하나를 줘. 그러다 손님이 한 번 오면 한 술 덜어 가. 두 분 오면 두 술 덜어 가. 세 분 오면 세 술 덜어 가. 그러면 요만한 소금밥 그릇에서 세 숟가락 덜어 가버리면 밥이 칠 부밖에 안 남어. 그렇게 하고 살았어. 우리. 영산에서 살 때만 해도.

박맹수 손님 밥을.

박은국 응. 그러니까. 세 사람이 오면 세 술 덜어 가 버리면, 소금밥에서 세 술 덜어 가 버리면 밥이 먹을 것이 있어? 그래서 내가 말여 밥값은 밥값대로 받고 밥은 밥대로 덜어 가네 하다가 입이 틀어져 버렸어 내가. 아따, 신기하데. 입 틀어져서 바로잡느라고 영산에서 저기 한 십 리나 되는 데로 그땐 차도 없어 걸어댕겨.

박맹수 그런 경험을 하셨군요.

박은국 신기해. 신기하지?

박맹수 신기하네요. 그럼 대종사님은 언제 처음 뵈셨을까요?

박은국 영산에 막 가니까.

박맹수 몇 살 때쯤 영산에 오셨어요?

박은국 열일곱에 왔는데. 열여덟인가, 열일곱인가. 하여간 가을에 대종사님께서 오셨어. 가을에 오셨는데 키가 요러신 게 내가 우러러뵀어. 그러고는 중절모자 딱 쓰시고. 그때도 참 체격이 좋으셨어. 주항라 두루마기를 입으셨는데 내 앞에 있는 할머니들이 경순 선생님 어머니, 또 정산 종사님 어머니, 운외 할머니, 삼례 할머니 두 분이 계셨거든? 그 양반들이 우리 선도자여. 그 양반들 하란 대로만 해. 그 양반들 뒤에 따라가.

대종사님이 법성서 배를 타고 오시면 영산 범현동 골목 있잖아? 거기 영산 선제남 다리 건너오는 쪽으로 있잖아. 법성에서 배를 타고 오면 거기 요렇게 수렁이 있지. 알아?

박맹수 예. 압니다.

박은국 그리 들어오서. 그래서 거기를 할머니들이 막 쫓아가니까 우리도 쫓아갔어. 할머니들이 진땅에, 뻘흙땅에 덥석 하고 절을 하니까 우리도 덥석 엎어져서 절을 했어. 할머니들 뒤만 따라가. 우리는 조그마한 것들이라 앞서도 못하니까. 그래 가지고 대종사님께서 영산 공회당에서 법문을 하시는데, 한가운데 이런 의자를 안락의자여. 요런 거 놓고 탁 앉아서 계신데 환해. 그런데 우리가 연극을 해. 법문 들을지도 모르고 연극을 하는데.

박맹수 대종사님 앞에서요?

박은국 대종사님 앞에서. 대종사님은 가운데 계시고. 지금도 있지? 그 공회당. 가운데 딱 안락의자 놓고 앉아 계시고.

박맹수 무슨 연극을 하셨어요?

박은국 긍게, 내가 연극하는 얘기를 한 번 들어 봐.

박맹수 예.

박은국 어떻게 연극을 했냐 하면, 누가 연출을 했냐면 기독교 다니는 아이가 연출을 했어. 조묘순이라고. 조묘순이가 조전권 선생님 동생이여. 와 가지고 연출을 했는데 뭐라고 했느냐면 '요단강 건너가 만나리.' 기독교인이랑게. (웃음)

박맹수 대종사님 앞에서요?

박은국 어. '요단강 건너가 만나리.' 그것이 결론 노래고. 앞에는 전이창 선생 알지? 예타원.

박맹수 예.

박은국 전이창 선생은 며느리고, 나는 그때 나이가 세 살인가 네 살인가 위라 시어머니야. 나는 시어머닌데 전이창 선생이 시집을 와. 시집을 오는데 내가 이렇게 서 가지고 "아이구, 키가 저리 적어서…." 그러니까 "절이 적으면 암자지요." 그러니까 내가 할 말이 있어? 가만히 이렇게 하늘만 쳐다보니까 "아따, 여기는 별이 큰 별은 하나도 없고 작은 별만 있네요! 큰 별은 키 큰 년이 다 따 먹었네요." 그러니까 대중이 자글자글자글 다 웃어. 어째서 웃는지도 몰라. 그렇게 어리석게 했어. 와서 연출을 시키면 우리는 따라서 했어. 그니까 막 웃으셔. 우리가 키가 컸거든. 아이고, 그렇게 어리석게 살았어요. 그래도 좋아서 노래를 하고 그랬어. 그것이 연극이라고.

박맹수 대종사님이 머무시던 조실 청소를 할 때 대종사님이 무슨 말씀 해 주셨다면서요.

박은국 응. 대종사님이 계신데 말여. 나보고 가 청소를 하라고 해. 학인으로는 내가 좀 나이가 많고 성숙했던 모양이여. 비를 들고 가서 대종사님 서 계시는데 말야. 이렇게 비질을. (웃음) 대종사님 안 계실 때 가서 하라고 하든지 방도 닦으면 안 계실 때 하라고 해야지. 대종사님 계시니까 정산 종사님은 이렇게 하고 (양손을 앞으로 마주 포개며) 계시고 대종사님은 이렇게 하고 (앉아 있는 모습으로) 계신데, 둘은 얘기를 하고 있는데 나보고 청소를 허라. 궁게 가서 비질을 해.

옛날에는 그랬잖아? 빗 끝을 이렇게 높였지. 죽여서는 안 했거든. "야가 누구냐?" 정산 종사님께 대종사님이 물으셔. "야가요. 부모도 교도가 아닌데 와 갖고 전무출신 서원서를 냈습니다." 그러니까 내 머리를 이렇게 쓰다듬으시면서 "아이고, 너희 집이 명당 썼는가 보다." 그런데 그때는 명당이라는 게 효험이 없다고 배웠어. 영산에서 학인으로 있을 때. 근데 어찌 명당 썼다고 그러는가. 이렇게 대종사님을 뵈오니까 싱긋이 웃으셔. 그러고는 내 머리를 이렇게 쓰다듬어. 그래서 좋아 갖고 또 걸레질을 해. 걸레질을 하는데 뒤로 가면서 닦아야 되는데, 왜 어른들이 가르치지도 않았는가 앞으로 가면서 닦아. 그니까 걸레질하면서 자기가 다 밟고 가지. 밟고 가. "걸레질은 뒤로 하는 거지 앞으로 하는 거 아니다. 네가 걸레질을 뒤로 하고 가거라. 비는 비질을 하면서 끄트머리를 죽여라."

박맹수 그렇죠. 먼지가 안 나게.

박은국 "그니까 먼지가 안 나지? 걸레질은 뒤로 가면서 해라. 앞으로 가면서 하지 말고." 그때 걸레질하고 비질하는 걸 배웠다고. 그때 배운 머리가 지금도 있어서 걸레질은 항상 그렇게 뒤로 가면서 하지 앞으로 가면서 안 하거든. 그러고 살았어. 그때가 내 나이가 열일곱 살인데 그때 우리 나이 열일곱 살이면 과년한 나이거든. 그런데도 그렇게 어린 노릇만 했어. 어린이 노릇만 했어. 그때도. 대종사님 뵌 게 좋고 즐겁고.

우리가 영산에 가서 학인 노릇을 할 때 뭣을 배웠냐 하면은 『철자집』이라. 한문을 배웠거든. 삼산(三山) 선생님이 지으신 거 있거든. 그 『철자집』을 배우는데 재미가 있어. 근데 나하고 같이 배우는 사람들은 떨어져 불고 나 혼자 배워. 정산 종사님한테. 내가 처음부터 끝까지 줄줄줄줄 외워. 『철자집』을. 『철자집』을 외우니까 그다음에는 『금강경』을 가르치셔. 아, 근데 『금강경』을 32장까지 줄줄줄 외워. 뜻이나 알고 외우나. 모르고 외우지. 고만하자. 인자.

박맹수 『금강경』 외우신 이야기도 좀 해 주세요.

박은국 『금강경』도 그렇게 줄줄줄 외우는데. 나하고 배우는 사람이 둘인데 한 사람은 어디다 두고 나만 놓고 가르치시데. 정산 종사님이 나 혼자 놓고. 지금도 정산 종사님이 하신 말씀 중에 안 잊어버리는 것이 "사람이 이렇게 공부를 많이 해 갖고 정력을 쌓으면 저기 저 배냇골 밑에 마을에서 큰 제사를 지낸다면 그 제사상 이리 오라고 염원을 딱 하면 거기 있는 제사상이 여기 와서 나온다." 그 말씀을 하셔. 그 말씀은 안 잊어버렸어. "준동함령(蠢動含靈)이 개유불성(皆有佛性)이라." 영산에 저 범현동 골목이 있거든. 범현동에서 위로 올라가는 데 있잖아?

박맹수 골짜기 있습니다.

박은국 거기 올라가면서, 산초를 따면서 산초 나물을 보고 "이것도 성불할 수 있어요?" 그렇게 내가 어리석게 물었어. 어떻게 나무가 성불을 해.

박맹수 굉장히 좋은 질문 하셨어요.

박은국 어. 그 질문한 게 지금도 생각이 나. 산초 나물을 잡고 "야도 성불할 수 있어요?" 그러니까 정산 종사님께서 뭐라고 하시냐 하면 "야를 사람이 먹으면 사람이 성불을 헌다. 그럼 야도 성불을 하는 것이다." 그 말씀이 지금도 귀에 쟁쟁해.

그러고는 한 번은 교도 집에 문병을 갔어. 그 교도가 말여. 신심 있는 교돈데 신이 들렸어. 신이 들려 갖고는 엉뚱한 소리를 해싸. 정산 종사님이 문병을 가시는데 나도 따라갔어. 이렇게 앉아서 보고 계시는데 옆에 창문이 있는데, 옛날에는 이렇게 대나무로 엮은 창문 있잖아? 저렇게 나무로 짠 창문이 아니라. 그런데 문고리가 떨어져 바람이 설설설설 들어와. 그걸 가리키시면서 "사람이 저렇게 맑은 정신이 나가면 밖에서 찬바람이 들어오듯이 객기(客氣)가 침범을 한다. 그래서 맑은 정신 어디로 가 버리고 객기가 주장을 한다. 그러니까 엉뚱한 소리를 하고 때 아닌 소리를 하고 저렇게 엉뚱한 소리를 한다." 그 법문이 지금도 귀에 쟁쟁해. 그 법문이. 그렇게 정산 종사님 모시고 산초 따러 다니면서 들은 얘기, 저기 산밭재 올라가면서 들은 얘기.

또 말이야. 정산 종사님이 조실 있잖아? 조실 쪽에서 오시고 나는 대각전에서 오다가 딱 만났어. 그때가 언제냐 하면 석양, 해가 저 저쪽에 가 있거든. 해가 나 있는 쪽에 가 있어야 돼. 석양이니까. 아, 그런데 동쪽에서 빛이 환해. 그래서 내가 "아이구, 저기 광명 좀 봐. 광명 좀 봐." 하니까 선양 선생이라고 지금은 돌아가고 없는데 나하고 동갑짜리가 있어. "저 봐. 저 양반 오시는데 저렇게 막 광명이 나네." "저 양반이 뭐야." "그럼 뭐라고 해?" "선생님이지." 그때만 해도 나는 늦게 갔거든? 모르니까. 저 양반, 저 양반한테서 빛이 난다고 그러던 그 기억이 지금도 나. 해는 서쪽에 있는데 동쪽이 환하더라고 그렇게.

박맹수 예. 지금도 기억나는 『금강경』 대목 있으세요?

박은국 범소유상 개시허망(凡所有相 皆是虛妄).

박맹수 무슨 뜻이에요?

박은국 일체의 형상이 있는 것이 다 허망한 것이니, 약견제상비상(若見諸相非相)이면 그 상 없는 자리를 보면, 즉견여래(卽見如來)니라. 여래 자리가 나타나느니라.

박맹수 상 없는 자리는 어떻게 해야 잘 볼 수 있을까요?

박은국 그건 자네가 해 봐야 알지.

박맹수 사람들을 위해서 공부 길을 좀 알려 주세요.

박은국 그런 사람은 『금강경』을 보고 신심이 나고, 자기 마음에 『금강경』 전체가 나타나는 것은 일불 이불 삼사오불(一佛 二佛 三四五佛)에 이종선근(而種善根)이라, 한 부처님이나 두 부처님이나 셋, 넷, 다섯 부처님께만 선근종자를 심은 것이 아니라 이어무량 천만불소(已於無量 千萬佛所)에 닦아 가지고 그렇게 된다. 무릇 형상이 있는 것이 다 허망한 것이니 만약 모든 상이 상 아님을 본다면 곧 여래를 보리라. 그 말씀이 있거든? 그 말씀은 '일불 이불 삼사오불에 이종선근이라.' 천만불소에 닦고 또 닦아야 그 자리에 가지 그리 안 하면 못 간다. 그 말씀이거든. 그 말씀이 지금까지도 남아 있어.

박맹수 그 마음을 내는 걸 서원이라고 그럴 수 있을까요?

박은국 서원?

박맹수 예.

박은국 공을 많이 닦아야 한다. 부처님한테도 한 부처님한테만 공을 들이는 것이 아니라 일불 이불 삼사오불 이어무량 천만불소거든. 여러 부처님은 꼭 석가여래 부처님뿐만 아니라 자네도 부처님, 저 사람들도 부처님, 다 부처님이니까 공을 많이 들이면.

박맹수 모두가 부처님이니까 부처님같이 공을 많이 들이면 상 없는 자리를 볼 수가 있다는 말씀이시군요.

박은국 응. 그랬어.

박맹수 영산에서 학원 생활 마치시고 그 무렵에 총부로 오시게 되죠? 총부로 는 어떻게 오시게 돼요?

박은국 우리 형제가 전부 전무출신 했으면 내가 진작에 총부로 갔을 거야. 그 런데 오빠가 있나, 언니가 있나. 나를 오란 사람이 없어서 총부를 안 갔는데 내 가 총부를 가야 되겠다고 생각했어. 그때가 언제냐면 내가 초등학교밖에 안 나 왔기 때문에 광주 가서 여학교를 다니려고 했거든. 그때 여학교를 다니고 대학 교를 들어가려고. 그런데 내가 그런 것도 다 집어치고 총부를 가야되겠다 해갖 고 서원을 세우고 총부로 갔어.

박맹수 예. 그때가 몇 살 때셨어요?

박은국 내가 유일학림 때가 스물한 살인가 되니까 유일학림 전 일거야. 열일 곱인가, 열아홉인가 그랬어. 20대 미만이여.

박맹수 총부에 오셔서 어떻게 생활을 하시게 돼요?

박은국 총부에 와서 처음에는 공부하는 기관이 없으니까. 그때는 일정(日政 일제시대) 때라 고쿠고시요우(國語使用). 일본말을 쓰지를 않으면 화장실 청소를 해야 돼.

박맹수 학교에서요?

박은국 일본말을 상용으로 사용해야 화장실 청소를 안 해. 그때 일본시대 때 일본말 사용 안 하면 '와다시와 고코쿠 신민나리(나는 황국신민입니다).' 이런단 말야.

금산에서 온 삼장사 할머니가 초량동에 와서 있었어. 할머니가 행상을 하고 다녔어. 삼 갖고. 초량교당, 그때 불법연구회 오면 밥값을 안 받고 그냥 재워주 고 밥 먹여 주고 그러거든? 거기 와서 무료 숙식을 하면서 삼장사를 해. 그 수 익은 자기가 보고. 그때만 해도 인심이 좋았어. 초량교당에서 대중과 같이 재 우기는 하지. 근데 그 사람이 일본 군인들한테 뭣을 잘못해 가지고 좌측통행을 안 했던가, 어쨌던가. 일본 사람들한테 잡혀 들어갔어. 초량주재소로 잡혀 들어가서 문초를 받다가 한 번 일본말 해 봐야 되겠다. '와다시와 고코쿠 신민나리' 그리고 외운 게 그냥 내보내 버렸어. (웃음) 우스운 일 많아. 우리 살 때는. 아무리 기다려도 안 와. 삼장사 할머니가. 그때는 무료로 밥 먹여 주고 재우고 그러니 금산서 삼 갔다가 돈 좀 벌어도 밥값을 안 내고. 숙소 제공 해주니까 밤낮 초량교당으로 오거든. 그런데 내가 운봉서 말여. 어떻게 살았냐면. 또 옛날 얘기가 다 나온다.

박맹수 운봉 살 때가 인공(한국전쟁기) 때인가요?

박은국 맞아. 인공 땐데 낮에는 아군들이 와 갖고 밥 달라고, 점심 달라고. 그리고 저녁이면 인민군들이 들어와. 그래 가지고 심지어 말여 우리 검정 법복 다 가져가. 그때는 잉크가 없어. 그래도 우리는 우리 학인들이 서로 알아 갖고 아는 집에서 잉크 가루를 사다가 물로 타서 철필 쪽에다 찍어서 글씨를 써. 그것도 다 가져가. 그러면서 "해방 되면 갖다 줄게요. 해방되면." 그래서 나는 자기네 세상이 되면 갖다 주는 줄 알았더니 뭘 갖다 줘. 그러고 살았어요.

박맹수 운봉에서 몇 년 사셨어요?

박은국 7년.

박맹수 7년? 다음에 초량으로 가시는가요?

박은국 초량 가니까 저녁에 좋은 것이 잠옷 입고 자니까 좋아. 저녁이면 옷을 못 벗고 잤거든? 인민군들이 오니까. 나 운봉에서 살 때 고생 많이 했어.

박맹수 그때 고생하셨던 이야기, 기억나는 대목 있으신가요?

박은국 남자 교무 선생님이 한 번 방문을 했어. 그런데 저녁에 인민군이 들어왔어. 그런데 남자는 잡아가고 여자는 안 잡아가거든. 그래서 내가 다락에다 갖다 놓고 농으로 이렇게 딱 가려 놨어. 그러니까 안 보이거든. 사람이 있는지 없는지. 그래서 재우는데 말야. 아침에 밥도 안 먹고 달아나 버려. 그 남자 선생님이.

내가 얼마나 울었는지 몰라. 우리 오빠 같으면 저렇게 안 갈 것이다. 이 접전 지대에 나 혼자 놔두고 밤에는 인민군이 들어오고 낮에는 아군이 지나가면서 밥 달라고 하는 이런 접전 지대에다 나를 이렇게 두고 혼자 가는구나 싶어 내가 얼마나 울었는지. 울었는데, 진리가 알았는가. 그때 초량으로 보내드랑게. 초량 가니까 살것어. 저녁에 잠옷 입고 자니까. 저녁에 잠옷 입고 살고, 저녁에 누가 오는가 안 기다리거든? 운봉에서 살 때는 저녁이면 산 사람이 오니까 누가 오는가 하고 이렇게 쳐다 보고 앉았어.

박맹수 그 시국이 참 어려운 시절이셨잖아요. 힘든 시절에 향타원님께서는 어떤 공부 표준으로 어떤 신앙으로 사셨어요?

박은국 그때는 말이야. 다 기도하는 재미고 교도 맞는 재미로 살았지. 그래도 내가 집에 가야 되겠다는 생각은 한 번도 안 해 봤어. 지금 생각 해봐도 '우리 집에 가면 내가 이렇게 고생을 안 하고 살겠지.' 하는 생각을 한 번도 안 해 봤어. 그러고 지금까지 살았어. 내가 지금 몇 살인지 알아? 백 살이 다 됐어.

박맹수 몇 살이세요?

박은국 몰라. (웃음) 지금까지 나는 원불교 들어와 가지고 '아이고, 나는 집에 가야 되겠다.' 하는 생각을 한 번도 안 해 봤어.

박맹수 저희들 후진들에게 일러 주실 말씀, 살아오시면서 공들이신 이야기, 어떻게 적공하시고, 어떻게 표준 잡으시고 그런 이야기 그동안에 안 하셨던 숨은 이야기 있으시면 들려주세요.

박은국 그 좋은 얘기를 어떻게 다 해. 나는 말이야. 대학노트를 놓고 이렇게 그래프를 딱 그려 놨어. 그래프를. 삼학(三學)은 위로 올리고 탐진치는 밑으로 내리고. 공부법에 열한 가지 과목이 있거든. 신심, 서원, 공심. 위에 쭉 공부길

삼학수행으로 잡아 가는 것은 위로 올리고, 탐진치, 시기심, 십계문 범하는 것은 밑으로 내리고. 그렇게 그래프를 그려 가지고 위로 올라가고 밑으로.

박맹수 언제부터 하셨어요?

박은국 그때가 내가 아마 30대 초반인가 될 거여. 그런데 그때 나는 원불교 열 일곱에 들어와 가지고 말여. '세상에 나가서 세상살이를 해 봐야 되겠다.' 하는 생각은 꿈에도 생각 안 했으니까. 어쨌든 내가 이 길로 나가서 삼학수행을 해서 삼대력을 얻어야지 했지. 나는 세상에 나가서 인간 생활 하고 살고 싶은 생각은 꿈에도, 요만치도 안 해봤어. 지금 내가 백 살이 다 되었지? 내 몇 살이냐? 92살?

박맹수 93세요.

박은국 93? 내 나이도 모르네.

박맹수 그렇게 그래프를 그리니까 뭐가 보이셨어요?

박은국 보이지는 않는데 날마다 그래프를 그리거든. 그러니까 삼학수행을 하면 올라가고 정신수양에 재미를 붙였는지, 사리연구에 재미를 붙였는지. 작업 취사에 재미를 붙이면 올라가고. 탐심, 진심, 치심, 시기심, 아만심, 탐진치에다가 아만심하고 시기심하고 두 개를 더 넣어서 다섯 가지로 해서 내려오고. 그걸 그려 놓고 요렇게 선을 쳐 놓고 내려가고 위로 올라가고 해. 내려가면 참회를 하고, 반성을 하고. 올라가면 재미가 있고. 그러니까 날마다 아침에 일어나서 정신수양하고 사리연구하고 낮에는 작업취사 하는 것으로 재미를 붙이고. 그러니까 재미가 있어. 그리 안 하면 재미가 없고.

박맹수 대종사님께서는 상시 일기를 쓰라고 늘 강조하셨다고 그러거든요? 향타원님도 일기 많이 쓰셨어요?

박은국 처음에 왔을 때 일기만 쓰라 해서 일기만 썼지.

박맹수 어떻게 쓰셨어요?

박은국 제일로 무서운 것이 탐진치보담도 시기심 질투심이여. 나보다 잘하는 사람보면 마음이 안 좋거든. 내가 잘해야 되지. 그게 제일로 무섭데. 내가 몸이 아파서 하섬에 있었거든. 약 먹고 있느라고. 하섬에 집이 하나 있는데 그 집에다 아카시아나무로 매를 해다가 딱 걸어 놓고는 내가 나를 때려. 그 매로 시기 심내고 남 잘하는 꼴 못 보고 또 탐심 내고. 탐진치를 범하든지, 시기, 질투. 그랬으면 내가 나를 매를 때리고. 그러고 살았어. 그게 공부여. 그럭저럭 살았지.

박맹수 올해가 원기 100년이고 내년이 101년이거든요? 그래서 대종사님을 세상에 알려야 할 것 같은데 향타원님이 모시고 계신 대종사님은 어떤 분이세요?

박은국 그때는 법문 소리가 뭔 소린지도 모르고 대종사님 뵈면 좋기만 해. 그리고 대종사님은 그냥 달같이 훤해서.

박맹수 대종사님 돌아가시고 난 뒤에 대종사님을 어떻게 모시고 사셨어요?

박은국 그때는 대종사님이 영산에 계셨나. 우리는 한번 뵈었지. 영산에 오셨

향타원 박은국 종사의 일기장

을 때. 꼭 해 같아. 하늘의 달 같고.

박맹수 대종사님 열반하신 뒤에 정산 종사님을 모시고 사셨겠네요?

박은국 그렇지. 그때는 마음의 안정이 되었고. 그전에는 우리가 이제 다 세상으로 나가야 되는가 보다. 이 회상이 없어지고. 그래서 그렇게 울었지. 대종사님이 열반하셔서, 슬퍼서 운 게 아니라 세상에 나가서 어찌 살까. 그래서 울었어.

박맹수 대종사님 열반하신 뒤에 유일학림으로 오셨다고 그렇게 돼 있거든요?

박은국 그렇지. 그때만 해도 안정이 된 때지.

박맹수 유일학림 1기생으로 들어오신 건가요?

박은국 그렇지.

박맹수 유일학림 시절에 공부는 어떻게 하셨어요?

박은국 몰라.

박맹수 강의는 누가 해 주셨어요?

박은국 광전 선생님. 광전 선생님이 강의가 젤로 재밌어. 어떻게 재밌냐면 새우젓장사가 새우젓을 이고 가는데 새우젓 냄새가 나니까 파리가 막 달라들어. "파리야 너는 내가 얼마나 예뻐서 나한테 달려드냐?" 그러면 우리가 자글자글자글하고 웃어. (웃음) 파리가 뭔 생각이 있어서, 내가 예뻐서 날아 들겠어. 또 재밌는 얘기를 하지. 우리를 웃기시느라. 참 유머가 많으셔. 일본 가서 대학을 졸업하고 오셨거든? 동양대학을. 유머가 참 풍부하셔.

우리를 데리고 어디를 많이 갔냐 하면 알봉을 많이 가. 알봉에서 둘러 앉아 갖고 우리 회상, 장래 얘기를 하시면서 "우리는 이 세상 인연이 아니라 과거 전생부터 수천 겁을 오면서 인연을 지어서 대종사님 모시고 인연으로 여기서 만났다. 그러니까 이 생에도 공부를 잘해야 내생에 가서 또 만난다." 이런 얘기를 하시면 우리가 천상으로 올라가는 것 같아. 그런데 그때는 그런 얘기 한 번이

나 들어 봤겠어? 마음공부 잘해라, 삼십계문 잘 지켜라, 삼학수행 잘해라 이런 말씀을 듣다가 그런 과거 전생사를 얘기를 하면 우리가 천상으로 올라가는 것 같으니까. 지금도 알봉 묏자리가 생각나. 누구라 했제. 어느 선생 모시고 했다고 했지? 내가?

박맹수 숭산 박광전 선생님.

박은국 박광전 선생님이 우리보다 나이가 젊은디 말야 그 어른의 지도를 많이 받았어. 인자 그만하자.

박맹수 조금 더 하시지요. 대종사님이 무슨 뜻으로 선진님들을 공부시키려고 강연도 하게 하고, 일기도 쓰게 하고 그러셨을까요? 강연할 때 연단에 섰다가 못하고 그냥 내려오기도 하고 그랬다고 하거든요? 치맛자락이 올라가도록 긴장하고 떠는데 여자들을 그렇게 공부시키려고 하셨잖아요.

박은국 대종사님께 물어봐. (웃음)

박맹수 아니. 향타원님께서 느끼시는 대로 답을 해 주서야지. (웃음)

박은국 우리같이 멍청한 사람이 들어와 갖고 그렇게 컸지. 대중 앞에서 말을 할 수 있도록. 우리같이 그렇게 멍청한 사람들을 갖다 그렇게 키워 놓으셨잖아.

박맹수 제 생각에는 다가오는 미래 세상에는 남자, 여자 똑같이 평등하게 세상에서 활동을 해야 되니까 그런 일꾼들을 키우려고 그러셨던 거 아닐까요?

박은국 그랬지. 그때 제일 말 잘하고 공부 잘하신 양반은 주산 선생님, 대산 선생님, 정산 종사, 서대원 선생님. 근데 그런 양반들은 다 얼마 못 살고 돌아가셨고 여자들은 그때 양반들이 많이 살았는데 그때도 조일관 선생님, 조전권 선생님, 서대인 선생님, 이런 양반들도 오래 못 살고. 우리 때가 제일 오래 살았어. 그때 조전권 선생님, 조일관 선생님, 서대인 선생님 살아 계실 때, 우리는 십대거든. 그 양반들은 이십 대고. 우리보다 십 년 위에 십오 년, 십육 년 위에 어른들이거든. 그때는 말야. 어째서 좋은지도 모르고 마냥 좋기만 해. 마냥 좋기만 하고 즐겁기만 하고. 이 회상 아니었으면 어떻게 살았을까 모르는데.

　대종사님 열반하시고 나서 조실방에서 얼마나 울었는지. 대산 종사님께서 그때는 교감 선생님이거든. 오서 갖고 "대종사님 열반하셨는데 왜 그렇게 우냐."하서. 눈을 번쩍 뜨고 이렇게 처다보니까 "대종사님 열반하셨으니까 어떻게 이 회상을 운영해 나가야 되겠는가 이걸 걱정해야지 울고만 있으면 되냐." 그때 생각이 새롭더라고. 눈물 쏙 들어가 버려. 희망이 솟아서. 우리는 어디로 나가야 되는 줄 알았어. 그때만 해도 뭘 모르니까. 내가 그때 십 대 때 아녀? 열일곱에 들어와 갖고 열아홉에 대종사님 열반하셨을 거여. 십 대니까 아무것도 모르고 우리는 이 회상은 없어지고 이제 우리는 세상으로 나가야 되는데 어디로 나가서 살까 생각하니까 그렇게 눈물이 쏟아졌어.

　박맹수 대산 종사님 말씀 여쭐게요. 대지허공심소현 시방제불수중주 두두물물개무애 법계모단자재유(大地虛空心所現 十方諸佛手中珠 頭頭物物皆無碍 法界毛端自在遊). 한 말씀 해 주세요.

　박은국 별소릴 다 해 달라 하네. 대산 종사님께서 참 법이 좋으셨어. 그때는 대종사님은 안 뵈었고, 대종사님 한 번 뵈었어도 법문 들었겠어? 그때? 신관만 뵈었지. 대종사님 정신은 못 받았는데 대산 종사님이 대종사님 법문을 정신으로 전해 주시니까. 대산 종사님, 종사님도 아녀. 그때는 대산 선생님이지. 신도안에 많이 계셨거든 대산 종사님이. 신도안에 사람이 꽉 찼는데 전부 서울대학 나온 사람들이여. 신도안에 집이 낮았거든? 이 집보다 더 낮아. 그 천장하고 키하고 딱 닿아. 그럼 이렇게 서서. 대학생들이 구물구물했어.

　박맹수 예. 대지허공심소현 법문 받드신 사연이나 이야기는 없으셔요?

　박은국 그러니까 그때 하섬에서 내가 약을 먹고 있었거든. 치료를 하고. 폐병이 들어 갖고. 그때는 얼마나 교단에 일이 적었든가 대산 종사님이 하섬으로 오서. 하섬에 오서 갖고 늘 격려를 하시고, 사랑해 주시고, 이끌어 주시고.

하섬에 물이 없어서 이 질통으로 물을 짊어지러 갔는데 나 있는 데까지 오셨어. 질통에다 물을 짊어져다 먹으면 "거기까지 물 길르러 댕기믄 되것냐. 여기다 우물을 파라. 우물을 파라." 근데 맨땅에다가 하섬 마당에다가 우물을 파라 그러니까 물이 안 나와. 한 질, 두 질, 석 질, 넉 질, 다섯 질, 여섯 질, 일곱 질 파니까 나와. 그때 대산 종사님 하신 말씀이 "이마를 뚫어 봐라. 피가 안 흐르는 데가 있냐? 이마에도 물이 안 흐르냐? 그니까 암만 높은 땅을 파도, 물이 없는 데를 파도 물은 있다." 그래 갖고 물이 나오니까 우리가 그냥 얼마나 좋은지 홀떡홀떡 뛰었어. 하섬 마당에 물이 나오니까.

대산 종사님이 기적이 많으서. 그때는 수양할 데가 없었으니까 하섬에 오서 갖고 늘 교전 말씀을 하시는데 그때 하신 말씀이 『교전대의』여. 지금 『교전대의』로 나와 있어. 그렇게 재밌게 지냈어.

박맹수 원남교당에 사실 때 교화하신 얘기 좀 여쭐게요. 후진들 만나면 사람을 이렇게 감화시키려면 이렇게 하면 좋겠다 그런 생각 드시잖아요.

박은국 그런 생각은 하나도 없고 원남동교당에 있을 때는 내가 하섬에 많이 있다가 갔어. 근데 하섬에 내가 쉬고 있웅게 대산 종사님께서 오서. 그때 대산 선생님은 총부에 교감 선생도 아니고 그냥 쉬고 계시는 때야. 인자 하섬에 오시면 우리를 가르쳐 주시러 오신 것도 아니고 뭣 하러 오신 것도 아니고. 하섬에 물가가 한 십 리나 되잖아? 저기서 오시믄 두루마기 자락만 봐도 내가 홀떡홀떡 뛰어. 좋아서. 인연이든가 봐. 이렇게 모시두루마기를 걸으시고 오면 그냥 좋아서. 그땐 누구였냐면 경순 선생님 알지?

박맹수 예. 이경순 종사님 말씀이시지요?

박은국 경순 선생님이 형제가 있어. 정화 선생님하고. 두 어른이 대구 사시는데 대구서 오시면 꼭 그 어른하고 같이 오셔. 그렇게 모시고 살면 교전을 놓고 대의를 일러 주시데. 근데 그냥 머리에 쏙쏙 들어와. 그때 뭣을 많이 하셨냐면 강증산(姜甑山) 얘기를 많이 하셔. 강증산이 과거사를 많이 알아. 전생사를 많이 얘기하는데, 어디 계셨냐 하면 원평에 계셨거든. 원평에 그 대순종교 있잖아?

박맹수 대순진리회요?

박은국 어. 거기 많이 계셨어. 그 얘기를 많이 하셔. 그러면 꼭 전생 얘기 듣는 것 같아. 하섰서 참, 대산 종사님이 공을 많이 들이셨어.

내가 그때만 해도 총기가 좋아요. 들은 대로 토도 안 틀리게 얘기를 하는데, 그 강의를 어디서 했냐면 총부 와서 했어. 대산 선생님한테 들은 얘기를. 그러면 남자들이 말야. 총부를 갔다가, 전주를 갔다가, 서울로 갔다가, 어디 가서 일을 보고는 그냥 땀을 뻘뻘 흘리면서 그 시간을 맞춰서 와.

박맹수 들으시려고?

박은국 응. 들을라구. 내 얘기가 아녀. 대산 종사님 말씀이지. 토도 안 틀리게 전하더래. 내가 젊어서는 그렇게 총기가 좋았는데 지금은 없어. 그런 총기가 하나도.

박맹수 지금도 총기 좋으세요. 원남교당 이야기 좀 해 주세요. 공부하시고, 수행하시고, 교화하신 이야기. 기억나시는 이야기. 바자회 하신 이야기도 있고 신타원(김혜성)님 이야기도 있고.

박은국 신타원이 나 갔을 때 교당에도 잘 안 나오셨어. 원불교를 잘 몰라. 근데 몸이 아파. 아파 가지고 밤낮 병원엘 계시면, 서울대학병원에 입원을 하세요. 그럼 서울대학병원이 원남동교당 바로 옆이거든. 밤낮 문병을 가. 『교전대의』갖고 얘기를 하고 원불교 얘기를 많이 했어. 그때 신심이 솟았어. 신타원님이 신심이 나니까 자녀들도, 도전(홍라희)씨도 따라서 나오고.

신타원이 큰아들을 낳을 때 경상도 해운대 바다에서 부처님이 바다에서 솟아오르더래. 그 꿈을 꾸고 아들을 낳았는데 내가 경상도에다 뭣을 하나 해야 되겠다 했는데 여기 배냇골에다 뭣을 하나 해야 되겠다 그래. 그때 내가 배냇골 처음 터를 잡았을 때거든? 가다 보니까 여기가 괜찮아. 그래서 저기 가서 하나 내가 살거나 했는데 와서 대법당을 지어 주셨어. 신타원이.

그런데 총부서 왜 거기다가, 경상도에다가 집을 짓냐고 총부에다가 집을 지으라고 그래 갖고는 저기 왕궁에다가 집을 지었잖아. 훈련원을 지었잖아. 나는 경상도에다가 지으라고도 안 했는데 내가 와서 있으니까 거기다 짓는다 해서 지었는데 내가 신타원을 뺏어간 것 같이 돼서. 아이고, 허시라고 그러고는 열반하셨잖아.

박맹수 원남교당에서 바자회 하셨던 얘기도 해 주세요.

박은국 바자회? 얘기가 끝도 가도 없다?

박맹수 예. 삼일 밤낮으로 들려주셔야 할 것 같아요. (웃음)

박은국 바자회 할 때 너무너무 재밌었어. 어째 바자회를 했냐 하면 그때 도전씨가 한참 발심이 났어. 도전씨가 서울에서는 삼성의 재벌가거든? 양복도 많이 만들고, 가구도 많이 만들고, 식용유도 많이 만들고, 설탕도 많이 팔고, 온갖 것을 다 팔아. 그래서 바자회 하면 소매상에서 그 집 물건 사려고 다 들어와. 도매로 떼어가. 바자회가 우굴우굴해. 우리 혜신이가 참 머리가 좋아. 죽은 혜신이가 부교무로 있었거든?

박맹수 교타원 김혜신 교무요?

박은국 응. 뭐라고 썼냐 하면은 '원불교 바자회' 해 갖고는 크게 플래카드를 써갖고 저 불통(애드벌룬)을 달아. 불통을 띄워놓으면 서울 장안에서 다 보여. 삼성에서 식용유도 나오고, 농도 나오고, 양복도 나오고, 팔다 남은 재고품은

다 나와. 긍게 그것 사러 도매상들이 막 달라들어. 점포하는 사람들이. 그 이득금을 우리 원불교에 다 내놔. 그리고 총부 가면 나보고 그 돈 다 가져오래. 바자회 돈을. 대산 종사님이 가져오라 하면 갖다 드려야지. 갖다드리고 오니까 교무 하나하고 교도하고 막 나한테 달라들어. "바자회 해 갖고 지역주민 불우이웃 돕기로 했는데 왜 총부다 돈 갖다 주고 왔냐." "그럼 대산 종사님께서 내놓으라 하면 내놓고 와야지 내가 갖고 와?" 그러고는 말을 못해. 내가 얼마나 마음이 약했던지 울어. (웃음) 내가 참 순박하고 마음 약하고 그래서. 지금도 흰하네. 누구지? 그 여자 교무 똑똑한 사람 둘한테 당해.

박맹수 종타원 이선종 교무요?

박은국 선종이하고 또 하나 있어. 이선종 교무는 알 것인디 또 하나 있어.

박맹수 서타원 박청수 교무님?

박은국 청수. 아이고, 똑똑한 두 사람한테 내가 당하면 울어. 울어 갖고 대산 종사님한테 가서 돈을 도로 주시라고 할 거여 어쩔 거여. 그냥 나 혼자 당하고 말지. 그리고 내가 어리석게 살았어요. 교구장 할 때.

일은 안 생각하고 교구일 하는 것만 하고 살고. 원남동은 그때 총부 여관이여. 전무출신뿐만 아니라 교도들도 서울대학교 병원에 오면 다 원남동교당에 와서 자. 아침마다 밥해 주고 또 병원에 갔다가 오면 점심 해 주고 그러고는 저녁은 먹는지는 모르것어. 아침 먹고, 저녁 먹고. 식당 사람들도 애썼어. 지금도 만나면 그때 얘기를 하면서 그냥 그 고된 얘기를 해. 손님이 어찌나 많던지. 그때는 교당도 별로 없어요. 그리고 살았어. 그만해 인자.

박맹수 아침에 일어나시면 하루 일과 어떻게 시작하시는지 그 얘기만 좀 해 주서요.

박은국 아침에 일어나면 정신수양 공부하고 그러지. 여기서 편히 살지. 뭔 걱정이여 내가.

박맹수 기도도 하고 계시죠? 무슨 기도를 하세요?

박은국 전체 기도하지. 원불교 기도하고 대종사님께 기도 올리고 그러지 뭐.

박맹수 뭐라고 기도를 하세요? 기도문도 있으셔요?

박은국 자네 잘되라고. (웃음) 전무출신 다 잘되라고.

박맹수 여기 배냇골 사신 지는 몇 년이나 되셨어요?

박은국 내가 환갑 때 들어왔어. 그런데 30년이나 다 되어 가.

박맹수 30년 세월을 사시면서 굉장히 배냇골이 발전이 됐거든요? 향타원님이 기도하신 덕분인 것 같아요.

박은국 나는 배냇골 잘되라고 기도는 안 해. 여기 와서 다 성불하고 법력 익혀갖고 대종사님께 다 보은자 되라고 기도하지. 배냇골 기도만 안 해.

누가 와서 여기를 와서 보니까 저 골짜기가 귀신이 꽉 찼더래. 귀신이 꽉 찼는데 전부 잡신이더래. 그래서 자기가 귀신을 다 가라고 기도를 하니까 귀신이 다 가더래. 그랬다고 얘기를 해. 그래서 잘했다고. 내가 그러고는 항상 그런 기도를 해. 그렇게 '잡신이나 허신은 있지 말고, 여기를 돕고 여기 온 사람이면 다 성불을 해 갖고 이 한국을 위해서 세계를 위해서 큰일을 하라.' 그렇게 기도를 하지 개인이 은혜를 입어 갖고 하는 기도는 안 하거든.

박맹수 이제 질문 두 개만 더 드릴게요. 법연이 좋을까요 혈연이 좋을까요?

박은국 법연이 좋지 뭐 혈연이 좋아.

박맹수 왜요?

박은국 법연은 세세생생 댕기면서 다 공부하고 살아야지. 대산 종사님께 돈을 한 푼도 받아 본 적이 없어. 여태 대산 종사님께 바치기만 했지. 그래도 대산 종사님 생각만 나지. 우리 집, 옛날 우리 형제들 생각이 나냐. 부모 생각이 나냐. 그 어른들은 나 제도 받으라고 기도를 하지.

박맹수 마지막으로 질문 드릴게요. 생사가 뭘까요?

박은국 생사가 뭐냐고? 생사가 생사지.

박맹수 생사도리를 어떻게 연마하고 계셔요?

박은국 서원 세우고 해야지. 서원이 굳어야 악도타락이 안 되고 악연을 안 만나고 선현들만 만나 가지고 공부해서 서로 돕고 화합하고 정진하고 살지. 악연들 만나면 가정살이만 하고 세상일만 할 것 아니여. 그리고 돈만 달라 하고. 그런데 그런 인연 안 만나고 서로 수도하고 격려하고 대종사님 모시고 세세생생 댕기면서 그러고 살아야 될 거 아니냐?

박맹수 마지막으로 저희 후진들한테 당부 말씀 해 주세요.

박은국 또 별소리 다 물어보네. 인자 그만해. 네가 허고 싶은 대로 해라.

박맹수 향타원님은 왜 소나무를 그렇게 좋아하세요?

박은국 사시장철 푸르고 꼿꼿하고, 여름이나 겨울이나 항상 꼿꼿한 기상이 있잖아? 그래서 좋아해.

박맹수 여기에 '소년 대종사 상'을 세우셨잖아요. 청소년들에게 뭔가를 심어 주실 뜻이 있는 것 같은데. 여기 배냇골이 청소년수련원이거든요? 소년 대종사 상을 세우신 그 뜻이나 청소년수련원으로 만드신 뜻이 계신가요?

박은국 청소년 때부터 도덕심을 심어 줘야 되거든. 그래야 자기 천성이 되거든. 동상을 김영중 씨라고 아주 유명한 홍익대학 교수가 있어. 조각을 잘한다고 해서 찾아갔는데 내가 대종사님 상을 소년상을 하나 조각을 해야 되겠다고 하니까 나를 보고 감화를 받았어. 왜 그러냐면 그런 상을 만들려면 회원을 많이 만들어 가지고 조직이 되어서 오는데 혼자 와 갖고 돈도 없이 말야. 돈도 얼마냐고 물어보도 안 하고 조각상에 대해서만 얘기를 하니까. 내가 꼭 소년대종사 상을 하라고 그랬어. 여기 청소년훈련원이니까. 아, 그런데 상을 해 놨는데

배내 청소년 수련관 경내에 있는 소년 대종사 상

청년상을 해 왔어. 청년상. 나는 소년상을 만들라 했는데 왜 청년상을 해 왔어.
두 번째 해 온 상이여. 저 상이.

박맹수 여기 어린 청소년들이 많이 오겠네요?

박은국 많이 와.

박맹수 어린 청소년들 보시면 무슨 생각이 나세요?

박은국 그 얘기는 많이 하지. 어려서부터 생각이 건전해야 나라의 인물이 된
다. 나라의 인물이 되어야 된다. 너 혼자 커서는 안 된다. 얘기를 많이 해도 특
별한 생각은 내가 기억이 안 나네.

박맹수 아까 그래프로 일기 쓰시고 그러실 때 스승님들께 감정도 받으셨어
요?

박은국 어. 대산 선생님께.

박맹수 대산 종사님한테 감정받으셨어요? 그걸 보여주시면 뭐라고 지도를 해

주셨어요?

박은국 칭찬만 하셔. 대산 선생님께는 너무나 사랑을 많이 받아서. 대종사님 열반하셨을 때보다 더 많이 울었어. 참 예뻐하시고 하섬을 자주 오시고 그랬거든.

박맹수 일기 감정은 대산 종법사님한테 많이 받으셨어요?

박은국 그랬지. 대종사님 계실 때는 내가 어렸거든. 유일학림도 대종사님 열반하시고 나왔는데 그때는 내가 어렸어. 그때는 공부길이 뭣인지도 잘 모르고 영산에서 살고 대종사님 열반하시고 6월 1일날 총부로 왔잖아. 총부 왔을 때 울기만 하고 왔는데 그때 뭘 알았겠어. 내가 그때는 나이가 열일곱인데.

박맹수 지금 생각하시면 오서 갖고 공부하실 때가 그리우시죠? 기억나시는 대로 말씀해 주실래요? 강연하실 때 치마꼬리, 댕기 돌돌돌 감고.

박맹수 우리 선진님들이 그랬지. 우리는 그 후대거든. 그렇게 우리 때는 이렇게 치마를 잡아댕겨서 밑에 바지가 나온 때는 아니여. 그때는 우리보단 더 기성세대가 많이 들어왔어. 처녀 시대로는 우리가 열일곱에 들어왔으니까 우리는 처녀로서 많이 들어오고 그때 어른들만 해도 기성세대가 많이 있었지.

박맹수 치마, 댕기 돌돌돌 감고 강연 못하고 내려오시고 그런 언니들이 누구세요?

박은국 지금 안 계시고, 선진들이라 다 열반하셨고.

박맹수 그런 분들 이름 기억하세요?

박은국 이름은 잘 기억 안 나. 그때 기성세대가 결혼해 가지고 살던 사람들이 젊어서 들어와서 교무된 양반들이여. 처녀로서는 우리들이 1세대지. 그때는 우리하고 세대가 달라. 우리는 처녀로 들어와서 학원공부 하다가 해방이 되고 나서 유일학림이라는, 지금 원광대학 전신이여. 그때는 원광대학이 허가가 안 났으니까. 해방되고 나서도 학림이란 소리를 붙였지. 그전에는 학원이지. 학림도 아니거든. 그냥 학원인데 모아 놓고 앉아서 학년도 없고 칠판에다 글씨 써놓고 하면 밤낮 졸고 앉아서 방귀나 뀌고 그랬어. (웃음) 우리 시대 때는 그렇게 공부했어요.

박맹수 향타원님 오늘 긴 시간 저희를 위해서 말씀 많이 해 주셔서 너무 감사하구요. 오늘 말씀한 내용을 잘 받들어서.

박은국 책으로 만들지 마.

박맹수 책 말고 많은 사람들이 원불교를 알아보고 또 대종사님을 알아보고 마음공부를 잘하는 길을 찾고 그래서 모두가 좋은 낙원 세상이 될 수 있도록 그렇게 저희들도 열심히 공부하겠습니다. 고맙습니다.

박은국 내가 잘못한 소리는 쓰지 마. 아이고, 나보고 별소릴 다 하라고 하네.

건타원 김대관 종사

전무출신할 아이

내가 하는 일은 사(私)가
있을 수가 없어

박맹수 안녕하셨어요? 올여름 날씨가 굉장히 더웠는데 잘 지내셨어요?

건타원 김대관 종사 (이하 김대관) 예. 비교적 건강하게 지낸 편입니다.

박맹수 올해가 원불교 개교 100년 되는 해구요. 내년이 101년 되는 해인데 이 뜻 깊은 해를 맞이해서 느끼시는 생각들이 좀 있으신가요?

김대관 똑같은 시간의 흐름이지만 100주년이라는 의미가 있기 때문에 때로는 가슴이 버거울 정도로 감동스럽기도 하고, 스승님들을 뵙고 싶은 마음이 더 간절해질 때도 있고. 내가 이 회상에 와서 받은 복에 비해서 얼마나 보은을 했을까, 되돌아보기도 하고 여러 가지 생각이 참 묘합니다.

박맹수 특히 건타원님 집안은 조부님, 아버님 때부터 대종사님과 떼려야 뗄 수 없는 깊은 인연 관계이신데요. 그런 인연이 맺어지게 된 이야기를 좀 들려주시면 좋겠습니다.

김대관 저는 너무 어린 나이여서 직접 뵙고 느낀 바는 없고 어른들의 말씀을 들어서 아는 바이지만 저희 집안도 길용으로 온 지가 얼마 안 되고 본래 거기가 조상 때부터 고향이 아닙니다. 대종사님은 더 늦게 그리 이주를 하신 것 같아요. 그런데도 속세의 지중한 인연이신가, 두 가정이 우리 회상의 일이 시작되기 전에 동네 주민으로 살 때부터 각별하셨다고 그렇게 어른들께 많이 들었습니다.

박맹수 대종사님이 아직 도를 깨달으시기 전에, 대각하시기 전부터인가요?

김대관 예. 대각하시기 전부터.

박맹수 구체적으로 어떤 깊은 인연이 되셨을까요?

김대관 대종사님께서 일찍이 발심을 하셔서 가지고 생활을 불고(不顧)하셨다고 알고 있죠? 기도하러 다니고 하셨지만 그러시기 전에도, 시골에서는 저희들 어렸을 때만 해도 봄이 되기 전에 식량이 다 떨어집니다. 그러면 여유 있게 사는 집에서 이렇게, 그걸 뭐라 그러는데.

박맹수 장리쌀이요.

김대관 장리, 장리 준다고 합니다. 그러면 곱장리하고 그렇게 알고 있어요. 한 가마를 주면 다음 해에 농사를 지어서 두 가마 가져오고 그런 관례라고 그럴까? 죄악이 아니라 그런 풍속이 있었던 것 같아요. 그러고 우리가 나이가 조금 들어서는 절반도 가져오고, 한 가마 주면 한 가마 반을 가져 온다든지.

대종사님 댁도 어려우시니까, 산비탈에 밭뙈기 얼마밖에는 곡식 수확할 땅이 없습니다. 우리 집은 그때 조부님께서 시골에서는 살림을 이룬 편이어서 부자라기보다는 좀 여유 있게 지내신 것 같아요. 그래서 다른 주민들한테도 장리를 놓고 그러셨는데 친척 관계도 아니고 남인데도 대종사님 댁 장리를 많이 감해 드리셨다고 그래요. 어른들한테 들은 바로.

박맹수 대각하시기 전에요?

김대관 대각하시기 전이죠. 물론 전이죠. 대각하시고 나서는 할아버지도 그냥 대종사님께 빠져서 사시고 당신의 살림도 불고하셨으니까 말할 것도 없고.

저희 할머니(신정량)가 참 착하신 사람인데도 그런 말씀을 하셨다고 그래요. 그전에는 대종사님이라는 호칭이 없었겠지만. "그 댁만 감해주면 어떻게 되느냐. 감해 주려면 다른 사람들도 똑같이 감해 줘야 할 것 아니냐?" 저희들이 생각해도 당연한 생각이시고 현명한 생각이라고 생각이 되어요.

그럴 정도로 전혀 세상에서 인연 관계가 없는데도, 친척 그런 관계가 아닌데도 도와 드리고 하셨다는 것 보면 정말로 과거 생부터 지중한 인연이 아니셨든가. 그런 이야기들을 제가 어렸을 때부터 듣고 자랐어요. 나중에 회상을 펴면서는 말할 거 없지만.

박맹수 조부님이 그 유명하신 팔산(八山) 김광선 대봉도시죠.

김대관 예.

박맹수 대종사님보다 나이가 열 몇 위시죠?

김대관 열두 살인가 그런데 옛날 우리나라 풍속은 열 살까지는 서로 말을 트고 호형호제를 하는데, 열 살이 넘으면 말을 못 놓는다고 그래요.

박맹수 우리나라 유가 전래 풍습에요?

김대관 예. 풍습에 그러니까 대종사님께서는 팔산 할아버지보고 형님이라고 그러시고 대종사님께는 말씀을 놓으시고. 풍속이 그러시니까.

박맹수 대각하시기 전에요?

김대관 그렇죠. 대각하시기 전에. 연세로나 세상 생활 차이로나 또 우리도 거기가 본 고향이 아니고 할아버지께서도 본 고향은 아니시지만 먼저 거기에 터를 잡으셨으니까 모든 면으로 더 나은 편이셨죠. 그런데 대종사님 만나시고는 완전히 사제(師弟), 형 아우가 아니라 사제로. 전생에 지중한 인연이셨다고 들었는데 인연이셨던 것 같아요.

박맹수 그런 지중한 인연 속에서 건타원님은 어떻게 교무 되시는 길을 걸어 오시게 되는가요?

김대관 그 말씀을 드려야 할지는 모르겠는데 저는 어렸을 때부터 영산이 우리 집이어요. 주소가 똑같습니다. 그러니까 대종사님 탄생지, 원불교 발상지, 내 출생지 주소가 똑같아요. 동네도 같으니까. 영산을 내 집같이. 그렇게 하고, 특히 어머니가 나를 임신하셨을 때부터 태중교도죠. 모태.

박맹수 모태신앙이시겠네요?

김대관 네. 모태신앙. 내 집같이, 영산을 정말 내 집같이, 큰집같이 살았는데. 시아버지께서 전무출신하시고, 영감님께서도 전무출신하시고. 농사만 짓고 사는 그 농촌에서 어머니도 얼마나 고생이 되셨겠어요.

박맹수 어머님이 온타원 이보응화 어른이지요?

김대관 예. 온타원 이보응화 종사세요. 그런데 우리 어머니는 대대로 전무출신을 해서 내가 고생을 한다는 말 꿈에도 없으셨어요. 그리고 항시 감사하고, 행복하고. 어머니가 직접 그러셨어요. "나는 남의 일 해 가지고 농사지어 주는 그런 영감님 바라지 않는다."

그전에는 숲리라 했어요. 이리를 숲리라 했어요. 저렇게 나가서 교단을 위해서 큰일하고 숲리 가서 이렇게 사는 것이 당신은 훨씬 행복하다고. 자녀들도 다 전무출신하는 것이 사실은 어머니 서원이시기도 했어요. 그러니까 항시 그런 분위기 속에서 우리가 자랐죠.

그리고 조부님께서 나 다섯 살 때 열반하셨는데 뭣을 보셨는지는 모르지마는 전무출신 시키라고 유언같이 하셨다고 어머니가 키우면서 그러셨어요. 그래서 저도 당연히 크면 영산 가서 공부하고 영산에서 숲리로 와서 전무출신하는 것이라 생각했어요.

우리 어머니의 유명한 말씀이 있어요. "집은 못자리다." 못자리에서 모가 크면 논으로 옮겨 심잖아요? 그러니 커서 자력 생활할 만하면 그때는 숩리로, 논이라는 숩리로 옮기는 것이지. 옛날 어른이 어떻게 비유를 그렇게 적절하게 들으셨는가? 내가 철이 들면서 그런 생각을 했는데, "이 집은 너희가 자력이 설 때까지 키워 주는 못자리판이다." 크면 숩리로 가서 전무출신한다는 것이 당연한 일 같이 어렸을 때부터 자랐어요.

박맹수 그러면 영산, 그러니까 영광의 못자리에서 숩리 논으로 몇 살 때쯤 오셨습니까?

김대관 그러니까 6·25가 제 나이 열여덟에 났는데 그 전에 총부에 왔어요. 열여덟에 왔다가 6·25 때 내려갔는지 열일곱에 있다가 내려갔는지는 모르지만 어쨌든 6·25 전에 와서 총부에서 6·25를 맞아서 어린 저뿐이 아니고 모든 어른들까지 전부 귀가를 시키셨어요.

박맹수 6·25를 당해서요?

김대관 예. 총부서 그때 귀가를 시키셨어요. 종법사이신 정산 종사님께서는 총부에 남으셔서 총부를 지키셨고, 제자들 중에서도 극소수만 남고 전부 집으로 고향으로 보냈어요. 그래서 6·25를 고향 영광서 지내고 9·28 수복 후에, 제 일인데도 기억이 분명치가 않아요. 그해에 올라왔는가, 연말에 올라왔는가. 그 이듬해 열아홉에 올라왔는가는 모르겠어요. 제가 지금 출가 64년인가, 65년인가. (웃음) 제가 지금 여든세 살이니까 8년에? 9년에 올라왔으면 64년? 그랬습니다.

박맹수 공부는 그럼 영산에서 하시고 올라오신 건가요?

김대관 영산에서 학원 공부, 주로 한문 공부를 그때 많이 했어요. 그때 아주 실력 있으신 전구일 선생님. 어르신 유교 학자가 계셔서. 저는 유서의 기본 교육을 그 어른한테 받은 것을 대단히 감사하게 생각해요. 유명한 학자셨습니다 그 어른이 『사서』이런 거 가르쳐 주셨어요.

박맹수 전무출신 말고 다른 거 생각할 것 없이 자연스럽게 가는 길로 생각을 하셨겠네요?

김대관 저는 저 스스로나 집안에서나 전무출신할 몫으로 키우고 저도 그렇게 자라고. 영산이 바로 한동네기 때문에 제 선배, 그때는 언니들이라고 그랬죠? 선배 선진님들도 영산을 거의 거쳐 갔는데 그 어른들도 전부 "쟈는 크면 전무출신할 애." 조부님이랑 아버님이랑 출가를 하셨기 때문에 뉘 집 손년지, 뉘 집 딸인지 다 아니까. 의례 쟈는 크면 전무출신할 애. 저도 정말 맹세코 꿈에도 딴 길을 생각해 본 적이 없어요. 당연히 어머님 말씀같이 어릴 때는 부모 밑에서 크다가 내가 좀 자력이 서면 숨리로, 숨리로 가서 나는 전무출신한다.

우리 어머니는 딸 키우는 준비를 하나도 하신 일이 없어요. 바느질 가르치신 일도 없고, 길쌈을 가르치신 일도 없고. 하여튼 지금도 한 가지 생생한 기억이 있는데 검정 치마를 떠 가지고, 그때는 비단 장사들이 이고 시골을 돌아다녔어요. 숨리 갈 때 이 치마 해서 입고 가야 한다고 검정 치마를 뜨시더라구요. 숨리 갈 때 입을 준비 하시느라고.

박맹수 그러니까 출가, 시집갈 수 있는 그런 교육은 하나도 안 받으시고?

김대관 어머니 자체가 생각을 안 하셨어요. 그러니까 당연히 저도 그런 걸로 알고. 큰 복이죠. 그런 가정에 태어난 것이.

박맹수 여러 번 말씀 들었습니다만 숨리 오셔 가지고 정산 종사님 진짓상을 많이 올리셨다고 그러시던데.

김대관 제가 평생을 통해서 가장 복 받은 일이라고 생각합니다. 어디서 성자의 진짓상을 올리겠어요. 제가 일생을 통해서, 영생을 통해서 다행스럽고 복된 일은 주세성자(主世聖者)를 직접 뵈었다는 것. 한 공간, 한 시간이 아니면 못 뵙거든요. 내가 그때 안 태어났으면 못 뵙고, 그것도 내가 길용서 태어났으니까 뵈었지 그리 안 하면 못 뵙죠.

진짓상을 올리면 뚜껑이 덮여 있습니다. 그럼 뚜껑을 열어 놓고 다 잡수시도록 옆에 모시고 앉아 있어요. 진지 절반쯤 잡수시고 밖에 나오면 어른들이 숭늉을 준비해 놓고 계세요. 그러면 숭늉 갖다 올리고, 진짓상 물리고를 제가 오래 했어요. 총부 올라와서 지방에 나가드락까지는. 총부에 오래 살았으니까요. 두 성자를 이렇게 가까이서 뵈옵고, 모시고. 총부서 십 년을 살아도 진지를 한 번도 안 올린 사람도 있어요. 멀리서 그냥 뵙는 것과 직접 가까이 가서 진짜 숨쉬시는 소리까지 모시는 것은 또 다르거든요.

박맹수 진짓상 올리시는 시절에 총부가 대단히 가난한 시절이었다고 그러는데요.

김대관 6 · 25 직후입니다. 여러분들은 복이 많아서 그 전쟁을 겪지 않았는데 온 나라가 죽도 못 먹을 땝니다. 총부도 역시 참 어려웠습니다. 삼시 밥을 먹는다는 것은 있을 수 없는 일이고요. 죽이라도 삼시 세끼를 다 먹는 날은 정말…. 곳간에 쌀이 없으니까, 생겨야 먹으니까요. 지금 전문대학(현재 원광보건대학) 있는 곳이 그때는 총부 밭이었어요. 요때쯤 되면 9 · 28이 곧 돌아오네. 감자순, 그때 감자를 심었던 것 같아요.

박맹수 고구마 말씀인가요?

김대관 고구마순. 고구마순을 뜯어다 놓으면 그걸 전부 까서 김치 담아서 반찬은 그것하고. 지금도 생각하면 어디서 그것이 많았던가. 여러분들은 젊으신 분들은 잘 모르실거예요. 찌금장이라고 있어요. 뭐 고춧잎도 넣고 여러 가지 채소 같은 거 넣어 가지고 하는 우리의 고유 반찬이 있어요. 반찬이라고는 그 두 가지예요. 찌금장하고 감자순.

박맹수 고구마순 아닌가요?

김대관 시골 영광에선 고구마를 감자라고 했어요. 고구마순에 고추 갈아서 한 것하고 그 두 가지에다 밥을 먹을 때도 있고 죽을 먹을 때도 있고 그래요. 우리만이 아니고 전국이 6·25 후에 그렇게 어려운 시절이 있었습니다.

박맹수 정산 종사님께 진짓상 올리실 때 그렇게 말씀 못 하시고.

김대관 조실에 앉아 계신다고 어찌 종법사님께서 총부 형편을 모르시겠어요? 진짓상을, 밥을 할 수가 없는 날이 있어요. 그러면 우리가 굶어도 어른은 진지를 올려야 하는 도리지만 대중이 죽을 먹는다든지 굶는 것을 아시면 얼마나 어른이 심려를 하시겠나? 어른들은 그것이 더 걱정이신 거예요. 그래서 어린 저한테 훈련을 시켜서 보냅니다. 죽 먹을 때는 요만치 쌀을 구하면 진지를 해서 올리면서 "대중도 밥 먹냐?"고 하면 "밥 먹는다."고 여쭤라. 또 어떨 때는 굶어요. 굶으면 대중도 먹냐?" 하면 "먹는다."고 굶는다는 소리를 못 올리게 합니다.

박맹수 사전 교육을 받으신 셈이네요.

김대관 아주 교육을 단단히 시켜요. 진짓상을 올리고 진지기를 딱 벗기면 "대중도 밥 먹냐? 죽 먹냐?" 이걸 물어보세요. 그러면 순진한 것이 아니라 어리석었던 것 같아요. 시골에서만 커 갖고 어떻게 둘러댈 줄도 모르고 그냥 생긴 고대로. 어렸을 때부터 영산에 있어서 아버지 같으셨어요. 그 어른도 물론 다 잘 아시고 어렸을 때부터 보셨으니까. 대중은 밥을 안 먹으니까 안 먹는다고 해야 할 텐데 어른들이 거짓말을 시켜 보냈으니까, 꾸중들을 테니까 도저히 못하겠어요.

박맹수 사실대로 말씀할 수도 없고요?

김대관 거짓말할 수도 없고. 그러니까 그냥 가만히 앉아 있어요. 가만히. 그러면 진지기를 딱 내려놓으시면서 죽 끓인 날은 "가서 죽 갖고 오너라." 그러면 철딱서니도 없지. 딸랑딸랑 나와서 "법사님께서 죽 갖고 오라고 하십니다." 하면 어른들이 얼마나 걱정하시겠어요. 저놈의 새끼가 대중도 밥 먹는다고 하라

정산종사 졸업생들과 함께. 뒷줄 왼쪽 첫번째가 건타원 김대관 종사.

고 하니까 그냥 가서 그랬다고 한다고. 대중이 또 굶으면 "가서 또 대중 밥 먹느냐고 하면 먹는다고 해라." 하면 먹는다고 해야 하는데 좋게 말하면 순진하고 그냥 어리석었죠. 철딱서니가 없어 갖고. 그런 거는 좀 여쭤도 되는데. 그러면 진짓상 물리라고 하시고. 그런 적이 한두 번이 아니셨어요.

열반하시고 나서 엄청나게 울었는데 대종사님은 제가 어렸을 때 열반하시고 또 영산에 계셨으니까 잘 모르지만 정산 종사님은 저희들이 모시고, 받들고, 법문도 받들고 해서 정말로 참 그랬어요. 이 눈물이란 건 한정도 없는가. 1월 24일이니까 엄청 추운 때거든요. 열반하신 때 굉장히 추웠어요. 정말 눈물이 얼을 정도로 추웠어요. 근데 그때 내가 밖에서 손님 응접하는 그런 책임을 맡아서 했어요. 그 추운 날 밖에서 손님들 안내를 하고. 마음으로 모시는 스승은 부모나 똑같아요. 부모 열반하셨을 때 제가 경험해서 하는 말인데 슬픔이나 망극한 그 마음이 같더라구요.

박맹수 아마 가난한 시절에 그 사실을 말할 수도 없고, 거짓으로 말할 수도 없고. 그런 사연을 간직하셨기 때문에 열반하셨을 때 더 가슴에 메어지셨을 것 같네요. 정산 종사님은 어떤 분위기의 어른이셨어요?

김대관 저는 교당에 가서 추모담을 할 때나 제 후배들한테 정산 종사님에 대한 추모담을 할 때도 딱 한마디의 표현이 있어요. "자연, 자연 그대로다." 엄하셔서 감히 머리도 못 드는 것도 아니고. 물론 그럴 수도 없고. 그런데 그냥 자연의 일부이신 것 같아요. 뭐라고 해야 되나. 엄해서 감히 옆에 못 가는 것도 아니고, 함부로 아버지같이 해서도 안 되고. 자연 그대로. 자연. 전 딱 한마디로 그렇게 표현해요. 정산 종사님은 자연 그대로셨다.

박맹수 정산 종사님 모시고 원광초급대학에서 공부를 하시나요? 그때 공부하셨던 추억이나 기억 말씀해 주세요. 지금 원광대학으로 치면 3회 졸업생이신가요?

김대관 3회죠. 교단에서도 3기고. 교단에서 그때 형편이 어려우니까 1기생을 모집을 해서 4년 동안 가르쳐서 지방에 내보내고 그런 것이 지금 1기생, 2기생이 그런 뜻입니다. 후배들 오면 이게 뭔 소린고 할 텐데. 그리고 졸업시켜서 지방에 내보내고 2기생을 또 뽑습니다.

박맹수 졸업시키고 나서 뽑아요?

김대관 그럼요. 내가 출가해서 오던 해가 1기생이 졸업해서 나가고 2기생이 시작되더라고요. 2기생들은 첨부터 원광대학 다닌 게 아니에요. 그때 원광대학이 없었으니까. 그리고 교단의 인재 양성 의미로는 우리가 3기예요. 2기생들 다 졸업시켜 놓고 우리를 뽑아야 되는데 원광대학으로는 3회고 우리 들어갈 때 그때는 원광대학이 국문학과만 있었습니다. 우리 다음부터는 4기라는 말 못 들어 보셨죠?

박맹수 그렇죠.

김대관 그전에는 유일학림이고. 원불교에만 있는 교육기관이여. 그게 유일학림이.

박맹수 그 시절에 가르쳐 주신 그런 내용들 또 그때 가르쳐 주셨던 은사님들 어떤 분들이셨어요?

김대관 특별히 누구시라고 할 수는 없지만 유일학림에서는 주로 우리한테 필요한 것, 원불교 교리나 불교 경전을 많이 공부했어요. 그러고 주로 『사서삼경』 같은 것. 지금 짧게나마 한문 실력이 있는 것이 총부에 살 때 『사서삼경』을 한 번은 베끼니까. 『사서삼경』이 유교 서적 아닙니까? 그걸 공부를 했고, 대학에 가면 한문 공부를 못하죠. 일반 과목을 하는데, 그때 한국에서 국보급인 이병기 선생이 와서 국문학과 강의를 했어요. 우리도 교양과목으로 많이 들었습니다. 국보급이라고 그런 소리를 들었어요. 그러고 전원배 선생이라고 철학 강의도 그런 분들이. 그분도 참 국보급이라 소리를 그때 했었는데

박맹수 전원배 교수님은 헤겔철학 전공으로 아주 유명하셨지요?

김대관 예. 그분들 강의를 우리가 직접 받들고 그분들한테 칭찬도 들었어요. 그때 우리들은 머리 이렇게 해서 뒤로 묶고, 검정 고무신 신고, 남자 고무신 신고 학교 다녔거든요. 그 모습을 한 번 생각해 보세요.

박맹수 그러니까 학생들도 여자 교무님과 같은 복장이셨겠네요.

김대관 예. 지금은 이렇게 치마가 길지만 학생 때는 조금 짧고 지금같이 입죠. 흰 저고리, 검정 치마가 조금 짧고. 구두가 어디가 있어요. 남자 검정 고무신을 신고. 하얀 그 교학과, 지금도 그 교학과 건물인가는 모르겠는데 맨 처음

에 지었었어요. 거기서 공부하고 그럴 때 칭찬 들었어요. 하고 다니는 것은 옛날 18세기 여자들같이 검정 치마, 검정 고무신 신고 다녀도 시험을 보면 같은 국문학과생들한테 실력이 안 떨어지니까 교수들도 칭찬을 하시고. 그때도 교학과 학생이라 했어요. "교학과 학생들은 고무신 신고 다녀도 감히 함부로 못하겠다."그런 소리를 학생들도 한다고 그랬어요. 하고 다니는 것은 촌스러워도.

박맹수 안에 든 실력은?

김대관 실력도 실력이고, 우리가 일반 학생이 아니니까 우리가 자기들하고 함부로 말하고 농담하고 그런 처지가 아니잖아요. 유명한 교수들한테 강의도 들었고. 총부에서는 개인적으로는 그때까지만 해도 유서를 인증을 하고 또 가르칠 때였어요. 지금은 우리같이 덜 하는 것 같은데. 그래서 『사서삼경』 정도는 한 번쯤은 베끼는 것이 기본인 것 같이. 우리 공부할 때만 해도 그랬어요.

박맹수 한문 교육도 굉장히 많이 하셨네요. 그렇게 3기생으로 졸업을 하시고 어디로 가시게 되나요?

김대관 그때만 해도 동기생이 몇 안 되지만 제가 나이가 맨 밑이었어요. 지금도 동기생들 몇 분 계시는데 하여간 졸업하면 저희들이 단계가 있어요. 스쳐가는 단계가, 맨 처음에 교당 가면 부교무라는 직책을 반드시 거쳐야 합니다. 근데 나는 사실 지방에서 간사 생활도 1년을 안 했거든요. 지방 경험이 전혀 없어요. 출가해 갖고 총부서 살았기 때문에. 그런데 이상스럽게 그때 저만 삼례교당 단독 교무로, 단독 교무로 보냈어요.

박맹수 부교무도 안 거치고요?

김대관 부교무도 거치지도 않고 단독 교무로 가서 살았고요. 삼례가 첫 발령지니까 인상에도 남지만 제가 삼례 있을 때 정산 종사님께서 열반하셨어요. 그래서 더 남아 있어요. 서울 병원에 갔다 오실 때, 그 기차 소리가 언제까지 뇌리에서…. 입원하셨다가 퇴원하시는데 기차로, 그때만 해도 기차로 오셨어요. 첫 부임지가 삼례였어요.

박맹수 그렇게 부교무도 안 거치시고 단독 교무로 바로 나가셨을 때 겁 안 나셨을까요? (웃음)

김대관 한 가지 장점도 있더라고요. 처음에 총부로 출가를 해 놓으니까 하얀 백지에 맨 먼저 사육된 것이 총부여. 이 의식도. 총부에서도 대각전에서 의식 진행한 것을 맨 먼저 봤고, 성격도 조금 고지식한 데다가 예전 그대로 총부에서는 가감이 없거든요. 그러니까 지방에 있을 때는 교화를 위해서 조금 편법도 쓸 수도 있잖아요? 그런데 본래 고지식한 면도 있지마는 그냥 총부서 하는 그대로. 그리고 총부서 학교 4년 다녔지, 간사 생활도 한 2년 했지. 이러니까 보기는 많이 봤잖아요. 모든 의식을 다 참석하니까. 그러니까 그렇게 훈련이 잘 돼서 힘들고 그런 거는 모르고 지내고 또 외모가 나이가 먹게 보여서 교우들이 하나도 어린 교무라고 안 했어요. (웃음) 나이가 많은 교무로 알아서 우스운 이야기들도 있고. 거기서 6년인가, 7년인가 살고 나와서 영산선원. 거기 가서 또 학생들을 가르치게 되었어요.

박맹수 교육계로 오셨네요.

김대관 예.

박맹수 영산선원(현재 영산선학대학교) 시절에 그때도 그렇게 넉넉한 시절은 아니고 일도 많고 그러셨을 텐데. 어떤 시절이었나요?

김대관 영산선원이 처음에 개원했을 그때 3기생까지는, 3회까지는 정말 반선(半禪) 반농(半農)이었습니다. 그 농사를 정관평 제1방언. 제2방언은 그 뒤에 했고. 제1방언은 소가 쟁기질만 해 주면 심고 가꾸고 거두고 하는 것을 거의 99% 학생들이 했어요. 그때 같이 공부한 사람들이 퇴임해서 지금 수도원에 있어요.

박맹수 어떤 분이세요? 그때 같이 공부한 사람들이?

김대관 많이 있어요. 고생은 많이 했어도 하나도 고생으로 생각 안 하고. 정말 그 사람들 과찬하려고 해서가 아니라 기쁜 맘으로, 웃는 얼굴로.

박맹수 그런 기쁨이 어디서 솟아났을까요. 그렇게 일을 많이 하시고 공부는 조금 하시고 그랬던 것 같은데요?

김대관 공부도 할 만치는 하지만 어쨌든 그 일을 놉(일꾼)도 없고 자기 일도 바쁜데 언제 영산에 와서 하겠어요. 전담하는 사람이 있긴 있죠.

저는 그게 전무출신 정신이라고 생각합니다. 그때 누가 거기서 공부를 했어도, 누가 거기서 직원으로 살았어도 다 그랬을 것이다. 그리고 다 즐거운 마음으로, 당연히 해야 할 일로, 우리 구인선진님들은 더한 일도 했는데. 이 방언 공사를 누가 했는데. 삽으로 괭이로 조수 내왕하는 뻘을 막아서 만든 논인데. 선진님들께 대면 그래도 호강 아닙니까?

박맹수 만들어 놓은 논에서 수확하니까요?

김대관 예. 그런 마음으로 한 것 같아요. 정말 과찬이 아니라 우리가 공부하러 왔지, 일하러 왔냐 하는 불평이 아니라. 그런 마음 같으면 전무출신 못하죠. 교단 일이 내 일이라고 생각하니까. 누가 내 일 하면서 짜증냅니까? 남의 일 할 때 짜증내지.

박맹수 초창기 교단을 세워 주신 선진님들은 무엇을 위해서 이 회상 교단을 세우셨을까요?

김대관 짧은 생각으로는 구인선진님들이 조수 내왕을 괭이로 삽으로 막아서 논을 만드시고 지장(指章)을 안 찍은 백지. 이건 내가 노래 부를 때 애들 보고 많이 지적을 하는데 백짓장 그러면 안 돼. 백짓장이라는 것은 흰 종이란 소리고 이건 백지장.

박맹수 그렇죠. 손가락 지장.

김대관 하믄요. 손가락 지장. 백지혈인(白指血印). 이것이 꼭 그 어른들 위력일까요? 그 괭이로 삽으로 그 조수 내왕하는 바닷물을 막아요? 그래서 논을 만들어요? 아무나 기도해 갖고 백지혈인이 나와요? 백지혈인은 이건 천지의 인정이고 천지의 감동입니다. 이건 인간의 힘으로 되는 게 아니에요. 백지장인데 어떻게 여기서 혈인이 나오겠어요.

박맹수 그러니까 뭘 인정해 주셨을까요? 천지가.

김대관 법문 나오잖아요. 새 회상 창립과 창생을 위해서는 죽어도 한이 없다는 사무여한(死無餘恨). 이것이 백지혈인이어요. 사무여한. 죽어도 남은 한이 없다. 죽으려면 목적이 있을 것이 아니야. 괜히 죽어요? 내가 죽음으로 인해서 새로운 회상이 열리고 그때는 원불교라는 명칭도 없을 때니까 새로운 회상이 열리고 만 중생이 구제를 받는다. 그렇다면 한 목숨 기꺼이 죽겠다. 나는 그것이 굉장히 감동스러웠어요. 한동네서 살면서 너, 나 하고 살던 어른인데 얼마나 대종사님을 믿는 마음이 충천했으면 그분이 죽으라 한다고 부모 다 계시고 처자식 다 있는데, 참말로 내가 죽어 가지고 새 회상이 열리고 전 중생이 제도 받을 것을 어떻게 알아요. 뭣을 보고 믿어요? 알 수 없는 일 아닌가요? 현실적으로는? 그러니 대종사님께서 단도를 다 준비하셨잖아요.

그 기도문이 다른 게 없어요. 사무여한. 죽어도 여한이 없다. 딱 찍어. 그게 전부 대종사님 위력이세요. 누가 그런, 다른 사람이 말한다고 죽을 사람이 어디가 있어요. 그게 대종사님의, 성자의, 우리는 백지혈인의 구인선진님들의 후배들이어요. 우리도 서원서를 낼 때는 사무여한 백지혈인이어요.

박맹수 무아봉공(無我奉公)의?

김대관 예. 무아봉공. 그때부터는 나는 없어. 세상을 위해서, 생명을 위해서 내 한 몸 바치겠다는 것이거든요.

박맹수 그게 저희 원불교 출발점이죠.

김대관 출발점이고 전부고. 그렇게 해 놓고 만일에 서원하고 다른 일을 하면 큰일 나지. 큰일 나지.

박맹수 그것을 아니까 영산선원에서 일이 많고 힘들어도 그게 기쁘고, 고생이 아니라고 여기면서 학생들은 공부에 전념할 수 있었겠지요?

김대관 누가 그때 그 자리에 있었어도 다 그럴 것이다. 지금 우리 전무출신들이 수천 명이 되지만 그 일자리가 꼭 내 마음에 들고, 용금 서너 푼 받는 것이 내 용돈이 되고, 남이 인정해 주는 자리고 해서 기꺼이 사는가요? 안 그렇잖아요? 나는 원불교 전무출신이여!

전무출신은 원불교 일이라면 저 시골에 가서 밭을 매든지, 서울에 가서 교무를 하든지, 산업부에 가서 논을 매든지 원불교는 세상을 구제하는 세상이기 때문에 원불교 간판이 붙은 곳에 가서 일을 하면 어떤, 무슨 일을 하던지 나는 원불교 전무출신이고 원불교서 하는 일은 세상을 구제하고 생명을 구제하는 일이여.

이건 내 능력이 많고 적고, 내 지식이 많고 적고를 떠나서 내가 하는 일은 사(私)가 있을 수가 없어. 그야말로 무아봉공. 난 항시 그런 생각을 합니다. 우리를 전무(專務)출신이라고 하거든요. 전무를 생각해 보세요. 전무. 오로지 바친다는 말이거든요. 출가. 출가란 소리는 뭔 소리여. 집을 떠난 거예요. 내 개인 사리사욕, 내 가족, 내 가정을 떠난 것이 출가예요. 재가교도, 출가교도. 우리를 출가교도 하고 그렇잖아요? 재가교도는 일반 교도가 재가교도거든요. 선공후사는 재가교도한테 맞는 말이지. 우리는 전무지. 선공후사는 우리한테 맞는 용어가 아녀. 그건.

박맹수 지공무사(至公無私)죠. 지금 그 무아봉공 말씀을 해 주시니까 가슴이 막 벅차오르는데요. 팔산 할아버님, 형산 아버님 두 어른도 수많은 무아봉공의 이야기를 제자한테 남겨 주셨거든요? 조부님, 아버님의 그 무아봉공의 삶. 기억 나는 한 대목 저희들한테 들려주세요.

김대관 어렸을 때라 할아버지는 잘 모르고요. 그때는 대종사님께서 제일 주의시키신 것이 사갓집 자주 가는 사람, 공금 회계 빨리 않는 사람, 공동 작업에 빠지는 사람. 선배들한테 추모담을 들었어요. 우리가 저 밑에서 "감자순 좀 벗겨 주세요." 하면 내가 가면서 "안 나가면 대종사님께 꾸중 듣는다. 잉?" 애들한테 그러면서 나가고 그랬는데. 뭐 하다가 이 말 했지?

박맹수 팔산님.

김대관 응. 근데 그때는 전무출신하시면 집에 2년 만에도 오시고 3년 만에도 오시고. 그래서 내가 다섯 살에 할아버지가 돌아가셨는데 딱 한 번 뵌 기억밖에 없어요. 다섯 살 때면 상당히 커서 요새 유치원 다닐 나인데 그때 지금 우리 입는 법복이 나오기 전에는, 남자분이라 모르실텐데. 우리들 어렸을 때는 갑사(甲紗)라는 비단이 있어요. 그건 무늬가 이렇게 있어 갖고 하야니 속이 다 비쳐요. 근데 그것이 일본 옷인 것 같아. 까만 갑사 학복. 그때 학복이라 했어요. 법락(法絡) 않고 그것을 입고 다니셨어요. 그때 정산 어른도 주산 선생님도 내가 어렸을 때 본 기억이 까만 갑사로 된 법복 입고. 그 모습이 지금도 머릿속에 그 어른들 모습이 아버지보다도 더 많이 남아 있어요.

아버지는 집에 3년 만에 오시고 4년 만에 오시니까. 근데 그 까만 법복을 입으시고. 우리 저 길용리 집에 마루가 높았어요. 상당히 넓고. 마루에 앉아 계시던 모습.

재있는 이야기가 있어요. 오랜만에 한 번씩 집엘 오시면 대소가(大小家)에서는 하다못해 계란이라도 뭐 잡술 것이 있으면 어른이 오셨으니까 갖다 드리면, 내 동생이 네 살 차인데 갠 애기고 내가 맏이고, 다섯 살쯤 되었으니까 주고 싶으셔서 암만 불러도 내가 안 온대요. 부끄럼은 어렸을 때 유명했어요. 어렸을 때 유별나게 부끄럼을 탔대요. 그러면 어머니께서 저렇게 고집이 세고 암만 오라고 해도 옆에 안 가니까 전무출신 어떻게 하겠냐고 하셨어요. (웃음) 할아버지가 어머니를 참 이뻐하셨더래요. 웃으시면서 "커도 그런당가? 커도 그러겠냐?" 그러셨다는데 딱 그 모습. 그땐지는 모르겠어요. 마루에, 이렇게 높은 마루에 까만 갑사 학복 입고 앉아 계시던 모습하고.

우리 집에서 영산으로 가는 동네 고샅길이 우리 마당보다 더 높아요. 그래서 우리 집에서 보면 그 길이 이렇게 눈높이로 보여요. 학복을 입고 걸으시면 이 소매가 길잖아요. 이렇게 펄럭펄럭 하면서 걸어가시던 뒷모습. 딱 그 기억밖에 없어요. 할아버지가 얼마나 집에를 안 오셨으면. 그때 전무출신할 때 그러셨어요. 총부 와 갖고 그때 총부 저 안에만 있을 때, 지금 이런 데는 나무밭이고. 유산(유허일) 선생님이라고 계세요. 그 어른이 고향도 같으시고 그러시는데. 한번은 이렇게 지나가는데 "이 녀석아. 넌 니 걸음걸이가 꼭 니 할아버지 걸음걸이 같다." 같이 총부서 사셨으니까.

어떻게 아버지하고 지낸 추억거리가 하나도 없어요. 얼마나 집에를 안 오셨는가. 할아버지는 딱 한 번 있고. 그런데 다섯 살에 열반하셨으니 그 전에 설사 오셨더라도 어려서 기억이 없을 것이고. 아버지 같은 경우도 아버지라고 무릎에 앉아 봤다든지 어디 그런 것이 우리는 없고. 부끄럼은 유난히 타는데 아버지께서 2년 만에 3년 만에 한 번씩 오시면 낯설어 갖고. 그래서 추억거리가 없어요. (웃음)

박맹수 그런 아버님에게 좀 서운하셨거나 그런 것은 없으셨어요?

김대관 아니. 어렸을 때는 어머니의 영향을 제일 많이 받는데 어머니가 우리들는 데서 원망이라도 하시고 뭐 어쩌고 하시면 또 모르겠는데, 아까도 말했다시피 우리 어머니는 그냥 시아버지께서 전무출신하시고 당신 영감님께서 전무출신하시고 한 것이 큰 자부심이고, 자랑이고, 행복으로 알고, 고생을 행복이라고 알고 사신 양반이기 때문에 어린 머리에 스쳐 갈 그게 없어요. 그러니 당연한 걸로 알고 살았어요. 이렇게 이뻐하셨다든지 시장에서 사탕이라도 사다 주셨다. 이런 것 전혀 없어요.

박맹수 그러면 아버님 형산님은 최근까지 사셨잖아요.

김대관 그럼.

박맹수 그러면 그 뒤로도 사탕 하나 못 얻어 드셨어요? (웃음)

김대관 정말로 없어. 아버진 정말로 없고. 아버지하고 젤 오래 산 것은 아까 말했듯이 6 · 25 사변이 나니까 전부 집으로, 지방으로 고향으로 돌려보냈는데 그때 아버지께서 그 이흥과원에 계셨어요. 총부 유지 조달을 위해서 거기에 계셨어요. 그런데 아무래도 고향보다는 거기도 불갑산이 가까워서 빨치산 소굴인데 왜 그리 갔는가는 모르겠는데 하여간 그리 피난을 갔어요. 영산에 구수산이 빨치산 소굴이었어요. 그래서 어머니는 농사지러 가시고 나도 따라갔는데 마침 영광군 묘량면이 외가예요. 묘량 신천리가 외가예요. 그래서 더 무사히 잘 지낸 것 같아요. 그날 저녁에 불갑에서 빨치산들이 온다. 이 소식이 오면 이장님이 대절로 사람을 보내요. 오늘 저녁은 말하자면 좀 피해라. 그러면 나를 어떻게 하여간 피해 주고 그렇게 해서 그 무서운 6 · 25를, 석 달을 무사히 잘 보냈어요. 지금 생각하니까 그때 아버지를 한집에서 한 달이라도 모시고 산 것 같네요.

박맹수 건타원님 살아오신 생애를 보면 교육기관에서 오래 사셨는데요. 교육하실 때 어떤 표준으로, 무엇을 강조하셨나요? 어떻게 너희들이 좀 커 줬으면 좋겠다 그런 늘 염원하시고 강조하셨던 것이 계실 것 같은데요.

김대관 사실은 그때도 제가 어린 나인데, 30대 후반부터 교육계로 갔으니까. 『대종경』 한문도 하고 이렇게 했는데. 글쎄요. 지금 그 사람들이 같이 퇴임을 해서 수도원에 있다는 것은 나이가 많다는 것이거든요. 그때가 십 대가 아니어요. 다 이십 대, 나이 많은 사람은 삼십 대도 있었을 것이고. 내가 원체 어린 나이 때부터, 젊었을 때부터 강의를 했기 때문에 어렸을 때부터 평생을 말을 하고 산 직업에서 살기는 했는데 말이 적은 편이었어요.

박맹수 예. 그러셨어요.

김대관 어떤 어른이 전무출신 선배이신데 "아니, 네 입에서는 냄새도 안 나냐?" 말을 원체 않는다고. 이뻐라고 그러시기도 하셨는데.

아까도 말했지만 능력의 차이는 사람마다 있을 수 있고, 지식의 차이도 사람마다 있을 수 있고. 그런 것은 능력이나 지식은 말하자면 일하는데 도구와 같은 것이지 그것이 주인은 아니잖냐? 그것이 말하자면 내가 전무출신을 실현하는 데 이 회상에 일을 하는 데 물론 도구는 된다. 능력이 적은 사람보담 많은 사람이 일도 더 할 수 있고, 지식이 짧은 사람보다 많은 사람이 더 많은 일을 할 수는 있지만 그것이 주는 아니다. 설사 조금 능력은 부족하더라도, 지식은 조금 짧더라도, 근본정신이 회상을 위해서는 죽어도 여한이 없는 정말 사무여한 무아봉공의 정신. 이것을 제 자신도 그런 사람이 되려고 노력을 했고 지금도 하고 후진들을 교육할 때도 많이 강조한 것 같아요.

박맹수 지식이나 재주에 떨어지지 말고 근본정신에 충실한?

김대관 예. 물론 그것도 많으면 좋지. 많이 봉사도 하고 봉공도 하고. 하지만 그것이 전부가 아니고 그것이 근본은 아니다. 구인선진님들이 유식하고 능력이 있어서 혈인이 났는가요? 그 사무여한 그 서원에 혈인이 났지.

박맹수 공을 위해서 헌신할 수 있는 정신. 철학. 영산에 계시다가 부산으로 가셔서 교화도 좀 하셨나요?

김대관 부산이 처음에는 한 교구로 있었습니다. 그러다가 동서로 나눠서 동부교구, 서부교구로 나눴습니다. 그래서 동부교구가 새로 신설이 되면서 종법사님께서 가라 하셔서 거기 초대 교구장으로 한 임기를 살고. 그리고 예산님이 감찰원장으로 부임을 하시면서 당신이 추천이랄까, 감찰원 부원장으로 시작을 해서 감찰원 부원장 3년 하고. 여기 원불교학과 기숙사 총사감 3년 하고. 그러고 감찰원장 3년 하고. 총부 와서 9년을 살고 1년을 남겨 놓고 퇴임을 했지요.
칠십 살 1년을 남겨 놓고.

박맹수 그야말로 원불교 역사와 하나가 되셔서 살아오셨는데, 퇴임하시면서
살아오신 생을 돌아보시면서 어떤 느낌이 드셨어요?

김대관 능력은 부족하고 기술적인 면에서는 많이 모자랐겠지만 내가 태만했
다든가 서원에 불성실했다든가 그런 후회는 많지는 않았던 것 같아요. 물론 능
력도 부족하고 뭐 부족한 점이 많지요. 그랬지만 내가 최선을 다하지 않았다.
그 뉘우침은 그렇게 크지는 않았을 것 같아요.

박맹수 시종일관 성실하게 사셨으니까요.

김대관 예. 그리고 저는 언제나 현직에 있을 때는 내가 그래야겠다 그렇게 계
획적으로 의식적으로 한 것이 아니라 딱 일과를 마치고 밤이 되어 잠이 들면
그냥 자동적으로 감사하고 다행하다. 이 생각이 언제든지.

박맹수 자동적으로요?

김대관 그냥 자동으로. 내가 해야겠다가 아니라, 어떤 건이 있어서가 아니고,
평생토록 그 마음이 일관된 것 같아요. 퇴임을 하고 난 뒤에는 그 마음은 그대
로 있고, 내가 공사 간에 은혜를 입는다든지 이렇게 도움을 받는다든지 하면
'손복하겠다.' 이 생각이 드는데 현직에 있을 때는 정말 느껴 보지도 생각하지
도 못했던 아까 그 두 마음만. 자연스럽게. 감사하다. 다행스럽다. 내가 어찌
이 법을 만나서 이 생을 하게 됐을까? 그 생각이 들었는데, 퇴임하고 한 생각이
'손복하겠다.'

박맹수 자연스럽게?

김대관 예. 자연스럽게 나오고, 후배들이 퇴임했다 그러면 그렇게 아까워요.
마음에 아까운 생각이 들어요. 이것도 자연이에요. 자연. 내가 계교를 해서 그
런 게 아니라 퇴임하는 후배를 보면 아까운 생각. 어떤 특별한 은혜를 입었다

든지 그럴 때 손복하겠다. 이건 자연발생적으로. 자연히.

박맹수 지금도 속 깊은 공부 하고 계십니까? (웃음)

김대관 그건 우리 생명이죠. 회상을 여시고 중생을 구제할 새 교법을 펴는 것은 성자가 하시는 일이어요. 우리 힘으로 안 되잖아요. 대종사님이 해 놓으셨으니까. 주세성자들이 하시는 일인데 그 법을 전하고 그 법으로 공부해서 나를 구제하는 것은, 내가 구제받고 안 받는 것은 스승님도 마음대로 못해. 이미 그 어른은 장을 펴 놨어. 이 회상을 열어 놓고 만 중생이 다 이 법대로 하면 구제를 받을 법을 삼학팔조(三學八條) 사은사요(四恩四要). 이런 이론을 열어 놓으셨잖아요. 공부를 하고 않는 것. 구제를 받고 못 받는 것. 구제를 얼마나 받고 못 받는 것은 인자 그건 내 책임이여.

부모가 아무리 자식을 사랑해도 대신 밥 먹어 주고 대신 아파 주고 못하듯이 성자의 자비로도 대신 공부는 못해주시잖아요. 그건 내가 해야 돼. 근데 누구 일이라고 게을리해요? 공부해서 그야말로 남 줘요? 우리는 정말로 얼마 안 남았잖아요? 어떻게 생각하면 젊었을 때보다 더 열심히 해야 되고. 젊어서는 핑계나 있지. 바쁘다, 어쩐다. 지금은 핑계도 없어.

박맹수 제가 그냥 정신이 바짝 차려집니다.

김대관 그래서 퇴임했으니까 좀 느슨해도 되고 이건 아니지. 스승이 대신 공부해 줄 수 없잖아요? 하도록 법을 내주시는 것이지. 그래서 철든 생활을 해야죠.

박맹수 공부 더 깊어지시기를 염원 드리고 또 그 염원하시는 세상을 위해서 저희들도 또 그렇게 노력을 하려고 생각합니다.

김대관 그래야죠. 제가 100주년을 맞이하면서 그런 생각을 했습니다. 대종사님께서 예언하시기를 "사오십 년 결실이요. 사오백 년 결복이라." 하셨는데 100주년까지는 이 결실들의 책임은 선진들의 몫이었습니다. 선진들이 이루어 놓으신 것이고, 선진님들의 노력에 의해서 선진님들의 서원에 의해서 이만치 했으니 다를 것 아닙니까?

다음 100년은, 다음 결복기는 우리 후진들의 몫이여. 선진들은 이 몸 가지고는 할 수 없잖아요. 우리 후진들이 이 앞에 100년보다 얼마나 더 빨리, 더 넓게, 더 크게 교세를 확장시킬 것인가는 우리 후진들 몫이다. 영광스런 사명감을 갖고 잘해 주기를 또 염원합니다.

박맹수 네! 건타원님 말씀 가슴 깊이 새기도록 하겠습니다. 내내 건강하시길 바랍니다.

김대관 감사합니다.

숭타원 박성경 종사

침 한 번 꼴딱!

그렇게 검소하게 살아도
아무도 없는 사람으로 안 봐

박맹수 최근에 건강하세요?

숭타원 박성경 종사 (이하 박성경) 예. 학생 시절 영산에서 일하다가 허리를 다친 후로, 그때는 국가적으로나 개인적으로나 치료하고 이런 여건이 못 됐으니까 단방약이나 좀 쓰고. 허리가 늙으니까 다시 도지는 것 같아요. 그래서 좀 많이 아파서 원대 정형외과 다니면서 치료하고, 운동하고 그대로 잘 지내고 있습니다.

박맹수 예. 올해가 원불교 100년이고요. 내년이 101년 되는 해를 맞이하고 있는데 우리 숭타원님 감회는 어떠세요?

박성경 참 감회가 무량하고 많이 살았다 싶고 동시에 이만치 발전해 온 것도 많이 은혜롭고 감사하지만 앞으로 더 발전하고 대종사님의 거룩하신 뜻이 천추에 빛을 내야 되니까 앞으로 더욱 중요하다고 생각됩니다.

박맹수 더 발전해 가려면 초창기 선진님들이 기초를 세워 주셨던 역사와 그 정신을 많이 기억하고 배워야 할 것 같아요. 그래서 오늘 초창기 살아오셨던 그 삶을 자연스럽게 여쭤 보려고 합니다. 숭타원님께서는 어떻게 해서 원불교하고 인연이 되셨나요?

박성경 저희 조부님께서 당시 지역사회 유지신데 토지도 좀 가지고 계시고 유학자셨어요. 그런데 구수산에 생불님이 계신다고 이 소식을 들으시고, 그때 당시는 불갑사가 굉장히 발전을 해서 우리 집안이 대체적으로 불갑사에 시주 노릇도 하고 있는 판이라 역시 불심은 모다 있었든가 봐요. 우리 집에서 한 40 리 거리가 돼요. 조부님께서 가서 뵙고 여러 가지 말씀을 듣고 여쭤 보고 하니까 즉각 성인이심을 알아보시겠더래요. 그래 가지고 큰절 올리고 연원으로 입교하시고 그 자리에서 고향 땅에 교당을 창설하라는 하명도 받으시고 그러셨대요.

박맹수 그 교당이 지금의 영광 도양교당인가요?

박성경 네. 도양교당입니다.

박맹수 바로 창립주가 되셨군요.

박성경 예. 그때 당시 군서면 신하리에 교당이 있었어도 여러 가지 여건이 딱해서 출장하던 교당이 도양으로 옮겨와 가지고, 문중에 대밭이 컸는데 그 대밭을 매입해 교당을 창설하고 또 전답을 좀 내놓으셔 가지고 유지답으로 내놓으시고. 이렇게 해서 창설의 역할을 하셨다고 들었어요.

박맹수 예. 조부님의 인연으로. 손녀딸인 숭타원님도 자연스럽게.

박성경 예. 그렇죠.

박맹수 그 고향이 지금 군서면 녹사리이신가요?

박성경 예. 전남 영광군 군서면 녹사리입니다.

박맹수 어렸을 때 공부는 어떻게 하셨어요?

박성경 녹사리에서 영광읍이 요새 같으면 한 5km 정도니까. 우리 녹사리에

월곡마을이라는 마을이 있는데 그 마을에 우리 박씨들만 주로 살아요. 경제적으로 괜찮고 해서 학교에 가면 한 20여 명씩이 눈이 올 때는 머슴들이 어린애들은 업어다도 주고 손잡아서 이렇게 인도해 주고. 그때 당시 저쪽으로는 김성수 씨, 영광읍으로는 조박사, 인자 군서면으로는 우리 박씨네 이렇게 해서 독립자금도 대시고 그랬다고.

박맹수 그럼 일제강점기 때 소학교에서는 어떤 걸 배우셨는지 기억나는 게 있으세요?

박성경 예. 영광국민학교가 전남에서 꽤 발전을 해서 거기서 일본식으로 공부를 열심히 했죠.

박맹수 일본어도 좀 배우셨고요?

박성경 그렇죠.

박맹수 지금도 하실 수 있겠네요?

박성경 일본 방송 틀어 보고 들어보면 대체적으로 알아듣고.

박맹수 국민학교 졸업하시고 그다음에는 어떻게.

박성경 제가 초등학교 4학년 때, 그때는 익산을 숩리라 그랬어요. 숩리에 우리 사촌 언니 박명선 씨가 있었는데 이분이 의산 조갑종 대봉도의 정토(부인)세요. 이분이 아들만 낳으셨는데 제가 산수 같은 것도 하고 공부를 조금 하니까 "너 겨울방학에 우리 집에 와서 한 달만 있으면서 우리 아이들 공부 좀 가르치고 해라." 그래서 언니 집에 다니러 왔죠.

박맹수 숩리에?

박성경 예. 기차를 타고 오니까 한 3일 되는 날 아침 일찍 일어나서 조실 할아버지께 인사를 가야 된다고. 요새 같으면 좌선 끝나고 난 시간. 그때는 애들이 다 조실 할아버지한테 인사를 갑니다. 이 근방 아이들이.

박맹수 조실 할아버지가 대종사님?

박성경 예. 저보고 가자고 해서 그날 아침 일찍 일어나서 머리 단정하니 빗고, 옷도 단정하니 입고 인사를 가니까 명선 언니가 소개를 했어요. "형 자 헌 자 조부님의 손녀딸인데 앞으로 전무출신도 할 마음이 있답니다." 그러고 큰 절을 올리고 나니까 "이리 오너라." 그래서 옆으로 간 기억이 생생해요. 가니까 어떻게 손이 하얗고 두꺼우시고 큰지. 손으로 머리를 이렇게 해 주시고 "너희 집안은 우리 회상과 뿌리가 깊은 인연이 있다. 너 앞으로 큰일 할 것이니 공부 잘해라." 그러시면서 눈깔사탕, 큰 눈깔사탕 하나하고 손가락과자 이만한 것하고 주세요. "우리 회상에 네 인연이 걸어졌다."

그냥 어떻게 어마어마한지. 아무튼 쳐다도 못 보고 그런 일이 있었고. 대종사님을 이렇게 뵈오니 13살 먹은 제 마음에 신선이시지 사람은 아닌 것 같으시고, 무섭기도 하고, 모르는 것이 없으신 것 같은 그런 맘이 들고. 아주 따뜻하시고 크신 양반이다. 그때 그런 마음이 들었어요.

박맹수 처음 뵙고 다시 영광으로 고향으로 가서서 국민학교 졸업을 하시고 그다음에 어떻게 지내셨나요?

박성경 국민학교 졸업을 하고, 그때는 열 살에 국민학교를 갑니다. 그러니까 열여섯에 졸업을 하고 영산을 가니 그때 한참 대동아전쟁이 고비였어요. 영산은 더구나 전기도 안 들어올 때니까 호롱불을 쓰는데, 학원생으로 갔지만 낮에는 일하고 밤에 공부를 해요. 호롱불을 켜 놓고.

그때 일본 사람들이 수리조합 시설을 많이 했어요. 농사를 지어서 군량미를 댄다고. 백수 입구에 수리조합 그거를 파는 작업을 하는데, 그때 당시 우리 한국 여자들이 열여섯 이상만 되면 정신대 뽑아 갈 때예요. 그런저런 것들 면하기 위해서 주산 종사님께서 그 수리조합 공사에 출력을 나가야 되겠다. 그 위기를 넘겨 주시려고 그렇게 했던 것 같아요.

박맹수 정신대로 끌려가는 것을 막기 위해서요?

박성경 예. 남자 몇 분 나가고 여자들도, 저하고 성주 선생하고 순타원 김성주 님하고 젤로 어리니까 같이 나가. 근데 그 산이 무너져 가지고 그때 제가 허리를 다친 일이 있어요.

박맹수 영산학원 시절에 그 수리조합 공사에 출력 나가셨다가 흙더미 속에 깔리셨다고요?

박성경 예. 그냥 산이 무너졌어. 밑에만 파니까. 위에서 이렇게 무너져.

박맹수 큰일 날 뻔하셨네요.

박성경 아주 위기를 넘겼어요. 법계에서 살려 주신 것 같아요.

박맹수 어떻게 회복을 하셨어요?

박성경 그때 들것 가지고 흙을 가져오고 들어오고 하니까 그 들것에다 싣고 영산으로 갔던 기억이 나요. 그래 가지고 소주에다 막 뭣을 타서, 원화 할머님께서 허리 어혈 풀린다고 따순 방에 놓으시고 주물러도 주시고, 그 단방약을 먹고. 출가한 사람이 그런 일로 고향에 알리고 고향에 가면 앞으로 성공을 못한다는 인식이 있었어요. 일단 출가한 사람은 아파도 그 자리에서 참고 견디고 치료하고.

박맹수 집이 가까운데 연락을 안 하셨나요?

박성경 집에 연락을 안 해. 연락하고 고향에서 누가 또 찾아오고 어쩌고 하면 출가에 지장이 있고, 출가할 사람의 의지가 아니라고. 그만치 철두철미했어요. 그때는.

박맹수 예. 그때 다치셨네요. 그러면 그 영산학원 시절에 학원을 이끄는 지도자는 누구셨어요?

박성경 주산 종사님.

박맹수 지도받으신 내용 기억나시는 거 있으세요?

박성경 종사님보다도 제가 먼저 총부로 오게 됐었어요. 그때는 낮에는 일하고 밤에만 공부하는데 낮에는 제가 국 끓이는 책임을 맡았어요. 근데 그때 학생들이, 임원들까지 하면 육칠십 명 됐던 기억이 나요. 그냥 큰 방에 가득하니. 여자들은 식당 방에 가득하고 남자들은 요쪽 학원실에 가득했으니까.

그때 국을 어떻게 끓이냐 하면 나무가 없는 때라 멥겨 한 주먹 넣고 (손을 앞뒤로 당기는 시늉을 하면서) 이렇게, (손으로 둥글게 젓는 시늉을 하며) 이렇게, 이렇게 넣고 이렇게 잡아당기는데 어떻게 잘못하면 불이 싸끈하니 와 가지고.

박맹수 쌀겨. 아니, 왕겨 말이지요?

박성경 왕겨 넣고 머리도 태우고, 잡아당기기도 하니까 이런 데가 막 터요. 어린 살이라. 그래서 막 피가 나고 짝짝 째지고. 국을 다 끓여 놓고 딱 부엌을 쓸어 놓고. 그날 우연히 집안 생각이 나더라고요. 우리 집에 가면 먹을 것도 좀 있고 또 머슴이 아랫집에 사니까 그런 일을 안 하고 살아서.

박맹수 그러시죠. 유복한 집안이시니까요.

박성경 집안 생각이 여러 가지 나고, 아버지 어머니도 뵙고 싶고 눈물이 나오던 차에 제가 부지깽이로 '초지일관(初志一貫)' 그렇게 썼던가 봐요.

박맹수 불을 때시면서요?

박성경 어. 국을 다 끓여 놓고, 부엌 딱 쓸어 놓고 부엌에다 초지일관. 염원하는 마음에서 썼겠지요. 누가 이렇게 쳐다보세요. 부엌을. 누가 뒷짐을 지고 쳐다보시는 것 같아서 보니까 세상에, 주산 종사님이 검정 학복을 입고 지나가시다가 뒷짐을 지고 이렇게 쳐다보셔. 한 계단 내려오셔 가지고 "초지일관이라고 썼냐? 그래. 초지일관해야지." 이렇게 합장을 하니까 여기가 피가 묻어 삐긋삐긋하니까 "손이 텄구나. 저기 내가 맨소래담약을 줄 테니 그걸 발라라." 그러고 조실에 들어가시더니 요새 같으면 안티푸라민인데 그때는 일본말로 써서 맨소래다무라고 쓰여 있는 걸 주시면서 "이걸 저녁이면 꼭 발라라. 그리고 내가 주었다고 하지 말아라." 대중 경계하시느라.

저녁이면 스승님이 주신 것이라 얼마나 애껴서 쓰는데 옆에서 보고 달라고 해 가지고 모다 그냥 노나서 썼던 그런 기억이 나고. 참 사랑해 주시고, 예뻐하시고. 고향을 처음 떠나와 가지고 아버지 어머니를 떠나 온 다음에 주산 종사님께 의지를 했으니 어머니 같으시고, 아버지 같으시고, 스승님이시고, 그냥 일편단심이셨죠.

박맹수 그때 쓰신 게 초지일관이시네요?

박성경 예.

박맹수 초지일관해 오셨잖아요?

박성경 글쎄요. (웃음)

박맹수 영산에서 그렇게 사시다가 총부에 오셔 가지고 처음 하신 일이 사무 보신 일을 하셨다고요?

박성경 예. 개인 내력장.

박맹수 어떤 일이신지요?

박성경 중산 정광훈 선생님이 지도하셨는데 그분이 사무적으로 얼마나 철두철미하십니까. 철두철미하게 해서 일본 사람이 와서 보더라도 100만 원이 들면 100만 원에 대한 수입과 지출이 훤하게 나타나는 개인 내력하고 똑같아야 돼. 일본 사람들이 험을 잡을래야 잡을 길이 없을 정도로.

박맹수 개인 내력이라는 게 예를 들면 기부를 했다든지, 누가 기부를 했고. 이게 전체 장부하고 개인이 한 내용하고 똑같아야 된다는 것이죠? 철저히 지도를 하셨네요.

박성경 그렇지. 철저히 지도하셨어.

박맹수 예. 그거 하시다가 해방 맞이하시고 '전재동포 구호사업'에 나가셨다면서요.

박성경 하다가, 사무적으로 제법 배웠다고 그때 여사무실이라는 사무실이 총부에 있었어요. 구타원님이 주관하시는 거기는 주로 일본 순경들이 자주 오니까 일본 사람들이 오면 내빈 응접하는 직원으로 제가 추천이 되어 가지고 만 2~3년을 구타원님 밑에서 지도를 받고 했어요. 그러고 나서 8·15해방이 되었죠.

전재동포. 저희들은 익산역에서 했습니다. 그때는 서울에 많이 왔다고는 하지만 익산역은 아주 대대적으로 했으니까. 그때는 시가 아니라 익산군이었을 거예요. 익산군이 주가 되어 가지고 식량 등 모든 여건은 다 대 주고 우리가 가서 몸 봉사만 하는데, 아주 그냥 질서 있게 밥하고 사람들 오면 주먹밥 해서. 본 기억이 나시는지 몰라. 옛날에는 큰 목욕탕 같은 큰 가마솥을 둘을 걸어 놓고 밥을 해요. 불을 때서. 그때 가스도 없는 때니까.

박맹수 큰 가마솥에다요?

박성경 큰 가마솥. 목욕탕 같은 가마솥. 주걱으로도 못하니까 삽을 사서 밥을 해 가지고 기차 시간에 내린다 싶으면 미리 다 준비하고. 어떻게 많이 했던지 손 허물이 다 벗겨졌어요. 요새 같으면 장갑이라도 있지만 그때는 맨손으로 주먹밥을 만듭니다. 물을 묻혀 가면서.

사람들 오면 나누어 주는 부대는 남자들이 하고 밥 만드는 건 여자들이 하고. 총부 직원들이 모다 나와 가지고 내 가족을 맞이하는 그런 신념으로 눈물을 흘리면서, 가족들이 만나면 울고 그 반가워하는 모습 보고 마음 아파하면서 모두 공양을 해 주고 했던 기억이 새로이 납니다. 지금도 눈에 선하네요.

박맹수 그때 같이 구호사업에 참여했던 선진님, 생존해 계신 분들이 누가 계실까요? 숭타원님이랑 같이하셨던 분.

박성경 그때 일부는 서울로 올라가고 일부는 여기 익산에서 했는데 그때 아마 장경안 선생도 같이했던 것 같고. 김성주 선생은 집안에서 운봉서 그때 살았고. 또 김서업 선생이라고 돌아가신 분 계세요. 그분이 계셨던 것 같고. 정복

전재동포 구호사업을 전개한 조전권 교무(앞줄 우측 세 번째)와
경남교당(현 부산교당) 교도 및 부산 지역 교도 봉사원 (원기 30년,1945)

천, 서대윤. 다 고인들이 되었네요. 그분들하고 여자분 하고 같이했던 기억이 납니다.

박맹수 그러면 몇 개월이나 하셨어요?

박성경 그때 거의 1년 했지요? 추운 때도 하고 더운 때도 했으니까. 끊임없이 내려왔으니까. 아마 익산이 젤로 일찍 시작해서 늦게 철수했을 거예요.

박맹수 서울하고 익산, 전주, 부산도 하셨다고 하던데요?

박성경 예. 그런데 거기는 일부분. 우리 익산은 교통의 중심 아닙니까? 호남선, 전라선, 군산선 이러니까 늦게 철수했던 그런 기억이 납니다.

박맹수 전재동포 구호사업 하신 뒤에 그때가 총부가 제일 가난한 시절이여 가지고 점심을 굶고 그러셨다고 하던데요?

박성경 식량이 아주 없지는 않았어요. 그때 안이정 선생님이 총부 살림을 맡아 가지고 계실 땐데 이 어른이 참 정확하십니다. 가령 우리 식구가 50명이면 50명 분만 쌀을 내요. 그러다가 중간에 혹시 지방에서나 우리 교무님들의 손님이 한 2~3인 오면 남자들한테는 감히 못하고 여자들한테 걸어요. 밥을 한 숟가락씩. 그래서 한 세 그릇 만들어서 드렸어요. 손님이 오면 의례 걸을 줄 알아. 한 숟가락씩. 그래서 이렇게 나눠 먹고.

우스운 일이 있었습니다. 언제가 복숭아밭에서 일을 하고 오니까 배가 고프지 않습니까? 그때는 복숭아밭에 가서 떨어지는 거, 버려지 먹은 거, 그런 거라도 좀 먹으니까. 나하고 누구하고 그때 밥 푸는 당번을 했어. 정진숙 언니가 키도 크고 식성이 좋고.

박맹수 예. 그러시죠. 체격이 좋으시고.

박성경 어. 키도 크고, 굉장히 대식가야. 밥을 이렇게 쭉 퍼 놓으면 조금이라도 소복한 듯한 데 가서 앉으시거든? (웃음) 그러면 인자 우리가 웃으면서 저기 소복하니까 진숙 언니가 저기 앉을 거라고 웃으면서 그런 얘기도 하고. 김봉식 언니라고, 우리 진숙 언니 다음에 두 번째 언닌데 그 언니가 "오늘 우리 진숙이 좀 골려 먹자." 그때 역사에 사라진 그릇들인데 게리라고 있어요. 안에는 뾰족하고 밖에는 크게 보이는 그릇인데 아주 싼 그릇이에요. 거기다가, 젤로 큰 그릇에다가 밑에 접시를 하나 딱 엎고 그러고 밥을 푸니까 제법 소복하니 보이니까, 진숙 언니가 거기 가서 떡 앉거든? 그러니까 모두 "저거 봐라. 진숙이 앉았다." 하면서 소곤소곤 웃고 야단이 났는데 밥을 두어 번 떠먹고 나니까, 뭐가 철썩철썩 소리가 나거든. "너희들, 나 골려 먹었제? 나 가만히 안 있을기다. 잉? 누가 내 밥에다 이랬노. 그럼 밥 한 숟가락씩 더 가져가야 되겠다." 그날 식사 당번인 저하고 봉식 언니 밥을 한 숟가락씩 더 가져갔던 그런 기억, 그런 것이 유머스러운 분위기에서 화평하고 장난을 하면서, 웃으면서 그렇게 평화롭게 은혜롭게 살아 냈어요.

박맹수 그 시절에 정산 종사님 진짓상을 늘 갖다 드리고 그러시다가 크게 한 번 혼나신 적이 있으시다고요.

박성경 여사무실에 있는 직원이 종법사님 진지를 올리게 되어 있어요. 제가 여사무실에 근무했으니까 진짓상을 언제나 올리는데 종법사님 진짓상이라고 해 봤자 요새 대중 식사만도 못할 정도로 그렇게 소박하고, 보리밥에다가 쌀 조금 섞어서 이렇게 갖다 드리는데. 그날도 진짓상을 올리고 난 뒤에, 한산님이 그때는 은석 씨죠, 문을 턱 열고 들어와요. 나는 뒷문으로 진짓상을 갖다 드리고 나오는데 앞문으로 들어오면서 절을 한자리 하더니 막 펑펑펑 울어. 그러니까 제 마음에 어른 진지 잡수시는데 뭔 일로 마음을 상하게 저렇게 우는가 싶어서 안 좋더라고요. 그래서 이렇게 문에 버티고 섰으니까. "왜 그러냐?" 정산 종사님께서 그러니까 "배고파서요." "아니, 밥시간 아니냐? 지금." "우리는 밥 안 줘요." 어리광하면서 그러니까 저를 오라고 하시더니 "웬일이냐?" "그냥 식량 절약을 하려고 저녁을 좀 일찍 먹기로 공사를 하고 종법사님은 진짓상을 조용히 올리자고 그렇게 해서 공사가 난 것이라. 이렇게 진짓상을 올리고 말씀을 여쭙지 못하고 이렇습니다. 말씀을 여쭙지 마라고 해서 그랬습니다." 수저를 딱 놓으시고 얼마나 눈물 바람을 하시면서 눈물을 닦으시니까 은석 씨가 "죄송합니다." 그럼서 내 손을 꼭 잡고 "대중한테 가서 이런 말 하지 말라. 나 혼난다." 그랬던 기억이 눈에 선합니다.

종법사님께서 "너희가 안 먹으면 나도 안 먹을 것이다." 그러시니까 정산 종사님 잡숫게 하기 위해서 죽이라도 쑤어 가지고 다음부터는 낮에 조금씩 먹기 시작을 했던, 고구마 쪄 가지고 먹었던 기억이 나네요. 점심 종을 치지 않습니까? 종을 치면 밥 먹는 종이냐? 안 먹는 종이냐? 이러면서 웃고 서로 그랬던 기억이 납니다.

박맹수 가난한 그 시절에 어떤 마음으로 어떤 표준으로 사셨어요? 어떤 즐거움이 있었을까요?

박성경 그때도 될 수 있으면 식구를 줄이려고 지방도 보내고 여유 있는 사람들은 가정으로도 보내서 좀 가서 쉬어서 이 고비를 넘겨 보자고 했던 것도 같고. 그 가운데 안 가는 사람으로 뽑힌다는 게 얼마나 영광으로 알았는지 몰라.

박맹수 그때는?

박성경 그때는. 그러니까 더 결심이 되고. 그리고 다른 책을 보면서 젊어서 고생은 이렇게 해야 성공이 있다는 거. 이 고생도 안 하고 출가를 할 수 없다는 결심이 생기고, 마음에 어떤 갈등이나 이런 것이 추호도 없고 집에 가지 말라는 것만 감사하게 생각하고 이런 마음으로 살아 냈어요.

박맹수 개성교당에 잠시 가신 걸로 나오는군요.

박성경 6·25전쟁이 나기 한 2년 앞인가? 그때 제가 개성교당, 그때는 부교무가 아니라 간사 비슷하니 총부에서 『철자집』도 배우고 했으니까. 아이들도 와서 『철자집』도 가르치고 그때는 저녁이면 『자경문』도 배우고 『철자집』 배우고 해서 나름대로 공부하는 재미로 살았던 것 같아요. 호롱불 켜 놓고.

박맹수 낮에는 일하시고.

박성경 밤에는『철자집』배우고『자경문』배우며.

박맹수『초발심 자경문』?

박성경 예. 얼마나 좋습니까? 마음이 묶어지고 깜짝깜짝 놀래지고 참 잘해야 되겠다는 결심이 새로워지고 하는 게『자경문』아니에요?

개성으로 가니까 38선이 딱 막혔지요. 8·15해방이 되었기 때문에, 보좌 교무니까 설교는 안 해도 재(齋) 지낼 때같이 독경도 하고, 청소하고. 식당에서 밥 해 주시는 어른은 계셨으니까. 국민학교 졸업한 아이들을 중심으로 중학교 못 간 애들, 교도님들 자녀들을 모아 놓고『철자집』도 가르치고 이렇게 해서 개성 가서도 참 재미스럽고. 항타원님 교화력이 얼마나 장하십니까? 교화력 배우면 서 고생을 고생인지 모르고. 개성은 어찌나 추운지 손가락으로 이렇게 문을 열 면 문에 손이 딱 붙어요. 손가락에 얼음이 들어 가지고 이렇게 다 부어. 손가락 발가락이. 그래도 그런 거 개의치 않고 언제나 항타원님의 교역자 정신으로 사 시는 그 품안에서 항상 즐겁고 바쁜 중에도 보람을 느끼면서 살아 냈던 것 같 아요.

박맹수 그때 정산 종사님이 특별히 글을 내려 주셨다고 그러시던데요.

박성경 예. 여사무실에 있을 때. 정산 종사님이 그때부터 위장이 안 좋으셨던 것 같아요. 잡수시는 게 소화가 안 되시는데 그때는 약이 별로 없는 시절이라 생수를 잡수시면 몸에 독이 빠지고 좋으시다고 그래서 제가 유리합을 새로 하 나 사 가지고 거기다가 뚜껑을 덮어서 아침마다 우리 총부, 그 우물 보셨는가 몰라? 그전 식당 앞에.

박맹수 지금 구조실 쪽에요?

박성경 예. 그전에 세탁부하던 그 밑에.

박맹수 예. 우물 봤습니다.

박성경 아주 큰 우물이 있거든요? 아무도 손대지 않은 물. 언제나 아침에 종 치기 전에 나가지요. 그때는 초인종 시계도 없는 때에요. 제가 종두도 맡기도 했는데 종을 치려면 성냥을 켜서 이렇게 시계를 보고, 아니면 또 자고, 또 켜 보고. 그러니까 그냥 하룻저녁 자고 나면 성냥이 한 스물 댓개가 켜져 있어요. 그만큼 자주 일어났다.

박맹수 종을 치시려고?

박성경 예. 종 치고 바로 우물로 가서 우물 길어 가지고 처음 물은 벗어 분지고(버려 버리고) 다음 물로 해 가지고 1년을 종법사님께 올렸지요. 제가 가서 "음" 하고 기침을 하면 문을 열어 받으시고 잡수시고 손을 꼭 잡아 주시고 그랬

정산종사와 함께. 앞줄 왼쪽에서 두 번째가 숭타원 박성경 종사

던 기억이 나요.

그랬다가 제가 개성으로 떠나게 되니까 하서(下書)를 보내셨어요. 제가 가서 얼마 안 되니까 하서를 보내 왔더라구요.

박맹수 그 글은 어디 간직하고 계세요?

박성경 지금 간직하고 있는데, 역사박물관에서 요전에 와 가지고 가지고 갔네요. 정산 종사님의 글은 친필이 통 없으시대요. 유일하게 있는 친필이니까 역사박물관에 갖다가 보관을 했어요.

박맹수 개성교당에서 계시다가 유일학림으로 오시나요?

박성경 유일학림 시절이 참 파란이 만장했죠. 잠실 누에 키우던 거기서 공부를 하고 그랬는데 2학년 되던 해에 6·25가 났습니다. 큰 전쟁이었고 전 세계가 발칵 뒤집히는 때라 총부에서 회의를 했는데 해체를 해 가지고 적재적소에 가서 쉬는 게 좋겠다고.

저희들은 원평 배밭으로 가게 되었어요. 그때 전이창 언니, 송원철 언니, 나, 김성주 네 명이 원평 배밭으로 가고 다른 사람들도 다 지방으로 흩어졌어요. 낮에는 일하고 밤에는 호롱불 켜 놓고 공부 조금 하다가 낮에 일을 많이 하니까 자고.

그때 유일학림 때라 머리를 이렇게 핀을 찌르고 풀고 있었는데 정산 종사님께서 "배밭에, 원평에 가거든 인민군들이 와 가지고 너희들한테 또 이상한 소리를 할지 모르니까 가서 머리를 올려 가지고 배나무로 비녀를 만들어서 이렇게 찔러라. 촌 여자들처럼 그렇게 옷을 입고 배밭에 가서 일을 해라." 정산 종사님 하명이니까 머리를 올려 가지고 요만씩 하니 비녀를 그때 남자 직원이 만들어 줘서 이렇게 찌르고 가정 부인인 것처럼 허고 배밭에 가서 날마다 풀 뽑고 총부 생각이 나면 노래 부르면서 울기도 하고 날마다 기도하고 밤에는 어서 이 난국이 해방이 되라고 그렇게 아주 멋지게 살았어요.

박맹수 졸업을 하시고 또 어디로 발령을 받으셨나요?

박성경 부산 당리교당.

박맹수 이제 본격적으로 첫 교역을 나가시는군요.

박성경 예. 지금이야 교단이 많이 발전을 했지. 그때 당리는 아주 산 밑에 교당이 하나 있고 집도 허술하게 지어서 비가 늘 새고 그래. 존폐 문제에 놓여 있던 그런 교당입니다.

교당을 가니 지역 주민들이 주로 낮에는 계란 장사 같은 것 해 가지고 벌어야 먹고, 밤에는 자고. 그러니까 교당 출석도 안 하고. 보니까 동네는 큰데 국민학교 졸업을 하고 중학교를 못 간 애들이 더러 있어요. 공부하고 싶어도 가정이 어려워서 못 가는 애들. 그래서 두 반을 선발을 했습니다. 국민학교 졸업을 하고 한문을 모르는 한문반을 하나 만들고, 하나는 수신반이라 해 가지고 조금 교양적으로 가르치는 두 반을 만들어 가지고 했어요.

그때 전기가 들어오기 전이니까 호롱불을 쓰고 하는데 그것도 밤에 큰 방에다가 큰 남포, 남포 기억나십니까? 유리로 된 남포. 거기다가 하면 석유가 많이 들어가거든요. 방이 2개니까 남포를 4개는 써야 되니. 그 석유 값이 또 상당하더라구요. 그래서 제가 요새 같으면 구청이죠. 서화출장소를 찾아가서 "이만저만해서 내가 지역사회에 공부를 가르칠라는데 기름이 없다. 우리 교당이 살 여건이 못 되니 기름을 좀 해 줄 수 없느냐?" 그랬더니 구청장이 손을 잡고 "큰일 좋은 일 하십니다. 기름을 보내 드리겠다." 큰 양철통 있잖아요. 그걸로 기름 한 통을 보내주었어요.

그래서 밝게 불을 켜고 『철자집』도 가르치니 나중에 아이들이 신문을 한문으로, 그때는 다 한문으로 신문이 나올 때니까 보고. 또 수신을 가르치니까 여러 가지 교양적인 면도 많이 익히고 해서 지역, 그 동네에서 신심이 없던 사람들도 자기 아이들 그렇게 가르쳐 주고 하니까 나중에는 계란 장사는 계란도 보내주고, 파 장사들은 파도 보내주고.

박맹수 지역사회와 하나가 되어 갔군요.

박성경 하나가 되고 그 사람들 통해서 지역사회에 대청소도 한 번씩 하고. 라디오가 하나 있으면 쓰겠는데 라디오 살 돈이 없어. 교당 주무 한 분의 산이 있어서 산을 좀 빌려 가지고 거기다 여학생들하고 호박 구덩이를 열 개를 팠어요.

박맹수 학생들하고 같이요?

박성경 예. 제가 영산에서 일할 때 병철 선생님한테 호박 심는 법을 배웠어. 호박은 이렇게 동이만치나 파야 돼. 그래 가지고 3분의 2는 거름을 하고. 늦가을까지 호박이 열고 아주 수확이 좋아.

박맹수 농사 전문가시네요. (웃음)

박성경 예. 그래서 교도님 댁의 거름을 빌려다가 했더니 호박이 어떻게 잘 열고 그냥 윤기가 나던지. 그래서 언제나 토요일날 저녁때면 호박을 따 가지고 대티고개라고, 당리교당하고 대신동 사이에 고개가 하나 있는데 거가 시장이 제법 커. 우리 남수하 씨라고 간사를 시켜서 여기서 보내. 그러면 팔아 가지고 와. 그걸로 학생회 운영 자금을 만들어. 그래서 나중에 그걸로 탁구대도 사서 주고 그래.

한 번은 호박이 이렇게 탐지게 세 대가 열렸어요. 비 오고 난 뒤끝이라 따려고 했더니 그냥 뱀 한 마리가 스르르르 하니 나와. 그런데 저는 겁나는 일이 있으면 말을 못하고 가만히 있는 성격이에요. 그래서 내가 이쪽으로 와 가지고 이렇게 있응게 남학생이 오더니 막 그냥 때려잡으려고 그래. "야야, 안 된다. 그냥 우리가 여기 있으면 저쪽으로 갈 테니까 보내고 우리 잠깐 여기서 기도를 하자. 어쩌든지 그 몸 버리고 새 몸 받을 수 있도록." 그렇게 했던 것은 지금도 기억이 남아 있어요.

박맹수 당리교당에서 굉장히 재밌게 지내셨네요. 그때는 상당히 젊으셨을 때죠?

박성경 그때는 스물여섯에 가 가지고 서른한 살까지 6년인가? 한 6~7년을 살았는데 지역 주민들하고 하나가 되어서 쌀 필요할 때는 쌀 갖다 주시고, 나무가 없으면 농사짓는 사람들이니까 짚을 그냥 모두 뭉치뭉치 보내가지고 그렇게 해서 당리교당 교화가 활발해졌어요. 지역 주민들하고 하나가 되어 가지고 법회도 보고 하는 참인데, 동래에서 제가 알뜰히 산다는 소문을 들으셨던가 성경이가 동래에 오면 괜찮겠다고 되니까.

박맹수 당리에 계실 때는 젊으셨을 땐데 어떻게 출장소를 찾아가실 생각이 나셨을까요?

박성경 그때 제가 『상록수』라는 소설을 읽었어요. 그리고 『흙』도 읽고. 제가 책을 미리 좀 봤던 기억이 나요. 그런 책을 보니까 지견이 트여. 『상록수』 보면서 당리교당에 많이 참고가 되드만요. 물론 교리정신으로 했지만. 그래서 출장소에서도 자주 연결이 돼 가지고.

박맹수 당리에서 그렇게 즐겁게 교화하시다가 동래교당으로 가셨다고요?

박성경 예. 김영신 선생님이 그때 부산에 오셔 가지고 순교를 하시면서 동래교당을 하나 만들었으면 쓰것다 싶어 가지고 어느 교도님 댁을 얻어 총부에 가서 의논을 하셔 가지고 그분이 저를 추천하셨어요.

박맹수 교화의 능력을 인정받으신 셈이시네요? 동래교당 개척을 하셨네요?

박성경 예. 초대 교무로.

박맹수 그 초창기 시절 말씀 좀 해 주세요.

박성경 그때 문 국장이라 했어요. 문동현 씨. 그분이 부산 사세국장이셨어요. 사세국장으로 있으면서 자기 부인이 늘 건강이 안 좋아. 불심들은 강한 사람인데. 김영신 선생님께서 어느 교도 집에서 강연하시는 소리를 듣고 이 양반이 많은 위로를 받고 "설교 잘하시고 마음에 쏙 듭디다." 하고 자기 남편한테 얘기를 하니까 사세국장으로 있던 남편이, 불심은 원래 있던 분이고. "그러면 내가 어떻게 사업가들한테 연락을 해서 동래 조그마한 집을 하나 지어 줄 터이니 그분을 때때로 모셔다가 설교를 들을까?"

그 교도님 댁 포도밭이 있는데 그 밑쪽을 조금 사 가지고. 그때 사세국장이면은 여건이 굉장히 좋았습니다. 그때 자유당 땐가. 아무튼 그런 높은 양반들 여건이 괜찮았으니까. 그래서 집을 짓고 호집, 법당이라고 하는 한 50~60명 들어갈 만한 것을 짓고 그 밑에다가 식당 조금 하고.

제가 동래로 발령이 났다 하니까 동래 교도님들이 저를 당리로 데리러 오셨어요. 버스를 몇 번 갈아타면서 데리러 오셨어요. 저쪽 뒷밭에서 일을 하는데 뭐가 시끌짝해서 보니까 누가 저를 데리러 왔다 하니까 당리 할머니들이 야단이 났어. 제가 할머니들한테 얘기는 안 했거든. "우리가 못산다고 우리를 무시허고 우리 선생님을 데려갈라 하나?" 부산 사람 말로 그러면서 야단이 났어. 동래에서 간 양반들은 별로 말도 못하고 그래서 내가 요쪽으로 오라해 가지고 "오늘은 제가 못 가겠습니다. 할머니들을 위로를 해 놓고 가야지." 한 3일 동안 위로하고 총부 방침에 따라서 떠나야 되는 몸이니까. 또 제 후임이 와서 잘할 것이고 또 같은 시내니까 제가 할머니 자주 뵈러 오겠다. 그렇게 위로를 해 드리고 동래로 부임을 해서 가니까 교도 7명이에요. 그런데 그날 마침 문 국장이 광주로 떠나셨어. 광주 사세국장으로 가서 있는데 그날이 일요일이고 제가 부임하는 날이라 이 양반이 일부러 오셔 가지고 부임 기념으로, 돈 만 원인가를. 아마 만 원이면 요새 돈으로 백만 원은 훨씬 넘을건데.

박맹수 예. 그렇죠.

박성경 60년 전에 만 원이면 요새 백만 원 가치보다 더 있지?

박맹수 아휴, 훨씬 더 크죠.

박성경 그때 제 마음에 굉장히 큰 돈이었어요. "요거 가지고 유지해서 당분간 살면 어떤 길이 생길 테니까, 걱정 말고 이걸로 꼭 쌀도 팔고 반찬도 사고 해서 교무님 건강하고 잘 계시소." 그러면서 돈 만 원을 주고.

그런데 제가 감히 그 돈을 쓸 수가 없더라구요. 그래서 그때 김학기 씨라고 오부자 댁 부자집 마나님이 교당을 잘 나오는데 그분한테 믿음이 가요. "현재 이 집으로는 동래교당이 안 되겠으니까 교당 건축 기금으로 이것을 써 주세요." 하고 맡겼어. 인자 소문이 나니까 "돈 만 원 주었는데 그것도 건축 기금으로 그렇게 한 단다." 그걸로다 먹을 길이 생기대요. 유지비도 들어오고, 쌀도 갖다 누가 채워 놓고. 이렇게 해서 아주 동래교당 교화가 재미가 났었어요.

박맹수 아쉽고 그러면 생필품도 사서 쓰기가 쉬운데 어떤 가르침을 받으셨길래 그런 마음이 드셨을까요?

박성경 제가 구타원님 밑에서 살았고, 항타원님 밑에서 살았고, 그러니까 창립정신 절약정신은 자동적으로 되었죠.

박맹수 생활 속에서요?

박성경 예. 생활 속에서. 그리고 우리는 잘 먹고, 잘 입고 해서는 안 되는 몸들이고 전무출신은 어쩌든지 고생하고 교화자로서 수행자로서 그래야 하는 입장이다. 근본적으로 우리는 그렇게 타고 났다.

박맹수 전무출신은 스스로 고생을 사서 하는 사람이라 그럴까요? (웃음)

박성경 그것이 고생인지도 몰랐어요. 이런 과정을 지내야 반드시 결과가 온다는 것도 독서를 통해서 그런 교양은 좀 성장했다고 생각이 되고.

박맹수 그 마음이 이렇게 조화를 만들어서 건축이 그대로 잘 되었군요.

박성경 예. 제가 동래교당에 14년을 살았는데 한 3~4년 지나 가지고, 거기 교당은 명륜동인데 명륜동 아주 끝에 산 밑이라 인구 집중지로 가야 되겠다 싶었어요. 마침 수안동이라는 데가 동래 중심지인데 거기에 병원하던 집이 흉가라. 연못도 있고 아주 좋은 땅인데 흉가라고 누가 살 사람이 없다고 안 팔린다고. 그때 우리는 유지비 들어오면 모으고 또 누가 좀 뭐라고 해서 모으고 아무튼 돈이라고 생기는 것은 다 김학기 씨한테 맡겼죠. 한 3~4년 모이니까 땅 살 돈이 생기더라구요. 그래서 일단 땅을 오백 평을 샀어요. 그래 놓으니까 든든하죠. 돈이 인자 한 푼도 없어졌는데, 또 열심히 하고 하니까 모아지고 그랬죠. 그때 당시 계를 많이 했습니다. 교도님들이 계를 하면은 꼭 교당을 끝으로 해서 찾 도록 넣어 주고 또 저도 열심히 해 가지고 조금 생기면 김학기 씨 줘 가지고 계 에 붓도록 해가지고 모으고.

공타원 조전권 선생님을 모시고 한 번 강습을 왔는데 그때 당시 야당 박순천 씨, 그분이 동래 기장 양반이고 동래여고를 나온 분이에요. 그러니까 동래 지 역에 오면 대환영을 받고 학교 운동장에서 강연을 하면 쩌렁쩌렁하고 속이 시 원하고 했었습니다. 그런데 공타원님을 모시고 강연을 하는데 박순천 씨 말씨 보담도 더 좋았다고. 그 법당이 꽉꽉 차고 비가 오는데 우산을 쓰고 법당 문 열 고 쭉 하니 마당에까지 가득하고. 남자들도 지역사회에서 제법 오고. 그때 동 래가 바짝 성장을 했습니다. 회장은 문동현 씬데 광주에 계시고, 부회장을 이 건세 씨라고 대한금속 전무가 했는데 불심들이 장했어요. 대한금속 이건세 그 양반이 돈을, 사업가라 그런 데다 본래 불심도 있고 하는 분이라. 그렇게 땅을 사 놓고 집을 못 짓고 있는데, 이분이 한몫을 크게 담당해 주었어요. 빚이 조금 있기는 있으나 수안동에 현재 그 법당 혹시 가보셨습니까? 동래?

박맹수 예. 가 봤습니다.

박성경 그때 당시로는 크게 아주 잘 지은 집입니다. 직영으로 하면 돈 조금 적게 든다고 교도님들이 밤이면 모두 노래 부르고 성가 하면서 야직을 하고, 숙직을 하고. 낮에는 세멘 일을 하면 물이 필요하잖아요? 우물 쭉 하니 사다리

놓고 교도님들이 두 줄로 서서 물 운반을 하고. 그 사진이 다 있습니다.

박맹수 교도님들이 출력을 해서 직접 신축 공사를 하셨군요.

박성경 일편단심이 되어 가지고 그 집을 짓고. 그래도 빚이 좀 있어서 나중에 하숙을 쳐서 빚을 갚았던 일. 제2군사령부가 부산 서면 조금 넘어 거기에 크게 있습니다. 거기가 장교들 훈련소예요. 장교들을 몇을 데려다가 제가 하숙도 시켜 본 일이 있어. (웃음) 열심히 살아도 즐겁고 그러지 허탈하고 이런 마음은 하나도 없이 살아.

박맹수 남이 볼 때는 고생인데 숭타원 입장에서는 아무 고생이 아닌, 그런 힘이나 그런 생각이 어디서 나올까요?

박성경 제가 그렇게 사니까 교도들이 신심이 나더라구요. 교도들이 볼 때 가난해서 저렇게 못 먹는 것도 아니고. 그때는 참 옷도 겨우 갈음할 정도로. 옷 해 입으라고 돈을 드리면 다 저축하고 그러니까 교도님들이 옷도 직접 사 오기도 하고 그랬던 기억이 나는데. 제가 그렇게 검소하게 하고 살아도 저를 없는 사람으로 안 봐. 저를. 누구든지 여유 있게 보지. 그렇게 재미나고 참 감사하고 보람 있고 그랬어요.

박맹수 옛날에 인터뷰하신 내용 중에 중산 정광훈 법사님이 "이제는 침 삼키는 일 없소?" 그러시면서 대화 나누셨다는 대목이 나오던데 그 대목 좀 알려주실래요?

박성경 제가 출가하기 전에 어머니가 걱정이 되잖아요. 아무리 순탄한 여건에서 나온다고 해도 결혼을 안 하고 여자가 일생을 산다는 것이. 목포 이모님이 유복하게 살았는데 관상쟁이가 와 가지고 이모님 집에 유숙하면서 관상을 보는데 아주 족집게로 맞춘다고. 어머닌 제가 출가한다고 하니까 그때 출가하기 전에 몇 개월 전에 저보고 목포를 가자고 그래요. 저를 데리고 목포를 갔어요. 관상쟁이가 떡 저를 보더니, 고루고루 보더니 목 뒤에 점 하나가 있는데 손으로 뒷목을 만지더니 "서른 살만 넘기면 침을 동글라 맨키면서 살겠구만. 그래도 맡겨." 아닌 게 아니라 제가 일생을 침을 동글라 삼키면서 살아요.

박맹수 그러니까 그 침 삼킨 이야기요. (웃음)

박성경 어떻게 그 얘기를 들었든가? 증산님이 그렇게 물으셨던가 보지?

박맹수 굶는 시간이 많았을 때 그러셨다면서요? 침을 한 번 꿀떡 삼키면 배 안 고파요. 그러셨다면서요.

박성경 어. (웃음) 정광훈 선생님이 자기도 배고픈 거 힘들지만 우리도 못 먹고 하는 것 보니 안쓰러워서 어떻게든 밥은 먹도록 해 보자고. 공사 때면 큰소리 하고 어쩐 때는 책상을 한 번씩 치면서 얘기도 하고 했어요. 한 번은 그 집이 어떻게 어머니가 맛있는 것을 해 왔는가 어쨌는가. 나보고 좀 오라고 그래서 갔더니 맛있는 찰밥을 주면서 먹으라고 그래요. 먹으면서 "배고플 땐 어떻게 사요?" 그래 물어요. "침을 한 번 꿀딱 삼키고 나면 또 기운이 납디다." 내가 그런 얘기를 했던 것이 아마 그렇게 말씀이 됐는가 보네요.

박맹수 동래에서 교화를 하시고 광주로 오시는데요.

박성경 동래에서 새 집을 짓고 나니 교도들이 엄청 단결되어 가지고. 대개 집 짓고 나면 출석이 줄잖아요. 근데 교도들이 그대로 뭉쳐서 그때 당시 150명 출석이 되고 그러면서 제가 일인일도(一人一導) 장려를 했죠. 전국 교화 연원달기 1등상. 그때 150명을 1년에 달고 해서 1등상을 타고 14년 만에 초대 교무로 가가지고 집 짓고, 교화하고, 연원달기 1등상 타고, 교도 150명 출석도 하고. 누가 와도 괜찮을 정도로 해 놓고 제가 광주로 갔지요. 동래서 잘 살았다고 제가 성타원님 후임으로 갔는데 또 성타원님이 교화를 능하게 잘 하시잖아요. 그래서 아주 잘해 놨는데 대외적인 교화는 약하더라구요. 제가 그동안 살아온 삶을 간추리자면 교화, 복지, 교육. 이렇게 간추려 볼 수가 있는데 광주에 가서 보니까 잘 이루어지고 있었어요. 그때 당시 박옥규 교수가 제가 가면서 입교를 해 가지고.

박맹수 전남대 의대 박옥규 교수께서요?

박성경 예. 박 교수가 나오게 되니까 전남 의대생들이 많이 나오고, 교대생도 나오고 해서 그때 청년회가 아주 수준이 높은 사람들이, 지성과 교양을 갖춘 사람들이 법당에 그득하게 나오게 되었죠. 자연히 그때는 광주일고, 전남여고가 아직 합병이 되기 전이니까. 일고생, 전남여고생이 많이 나오고. 청년들에게는 와서 법문만 듣기보다는 일을 좀 해야 보람도 있겠다 싶어서 사상강연대회를 한 번 해 보자고 그랬더니 좋아했어요.

그때 당시 한갑수 선생님이 아주 박력 있고 말씀 잘하고 감명 있고, 아주 전국적으로 인기가 좋았습니다. 석 달 전에 연락을 하니까 이미 1년 계획이 다 짜있었는데 하루가 비어 있어. 그날이 한갑수 선생님의 생신이야. 그래서 가족하고 같이 지내려고 이날을 빼 놨는데 원불교에서 요청을 하니 "내 생일을 원불교 가서 지내야 되겠습니다." 하시고 승낙을 했어요.

박청수 선생을 통해 가지고 우리 교전을 한 권 보내 드리고 3개월이 지나서, 그때 시민회관이 1,500석이 정원입니다. 그래도 1,500석을 모은다는 게 쉬운 일이 아니었는데 아주 백방으로 노력을 하고 훈련을 시키고 해 가지고 한갑수 선생님이 오신다고 하니까 전남 일대에 국어 선생님들이 많이 왔어요. 2천여 명이 넘는 성원이 되었어요. 그때 당시 민 박사님이 전남대 총장이 되시고.

박맹수 민준식 총장님 말씀인가요?

박성경 예. 판사 출신인 추진권 변호사님이 교당 회장이 되시고. 두 분이 개인적으로 친하고 교도고 그러니까 안으로 밖으로 아주 협력을 많이 해 주셨어요. 뭔 일만 있다고 하면 앞장서시고. 우리 민준식 총장님 얼마나 소탈하시고 또 진실하십니까. 덕이 있으시고. 그러니 자연히 전남대학 학생들도 전남대학 교수들도 좀 나오게 되고.

그래서 사상강연대회를 하는데, 관광호텔에서 하루 저녁 자고 이튿날 하게 되는 일정이었어요. 저하고 민 박사님, 추 변호사가 같이 가서 인사를 하고 식사를 하면서 "한 선생님, 제가 그때 3개월 전에 교전을 한 권 보내드렸는데 보셨습니까?" "예. 정독은 못해도 통독은 했습니다. 근데 원불교 교전 내용이 아주 좋았습니다. 개인화되고 사회화되고 국가화 고 세계화되어 있습니다." 그러더니 이튿날 강연을 하면서 군데군데 교전을 활용하니까 박수가 나오고 아주 성과가 좋았어요. 경과를 대산 상사님께 올렸더니 "그 한갑수 씨가 초견성(初見性)한 사람이다." 그렇게 또 칭찬도 해 주시더라구요. 그러니까 광주에서 자연히 법회 출석이 늘고, 연원달기 되고, 의식교화도 많이 홍보가 되었어요. 그때 전국 교화에 특등상을 광주에서 제가 갈 무렵에 탔습니다. 잘했다기 보담도 그런 과정이 있었다는 거.

박맹수 전설의 숭타원님이십니다. (웃음)

박맹수 광주교당의 종이 지금도 광주 시민들의 사랑을 한 몸에 받고 있어서 다른 데는 종을 소음의 원인이 있다고 못 치게 하는데 광주교당의 종은 지금도 시민들의 사랑을 받고 있거든요? 그 사랑의 종소리 사연 좀 소개해 주시죠.

박성경 광주에 부임을 해 가니 그 좋은 종이 식당채 구석에 이렇게 땅에 가서 있더라구요. 내 마음에 '아, 저건 또 내 책임이구나.' 일거리가 첫눈에 하나 보였어. 그 좋은 종이 땅바닥에 있다는 게 항상 마음에 민망스럽고, 죄스러울 정도로 그런 감이 들더라구요.

교도 한 분이 건강이 별로 안 좋았어. 그래서 자기가 무자녀하니까 교역자 하나를 교무님이, 말하자면 은녀로 해 주면 자기가 그저 조금씩 돈을 내 보겠다고 하면서 금팔찌 하나를 저에게 우선 갖다 줘요. 와서 얼마 안 되었는데. 그 책임이 느껴지죠. 어떻게 나를 알고 금팔찌를 빼 주나. 좀 묵직했는데 다섯 돈이라고 그랬어 그때. 그래서 제가 얘기를 했지요. "교육은 나중에 또 머리 써서 할 법 잡고 우선 이 성스러운 종이 땅바닥에 가 있으니 우리가 종각을 먼저 지읍시다. 그 돈으로 종각 밑천을 하면 어떻겠습니까?" "아이고, 좋습니다." 그래 가지고 특별기도도 하고 회사도 좀 하고 어떻게 돈이 마련이 되었어요. 부혜광(본명 척량, 당시 전남대 건축학과 교수) 설계하고 해 가지고 종각을 짓게 되었는데, 이렇게 의미가 있는 깨끗한 성금으로 지은 종인데 이 종이 달려만 있어서는 안 되겠더라구요.

그때 제가 경찰서에서 순경들 강의를 좀 해 주면 어떠냐고 해 가지고 두어 달에 한 번씩 한 4백 명씩 모이는 강의도 몇 번 한 일이 있었는데 그러니까 경찰국장하고 친숙했어요. 그래서 제가 경찰국장한테 이 종이 대중의 이러이러한 청렴한 뜻이 모아서 지은 종인데 우리가 달려만 있어서는 안 되겠다. 그래서 내가 이름을 짓고 싶은데 '사랑의 종'이라고 하고 싶다. '호남의 사랑의 종'이라고. 날이 좋은 날은 나주까지 들린다고 그랬었거든요. 그 종소리가. 그다음부터는 연말에 밤 12시에 서울에서는 보신각종이 울리고, 광주에서는 광주교당 종이, 우리가 기도하고 심고 올리면서 독경하면서 그 종이 울려 나가고. '사랑의 종'이라고 명명이 돼서, 그다음부터서 다른 종은 모두 아이들 잠에 지장이 있다고 하면서 못 치게 하는데 우리 종만 계속해서 쳤습니다.

박맹수 광주교당 가서서 전혀 인연이 없던 추 변호사님을 입교시킨 일화도 감동적이던데요.

박성경 예. 부인이 개성여고를 졸업한 개성 분이셨어요. 내가 개성에서 3년을 살았으니까 개성에서 살다 온 것만으로도 굉장히 좋아해요. 자기는 객지니까. 그래 가지고 특별히 챙겨요. 먹을 것도 챙겨 오고 때에 따라서 과일도 챙겨 오고 그래. 자기가 정감이 느껴진다고 그러면서. 법회도 잘 보고 교당에 뭔 일 있으면 협력도 하고 이러던 찬데, 그때 회장님이 건강이 안 좋으셔가지고. 한 분은 나오셔야 되겠는데, 꼭 그분이 했으면 마음이 좋겠다고 생각하고 있었는데 냉철하시고, 정확하고, 분명하고. 말하자면 접근하기 쉽지 않은 분이었었어요. 속은 따뜻한 분인데.

그래서 제가 부인한테 한 번 간절히 얘기를 했지요. "그렇게 법조계 큰일을 하시면서 이런 회상에 함께하신다는 것은 말하자면 세계와 함께하는 일이다. 그러니 그 좋은 자리, 지위에 있을 때 이런 교단을 위해서 협력자가 되시면 절대 그 공덕이 헛되지 않을 것이니, 나하고 도명 씨하고 기도를 합시다. 영감님 마음이 나도록." 그 부인 이름이 도명 씨야. 그랬더니 "저는 자신이 없으니 교무님이 생각해 보세요. 교무님이 기도 열심히 하면은 안 되겠나요?" 그래서 3주일 기도를, 특별 기도를, 순옥 씨라고 정택 선생 어머니하고 일주 씨라고 아주 알뜰한 교도가 있어. 셋이 기도를 3주일 올리고, 선물을 준비해가지고 간다고 부인한테 말을 했어. 추 변호사님이 부인한테 그 말을 전해 듣고 "내가 자유롭게 사는 사람인데 이것도 구속이네? 당신이 좋아하는 교무님 오신다니 내가 또 그냥 말 수는 없고 그럼 만나 보지."

인자 들어가자마자 순옥 씨하고 일주 씨하고 큰절로 오체투지를 하고, 저도 셋이 오체투지를 했죠. 그러니까 이분이 몸 둘 바를 모르고 "아니, 이거 누님 같으신 분들이 무슨 일이십니까?" 순옥 씨가 굉장히 사교성이 좋아요. 추 변호사 손을 꽉 잡더니 "아이고, 나 회장님이라고 부르고 싶어. 꼭 우리 회장해야 되는데 어쩌까?" 전라도 말로. "회장님 같으신 분이 우리 회장님 하면 좋겠는디. 주위가 그럴 때 한 번 해주쇼. 우리 여자들이 이렇게 공부하고 하는데 교당이 편안해야 안 쓰겠어요?" 암말도 않고 빙긋이 미소 지으면서 들어요. 저한테 원불교 취지, 회장의 입장을 간단히 물으셔서 제가 답변을 해 드리고. 제가 암말도 안 한 것이 더 효과가 있었고, 어른들은 하신 것이 효과가 있었고, 그래 가지고 "이렇게 다 알뜰하신 마음으로 원불교를 위해서 교무님 오셔서 아주 교화가 잘된다는 소식도 내가 듣고. 또 『원광』이나 교전도 책상 위에 갖다 놓으면 내가 때때로 읽어 봐서 대충 짐작은 합니다. 그러니 제가 심부름꾼 노릇은 하지요." 그렇게 말씀을 하셔. 그냥 박수를 치면서 일어나서 오체투지를 또 한 번 하고. 그래 가지고 회장이 되셨어요. 교당에 오셔서 인사말을 하게 되니 대환영을 했죠. 그다음부터는 주인이 되시는 거야.

변호사쯤 되면 그냥 말 수가 있는데 언제나 자기 집 주위를 아침마다 쓸어요. 모범적이야. 아주 언행일치하고. 그다음에는 교당 문 앞에까지 와서 때때로 쓸어 줘. 그리고 집에서 맛있는 것만 하면 부인 말이 "교당도 이런 거 잡수실까? 당신이 좀 살펴." 맛있는 것을 만들어서 대문에 들어오면서 "이것은 이 교당 회장이 보내는 겁니다." 그러면서 가지고 와서 우리가 모다 웃고 먹었던 그런 기억도 나고.

박맹수 그리고 보면 숭타원님은 염원을 하시면 다 되셨네요.

박성경 좀 그런 편이었어요. 교화가 순조로운 편이었고. 그리고 제가 한 가지 긍지를 느낄 수 있는 거가 교도들하고는 마음 상하는 일이 없었어요. 제가 약자를 주로 살폈어요. 강자들은 열등감을 안 느끼는데 대개 약자들이 열등감을 느끼고 까딱 잘못하면 돈 없으면 원불교 못하겠다고 하고. 교무님들도 다 있어야 되겠더라. 이런 말 들을 수가 있거든요. 그래서 약자들을 가는 데마다 챙긴 것이 그분들 다 성공하시고 지금까지 저하고 서로 연결이 되고 있는 이것 하나는 긍지를 느낍니다. 교도들하고 별로 마음 상한 일이 없었다는 것.

박맹수 그런 숭타원님의 교화철학이랄까 표준이랄까. 그 원동력은 어디에서 왔을까요?

박성경 제가 구타원님, 항타원님한테서 전무출신 정신을 익히고 훈련받았다는 것도 원인이 있고. 우리 집안이 4대째 회장단도 다 하고 법사들도 나오고 전무출신을 17명이나 했어요. 우리 집안에서. 이런 게 다 과거의 인연도 있었지 않는가도 싶고. '이 생(生) 일뿐만은 아니다' 그런 맘이 들 때도 있습니다.

박맹수 정산 종사님이나 주산 종사님 지도 받으시고 또 항타원님, 구타원님 지도 받으시면서 그 어른들이 명심하라고 강조하셨던 것은 어떤 것이 있으십니까?

박성경 정산 종사님은 그 하서(下書)를 주신 일이 생각이 나고, 주산 종사님 정직하니 책임감 있다고 칭찬도 해 주시고. 암튼 정산 종사님, 주산 종사님 다 부처님이시니까 부처님 지도로 알고 일호의 다른 마음이 없었던 것 같아요. 그러고 가정적으로도 어머님들이 다 주무하고 교단에다 창립의 역할을 하니까.

박맹수 광주에서 그렇게 큰 교화를 하시고 드디어 서울교당으로 가시네요?

박성경 예. 서울은 역대 교무님들이 많이 다녀가시고. 서울에 가서는 성남하고 조치원 했고, 또 대전에 와 가지고는 둔산교당 했고.

박맹수 평생 교화계에서 그야말로 혁혁한 교화의 삶을 사셨는데요.

박성경 대전에서 복지사업 일에 재미난 일이 또 있어요. 서울 경험 거쳐서 교구 일을 맡아 가지고 가니까 역시 충청도 기질상 교화는 약했습니다. 역대 선진님들이 고생 많이 하다 가셨고. 그 흔한 유치원이 대전 교구는 한 군데도 없어요. 교당에도. 그래서 대전에서는 복지 면으로 교화를 좀 해 봐야 되겠다는 맘이 들더라구요.

그러던 차에 노태우 대통령이 한강 이남에 2만 호 영세 아파트 주택을 위해서 복지 시설을 하는데 처음에 한강 이남에 대전에서 먼저 시작한다고 그랬어요. 그래서 대전에 노인 시설, 노인복지관 시설, 일반 성인 복지관 시설, 또 어린이 집을 구상을 해 가지고 많이 위탁을 했어요. 열심히 정보를 듣고 사무장하고 같이 노력을 했지요. 대덕구에서 하는 일반 성인 복지관 하나 위탁받고. 서구에서 하는 노인수양원 하나 위탁받고. 또 어린이집 한 군데도 없었으니까 수양원 계통으로 병설어린이집, 복지관 계통으로 병설어린이집. 어린이집 두 군데를 맡고 한 2년 동안에 4군데 복지 기관을 위탁을 받게 되었어요.

대덕구에서는 복지관이 아주 대형복지관이라 공간이 큽니다. 근데 제 마음에 여기다 어린이 도서관을 하면 참 좋겠다. 영세 아파트가 있고 국민학교가 근방에 있으니까. 그러던 차에 또 정보를 들으니 에스콰이어 구두 회장님이 그동안 번 돈을 사회에 환원하기 위해서, 성은 이씨고 이름은 인표씬데, '인표도서관'을 열 군데를 만드는데 지방은 대전부터 시작을 한다는 소문이 들려요. 인표 회장님이 현장 답사를 한다고. 동대전에서 들어오면 우리 복지관이 젤로 거리가 가까워요. 그런데 이 분이 기독교 장로고, 부인은 권사고, 아주 전통 있는 기독교 가정이라. 근데 내 마음에 자신이 있으면 그런 것도 무시가 되더만요. 큰일 할 사람이 종교에 구애를 하겠느냐? 내가 최선을 다해 봐야 되겠다.

이분이 온다 해서 청소 다 하고, 집을 정결하니 해 놓고, 원불교 취지 대충 간추리고, 드릴 말씀도 준비를 해 놨지. 차를 대접을 해야 되겠는데 커피는 물론이고 녹차를 자실라는가, 혹은 노란 주스를 먹을라는가, 태음인이면 율무차도 괜찮을 것이고, 어떻게 생각하면 냉수도 괜찮을 것이다. 그래서 그분이 앉으시면 차를 다섯 잔을 갖다 놓으라고 내가 그랬어요. 다섯 잔을 쭉 갖다 노니까 이분이 "일생을 차를 마셔 봤지만 다섯 잔 갖다 놓는 데는 여기밖에 없네요. 이거 다 먹으면 배불러서 말도 못하겠는데?" 그러면서 웃더라구요. 그러더니 냉수만 한 컵 자시더라구요. 그래서 인제 원불교의 취지나 원불교 복지사업의 내용을 쭉 얘기를 하면서 "회장님께서 시방 장로님이시지만 저는 큰일 하실 분은 종교에 구애를 안 하리라고 생각이 됩니다. 그리고 또 그 회장님의 거룩한 뜻이 영원히 헛되지 않고 빛나도록 하려면 우리 원불교 교무에게 책임을 주어보면 괜찮으실 겁니다. 한 번 큰맘 먹고 주어 보세요." 이야기를 다 듣고 나중에

불법연구회 영광지부 을해동선(1935) 기념사진. 숭타원 박성경 종사의 조부님 (흰 한복, 맨앞줄)

갈 무렵에 이렇게 물끄러미 쳐다보더니 "당신 같은 사람만 있으면 원불교 앞으로 괜찮겠네요?" 그래요. 그래서 내가 "무슨 그런 말씀을 하세요. 우리 원불교는 혈심 제자만큼은 자랑할 만하게 많습니다."

성남동에 있는 복지관이 중형이 하나 있는데, 그분이 장로라 그러니까 의례히 기독교 계통이고 장로니까 자기네 줄 거라 생각했어요. 그랬는데 3일 후에 우리 집으로 연락이 왔어. 중의복지관으로 결정이 났으니 모든 서류를 갖추라고. 참 기뻤죠. 그래 가지고 현금 1억 원하고 신간 책 5천 권을 주어서 개보수해 가지고 하루 300명씩 책을 보고 또 학교에 가서 독후감을 쓰고 그러니 학교 교장선생님들도 지역 사회에서 같이 중의복지관을 신임을 하게 되고. 근데 마침 KBS 황규환 사장 그때 KBS 안동방송국장이었는데 안동에서 신심이 나가지고, 서울 거쳐서 대전으로 오게 됐는데 우리가 교화나 사업 간에 어떤 일이 있어서 방송을 좀 냈으면 하면 이분이 성실하게 알뜰하게 우리가 한 것보담도 더 정성스럽게 보도를 해 주니 그것도 교화복지에 큰 협력이 되셨던 것 같아요. 대전에 와서 그렇게 순조롭게 복지 사업을 해 가지고 그 후로 계속해서 다 하고 있죠.

박맹수 숭타원님 말씀 안에는 원불교다, 기독교다, 불교다 하는 이런 좁은 울타리가 없으신 것 같네요?

박성경 저는 없지요. 당연히 본래 성품 자리에는 없지 않습니까? 솔직히 말하자면 우리 대종사님의 법같이 다 포용해야죠.

박맹수 그런 독실한 장로님을 감동시킨 힘은 역시 종교 울타리를 넘어서서 함께 선현들의 뜻을 실천하는 모범을 보이면 다 넘나들겠네요?

박성경 어쩐지 제가 자신이 있더라구요. (웃음) 우리 줄 것 같은 자신이 있어. 아무리 기독교 장로, 권사 댁이지만 그 뜻을 거룩하니 해 준다는 데 대해서는. 회장님의 거룩한 뜻이 천추에 빛나도록 우리가 잘해 낼 겁니다.

박맹수 그렇게 복지 분야에서도 큰 업적을 남기시고 지금은 수양 생활을 하시는데 노후 수양의 맛은 어떤 맛인가요?

박성경 저는 이 수도원을 적멸궁이라고 그럽니다. 학생이 학교에 가면은 공부해야 하는 일이 당연한 일이듯이 교무들이 퇴임을 해서 오게 되면 당연히 수양하고 적공하는 것. 그러지 않고서는 뭔 일을 하겠습니까? 우리 인생의 종착역에 왔는데. 그러면서도 늘 바쁩니다.

박맹수 어떻게 바쁘세요?

박성경 일과 생활 해야죠, 전화 상담 해야죠, 애경사 살펴야지. 또 병원가야지. 찾아오는 손님들하고 대화도 하고 후진들하고도 상담하죠. 항상 바쁘게, 그렇게 한가롭게.

박맹수 마음은 적멸궁이고 몸은 바쁘시고.

박성경 예. 바쁘고. 감사하고 은혜롭고 행복하지요.

박맹수 특별히 이 수도원에서 취미 생활을 하시는 거 있으세요?

박성경 제가 오후 3시에는 언제나 특별기도 하고 선을 1시간씩 하고.

박맹수 지금도요?

박성경 예. 계속해서 그거는 합니다.

박맹수 지금 연세가?

박성경 88세.

박맹수 꼭 3시에 하십니까?

박성경 예. 그것 못하면 종착역이죠. (웃음) 그렇게 생각하고 삽니다. 이것 못하면 이 생하고는 이별하는 시간이다.

박맹수 이 생과의 이별 준비는 잘 하셨어요?

박성경 그 자리가 그 자리니까 항상 바쁘지요. 이래 가지고는 안 되겠는데 싶은 습관은 고쳐야 되고.

박맹수 아직도 고치실 습관이 남으셨어요?

박성경 그렇죠. 많지요. 저는 고쳤다 해도. 저는 성격이 조금 적극적이고 책임감 있고 앞만 보는 성격인데, 요새 후진들이 들어오면 해찰하고 책임감 좀 없고 그렇게 좀 야무지지가 않다 싶으면 좀 기운이 맥힐라 하고 또 어떨 때는 꾸지람도 했겠지요. 그러고 헤어진 사람이 두 사람인가 있었어요. 그때 좋아가지고 헤어진 사람들 있는데, 수도원에 와서 가만히 생각한 게 이거는 아니다. 어떤 마음의 기운에 나도 맥히면 안 되고, 저쪽에서 맥혀 있어선 안 되겠다 싶어서 제가 편지도 쓰고, 전화도 하고, 만나기도 하고, 식사도 같이 하면서 다 풀고. 지금은 그냥 하나같이 행복하고 참 은혜롭게 살고 있습니다.

박맹수 숭타원님은 저를 굉장히 각별히 사랑해 주셨잖아요? (웃음) 저나 저희 후진들한테 당부해 주실 말씀 있으신가요.

박성경 창립정신이 처음하고 끝하고 다를 수가 있거든요. 그래서 끝도 처음같이 창립정신 이어받아서, 우리 교리가 얼마나 좋습니까? 교리 실력 충분히 갖추어서 영성 훈련 단련해가지고 새로운 샘물을 만들어 내는 혈심제자가 많이 나왔으면 하고 감히 당부를 드리고 싶습니다.

박맹수 네. 장시간 인터뷰에 응해 주셔서 감사합니다. 늘 건강하시길 바라겠습니다.

박성경 감사합니다.

인산 조정중 종사

내가 있는 자리

수양을 떠난 복,
그것은 의미가 없어요

박맹수 인산 법사님. 요즘 근황은 어떠신가요? 방송 강의도 하시고 또 설법도 나가시고 어떠세요?

인산 조정중 종사 (이하 조정중) 마음은 한가하고 일은 좀 바쁘다는 느낌이 있어요. 원음방송 텔레비전에 나가면서부터 정신적으로 바쁘죠. 그래서 한가하게 보여도 속마음은 좀 바쁘고. 그래도 수도자로서 바쁘면 되느냐 해서 일부러 한가하게 지내죠.

박맹수 방송 강의도 하시고 또 설법. (웃음) 그러니까 어떻게 보면 현직에 계실 때보다 퇴임하신 뒤가 일은 더 많아지신 느낌이 드네요.

조정중 아뇨. 그렇지는 않죠. 아무래도 현직에 있을 때 일이 많구요 지금은 일은 단순한데 정신 쓸 일이 좀 많죠. 많이 생각해야 말을 할 수 있는 그런 일을 하니까는 속으로는 좀 바쁘죠.

박맹수 평생 공부해 오신 내용을 그냥 부담 없이 하시면 될 텐데 더 정신을 쓰십니까?

조정중 그러니까 말이 어렵다는 것은 아무리 생각이 있더라도 그것을 굴리고 연마해서 쉽게, 간명하게, 정확하게 전달하느냐의 문제 아니겠어요? 그렇게 다듬으려니까 아무래도 공이 들죠. 말하기는 옛날보다 훨씬 더 많이 공이 들어요. 그렇습니다.

박맹수 예. 그러시군요. 세월이 갈수록 공들이는 것에 더 힘을 들이시네요?

조정중 그렇죠. 내면적인 것에 공을 들이는 것이 정신이 훨씬 쓰이죠. 아무래도 이제 갈 나이가 되니까. (웃음) 제일 어린 사람이 나이 얘기 하면 안 되지만 항상 정신세계에는 자리잡고 있어요. 그것이 또 공부 길에도 큰 영향을 주고요.

박맹수 원불교하고 인연이 되신 햇수는 어떻게 되시나요?

조정중 저는 외할머니가 처음에 신심이 나서서 대종사님을 모시게 되었고, 부모님께서 제 형까지 거기서 낳으시고 여기 와서 저를 낳으셨어요. 그러니까 제가 태어난 곳은 원불교 총부 주변으로 불연(佛研)부락이죠. 불법연구회를 줄여 가지고 불연이라고 그랬는데 불연부락에서 낳았어요. 송천은 융산님하고 이웃 간에 살았어요.

박맹수 여러 기록들을 보면 종사님 어린 시절에 그때 일본말로 코도모카이(어린이회)가 있었다고 하던데요?

조정중 코도모카이 했죠. 그렇죠.

박맹수 그 멤버셨다면서요?

조정중 우리는 따라다녔죠. 형들이 정회원이고 우리는 따라다니는 식구. 기억이 잘 안 나요. 박창기 님하고 주산님이 가끔 나오셔서 박창기 님은 기억이 딱 나요. 주산님은 가끔 한 번씩 나오셨어요.

박맹수 어린이회 활동은 어떤 것들이 있었어요?

조정중 주로 계문 지키기, 청소하기. 그때는 익산에서 황등 가는 길이 운동장만 했어. 기억에 그렇게 넓은 길이었어요. 그런데 지금 보니까 아주 좁은데. 총부 구내가 얼마나 넓어요? 우리 기억에. 새벽에 일어나서 청소하는 것, 조실 문안 가는 것 등이었어요.

박맹수 조실 문안이라는 것은 대종사님 뵈러 가는 것인가요?

조정중 그렇죠. 대종사님 조실 계셨으니까 새벽마다 조실 문안을 가죠.

박맹수 혹시 대종사님 문안 가실 때 기억나시는 거 있으세요?

조정중 예. 기억나는 일이 꼭 한 가지가 있어요. 대종사님 계실 때는 대종사님께 문안을 갔지만 열반하신 후로는 정산 종사님께 문안 갔거든요? 대종사님 계실 때 우리는 어리니까 잘 안 가려고 하는 거예요. 그래도 외할머니가 깨워요. 깨워서 형 등에 업혀 놓는 거예요. 그러면은 업힌 채 가는 거예요. 가서 형들은 절을 하고 저는 우두커니 서서 보는데 대종사님이 이렇게 창문으로 보고 계시더라고. 그래 제 눈하고 딱 부딪히니까 얼마나 놀랬는지. 그게 인상이 딱 남아 있는 거예요. 그때 그 탁 번갯불같이 남은 인상.

박맹수 인산 법사님 눈은 대종사님을 뵈어온 눈이시네요?

조정중 뵈어 온 눈이죠. 그건 확실해요. (웃음) 처음에는 이렇게 방 안으로 들어가서 뵈었어요. 저쪽 그 동아실 있잖아요? 동아실로 들어가서 뵈었는데 대종사님께서 귀찮으신 거예요. 새벽마다 오니까. 나중엔 "밖에서 해라." 그렇게 한 거예요. 안에 들어갈 때는 따라서 했는데 밖에서 하라 할 때는 인사에 정신이 해이해져 가지고.

박맹수 그때 그 어린이회 멤버가 어떻게 되나요?

조정중 형제간 송천은, 송수은, 송관은. 또 인제 대산 종사님 가정의 복균, 복환.

박맹수 그렇게 뵙고 나서 교무와 전무출신을 하실 생각은 언제쯤 드셨나요?

조정중 그때 마침 인하대학을 가려고 했었어요. 그런데 아버님이 "너 낳으려고 이리 이사 왔다." 그러시는 거예요. 그러니까 뭐 생각할 여지가 없이 전무출신 됐죠. 거의 자동적으로 된 셈이에요. 그게 장점도 되지만 나중에 생각해 보니까 멀리서 찾아온 분이 더 정신적으로 깨어 있어요. 가차이서(가까이에서) 보고 하는, 근접한 가운데 생활하는 사람이 깨어 있는 정신은 좀 부족하지 않았나. 그러니까 밖으로 나가려고 했었죠. 밖에서는 안으로 들어오려고 그러고. 그런 현상이었어요.

박맹수 대종사님이란 분이 참 큰 어른이시다 그런 생각은 언제쯤 하시게 되셨나요?

조정중 큰 어른이라는 개념이 주세불 아니겠어요? 주세불이시라는 개념은 정산 종사. 그 법을 공부하면서 더 철이 들었고요. 나이가 들수록 차고 밝아지잖아요? 밝아지면서 대종사님은 우리하고 아주 먼 거리에 계시는 분, 아주 높이 계시는 분으로 이해가 되거든요. 그러니까 언제부터 대종사님이 더 우러러보였다는 그런 생각은 없고요 점진적으로 계속해서 지금도 공부할수록 대종사님은 위에 계신 어른으로 그게 느껴지죠. 그렇죠.

박맹수 교무 되시기 위해서 들어오셨을 때가 원광대학교가 생겼을 땐가요?

조정중 그렇죠. 원광대학교가 생길 때죠. 처음에는 유일학림이었는데 제 형님은 유일학림에 다니셨고 요절을 했는데. 그 후에 원광대학으로 변경을 해 가지고 우리가 원광대학 초기. 처음 저 돌 쌓을 때 우리가 그 정지 작업 다 하고 그랬죠. 리어카 끌고.

박맹수 그 시절에 공부하셨던 과정 속에서 기억에 남으시거나 후진들, 후배들한테 꼭 알려 주고 싶으신 그런 내용 있으신가요?

조정중 그때 공부로는 용어 개념 풀이였죠. 그때 학교 다닐 때 개념 풀이 못

한 것, 숙제로 남았던 것이 지금도 숙제죠. 지금 해결이 전혀 안 되어 있어요. 지금 그런 숙제적인 문제를 내놔도 못 풀죠. 그런 딜레마 같은 게 있는데 지금 생각해보면 그것이 원불교적인 특장점이고 그런 면을 잘 이해를 해야 대종사님의 그 새 종교, 창교정신 또 과학 문명으로 발달된 수준 높은 사회를 제도하는 그런 방식, 그걸 이해할 수가 있지 않겠나.

박맹수 지금도 숙제를 갖고 계세요?

조정중 그렇죠. 갖고 있습니다.

박맹수 하나만 예를 들어 주세요.

조정중 숙제가 생사문제죠. 현직에 있을 때는 교화문제였고 지금 생사문젠데, 원로원에 오니까는 죽음에 대한 연구 팀을 구성하자고 누가 제안해 가지고 그렇게도 했지마는. 좀 우스꽝스러운 일이죠? 나는 평소에 이 세상에 다시 오는 것을 그렇게 희망하지 않았어요. 교전에 나온 대로 영단을 이루어서 법계에 주력할 수 있는 실력을 갖추자 그거죠. 이 세상에 오는 것을 좋게 안 알았어요. 그런데 대종사님의 경륜은 이 세상 떠나시는 정신이 아니시고 이 세상 개벽하는 개벽정신이거든요. 그런 스승을 모시고 사는 사람이 수양 좀 했다고 해서 법계에서 오래 머물렀다고 주장 삼는 것은 도리에 옳지 않다. 그런 감회가 있지요. 그러면서 차차 바꾸고 법계에 머무는 실력 이상의 실력이 되어야 가히 올 수 있지 않겠는가. 옷을 새로 갈아입어도 공부와 사업의 정진심은 변치 않고. 상당히 공부하신 분도 후생에 옷 갈아입고 오서 갖고는 다른 길로 가셨다는 그런 얘기도 들리거든요. 그것이 그게 쉬운 일은 아닌 것 같아요.

박맹수 그런 실력이라고 그럴까, 그 어떤 힘을 갖추시려고 어떤 공부를 하시나요?

조정중 좋은 질문이신데 나는 책상 위에 메모지가 있어요. 메모지가 있는데 건강이 약하니까. 건강 약한 것도 공부에 많은 도움이 돼요.

박맹수 방해가 아니라 도움이요?

조정중 그렇죠. 방해가 되는 것이 아니고 건강에 도움이 돼요. 늘 채찍질이 되니까. 그런데 저는 주장이 아침 새벽에 깰 때 그때 자성불일원상(自性佛一圓相) 그 각성하는 마음을 갖는 것이 수행에 큰 도움이 된다. 그렇게 주장을 하거든요. 자성불일원상이라고 한 번 염해 두면, 그동안에 해 왔던 교리적인 개념, 또 마음공부한 실력, 또 내가 서원한 서원의식 이런 것이 전부 한꺼번에 보자기로 싼 것처럼 들어지잖아요? 자성불일원상. 낮에 활동하다가 딱 멈추는 때가 있잖아요. 내가 지금 어디 있냐는 것이죠. 내가 지금 어디 있나. 그걸로 늘 자성불일원상을 회광반조(回光返照) 하는 공부를 삼아요. 그 공부가 행동하다가 딱 멈추고 내가 지금 있는 정신 처소가 어딘가. 마음자리가 어딘가를 반성해 보는 것, 그것이 공부에 큰 도움이 된다. 잠잘 때 내가 어디로 갈 것인가 하는 문제, 그 문제를 생각할 때 공부가 진작된다. 그렇게 생각을 해요. 그러니까 일회삼성(一回三省)이죠. 일회삼성하는 그런 심법으로 수도생활해요.

박맹수 보통은 세속 사람들한테 수행 좀 하자, 공부 좀 하자 그러면 바쁘고 삶에 쫓기고. 그런 얘기들이 어떻게 보면 구실일 수도 있는데 또 다른 면으로 보면 세상이 그만큼 복잡한 세상 속에서 살거든요? 그런 분들한테 지금 말씀하신 일회삼성 이게 얼마나 소중한지 알려 주면 좋을 것 같은데 어떤 비법이나 쉬운 길은 없을까요?

조정중 대종사님을 사모하고 법에 따르는 수행자로서 살아갈 때 우리는 대개 그러잖아요. 한 회상에 들면 그 회상의 법통 제자가 되어 가지고 수행을 닦는 것이지 않겠어요? 대종사님께서 『수양연구요론』서문 첫 허두에 '인생의 요도는 수양에 있고' 첫 말씀이 그거거든? 그래 수양이라 하는 것이 우리 인생에 진급시키는 데 있어서 얼마나 기본적인 정신이 되는가.

박맹수 진급시키는?

조정중 그렇죠. 사리연구 하지만 수양을 바탕으로 하지 않는 사리연구는 허환에 불과하고, 작업취사 한다 하더라도 복을 짓는 것 그것이 수양을 떠난 복 그것은 의미가 없다. 그렇게 생각하는 것이거든요? 그러므로 수양하는 것이 참 중요해요. 이번에 어느 분이 (남원)몽심재를 KBS에서 와서 취재해 갔다고 해요. 취재하는데 무인 항공기를 가지고 와서 카메라를 매달아 갖고 높은 허공에서 사진을 찍더라, 나보고 그거 하나 준비하라고 그러더라구. (웃음) '야, 이거 사진기 가지고 다니는 것도 우세스러울 날이 오는가 보다. 내가 일찍 사진 그만두기를 잘 했다.' 그런 생각 가졌는데.

과학 문명이 이렇게 발전한단 말이죠. 과학 문명의 발전이 인류 사회에 도움을 주느냐? 그건 아니고, 위기로 보라는 것 아닙니까. 자연환경이라든지 생활환경을 위기로 몰아가는 것이 과학 문명 발전이거든요? 그러니까 인생으로써 수양을 하지 아니하면 인생 전체가, 생령 전체가 괴멸하는 그런 시대를 맞게 되지 않겠어요? 그러니깐 옛날 종교처럼 이 세상을 버리고 저세상으로 가자고 하는 이념은 도저히 통용이 안 되는 문명사회에서 개명된 사람의 지각으로써 그런 종교인이라면 우리가 버려야 할 때가 왔다. 이 세계를 변혁시키는 새로운 종교 이념. 그야말로 개혁시키는 그래서 대종사님의 경륜이신 '광대무량한 낙원 세계' 이것을 구현시키는 것이 새 종교의 이념 아니겠는가. 과학이 발전할수록 이 개념은 더 증장해야 되겠는데 그 중심에 수양이 있다 그거에요. 수양을 해야 된다 그거죠.

그리고 나는 주장하기를 사람들이 주문을 많이 안 외워요. 근데 천도교 최제우 선생이나 증산교 증산 선생이나 모두 주문종교거든요? 주문종교예요. 대종사님도 주문을 많이 외우신 어른이시고. 그런데 우리가 지금 주문을 퍽 등한히 해요. 주문이 신통귀재하고 딱 연관이 돼 가지고 그런 상념이 있기 때문에 그걸 등한히 하는데 그런 건 아니잖아요. 그래서 수도자로서 그 염불과 주문, 그걸 함으로써 수양의 실력을 쌓고, 실질적인 실력은 그런 데서 오는 것인데 그 걸 우리가 방관하고 있지 않는가 그런 생각이 들어요.

박맹수 주문이 사실은 말씀하셨던 자성불일원상을 염원하는 수양법이라는 말씀이군요?

조정중 그렇습니다. 자성불일원상의 실력 발휘죠. 모든 병고를 해소하는 것도 자성불일원상이고, 모든 번뇌를 항마하는 것도 자성불일원상이고, 모든 복락을 지어 낸 원천수도 자성불일원상이거든요? 그러니까 자성불일원상은 자성으로 돌아가는 모든 세계의 세계 인류, 공부하는 성향이 위로, 밖으로 가는 것이 아니라 위로 안으로 자성으로 돌아오는 그런 공부가 더 진작되어야 한다 그것이죠.

그런데 내가 대종사님 뵈어 온 사람이라고 초청받았잖아요. 그런데 그 시간을 살짝 넘어가 버리고 그래서.

박맹수 아이고, 그래서 다시 여쭤 보려고 그랬는데요. 지금 살아 계신 어르신들 가운데 대종사님을 뵈신 막내로 이렇게.

조정중 막내죠. 겨우 턱걸이로 올라갔어요. 참 영광입니다. 이런 시간에 동참하는 것이.

박맹수 예. 대종사님과의 인연, 출가를 하셔서 평생 살아오시고. 이번 인터뷰 하시는 분들 중에 유일하게 정남(貞男)이신데요.

조정중 그런가요? (웃음)

박맹수 왜 결혼 안 하셨어요?

조정중 결혼 안 한 문제도 중요하지만 대종사님 계실 때 팔타원님이 대종사님 심심치 않으시라고 원숭이 두 마리를 가져와서 기와로 막사를 지어 주었어요. 그런데 그 원숭이가 도망가 버린 거예요. 관리인이 문을 딱 닫고 들어가야 하는데 슬쩍 닫고 들어가 도망가 버린 거예요. 총부 원숭이 도망간 게 큰 화젯

거리고 대난리였죠. 이 좁은 고을에서 발칵 뒤집어졌죠. 대종사님에게까지 말씀을 드려야 하는 거여. 대종사님은 조실 할아버지여. 우리한테는. 그래 대종사님께서 들으시고 "잠시 있거라. 돌아올 것이다." 그러신 거야. 근데 그 도망간 원숭이가 가만두었는데 저절로 돌아왔어. 저절로 들어오니까 큰 화젯거리죠. 원숭이가 돌아왔다고 구경을 또 간 거예요.

제가 누나하고 같이 갔는데 원숭이는요 뭘 쥐여 주면은 좋아하는데 먹는 것 없이 손만 내밀면 딱 긁어버려요. 내가 그 손을 내밀었다가 긁혀버린 거예요. 그러니까 그 어린 나이에 얼마나 놀랬겠어요. 막 큰 소리로 한참 운 거예요. 멈추들 않고. 그러니까 "조실 할아버지 오셨다." 그러는 거예요. 그 말에 깜짝 놀래서 울음을 멈춰 버렸는데 진짜 조실 할아버지가 오신 거예요. 뒤를 돌아보니까. 그때 인상이 그래. 나는 대종사님 뵈온 눈이라고는 하지만 나는 꼭 두 번이여. 그렇게 딱 대종사님 인상적으로. 놀래고 그래서 대종사님은 무서운 분. 이렇게 인상이. (웃음)

그리고 열반하셨을 때 온 천지가 다 눈물바다죠. 총부 전체가 여기저기 방향없이 다 엎드려 우는 것 그런 인상만 남았어요. 그렇게 그때 전부 울었다. 그런 인상만 남았어요.

박맹수 눈 마주치신 것, 원숭이 물려서 울다가 눈물 뚝 그친 것, 열반하신 것.

조정중 그렇죠. 그건 생생해요. 그리고 방금 뭐 물으셨어?

박맹수 평생 결혼 안 하시고 정남으로 이렇게 살아오셨잖아요.

조정중 그때 제가 좀 큰 병을 앓았어요. 폐결핵을 앓았는데 결핵 앓은 사람이 결혼을 한다는 것은 당연치 않다고 생각을 했어요. 그리고 결핵 앓을 때 의사가 절대안정을 권유하더라구요. 한의산데 심신 절대안정. 그때 저는 초학자죠. 어릴 때부터 교리는 외웠으니까요. 초학자로서 심신 절대안정이라는 것을 어떻게 받아들였는고 하니, 이거 참 좋은 거다.

그때 대산 종사님이 종법사님 되시기 전인데 내 사가하고 대각전하고 사이에 과수원이 있었어요. 총부 정문에서 제 집까지 내려오는 길을 대산 종사님이 의상을 입으시고 내려오는데 제가 마당을 쓸고 있었어요. 인자 꿈에 그렇게 했어. 나중에 내가 아침에 일어나서 마당을 쓸고 있으니까 대산 종사님께서 꼭 그렇게 하고 오시더라고. 그 꿈하고 어떻게 일치되는지. 그때 내가 '아, 심신 절대안정이라는 것은 이렇게 영감이 달라지는구나!' 이 보이는 세계가 확연히 달라진다. 이걸 느꼈어요. 수양의 기초죠. 지금 생각해 보면. 그런 마음을 가지고 출발을 했어요. 이런 병을 가지고는 결혼 생활은 안 하는 것이 맞다.

박맹수 아까 그 원숭이, 그 시절에 불법연구회에 원숭이가 있다는 건 대단히 놀랄 일인데 그 원숭이를 가져오게 된 배경은 어떤 것이었나요?

조정중 팔타원님께서 대종사님 심심하시다고 가져오신 건데, 지금도 절 가면은 관광지 아녀요? 그런데 총부가 관광지 될 만한 것이 없어요. 원숭이가 오니까 주변 전체의 관광지였죠. 주변에 있는 모든 사람들이 오는 거예요. 원숭이 구경하러. 지금도 그런 건 필요해요. 이 중앙총부에 정신적인 안정을 주고 정신을 편안하게 할 수 있는 그런 환경 조성으로 시민들이 오고 가고 하는 것은 꼭 필요해요. 그런 의미에서 공부하실 때 대종사님 당대랑 또 동하선(冬夏禪) 해제식 때랑 정진을 쭉 하시다가 마지막에 헤어지기 전에 열렸던 깔깔대소회도 그런 뜻이겠네요?

조정중 그런 거 했죠.

박맹수 기억나시는 것 있으세요?

조정중 기억이 안 나요. 그런 것은 누님한테 듣는 얘기죠. 형님한테 듣고. 누님이 노래를 잘 불렀대요. 그러니깐 송영지 교무님, 함타원님하고 친구지간이여. 그러니 두 분이 꼭 초청을 받아 노래를 불러. 대종사님 앞에서. 노래 파트가 되면 둘을 노래를 부르게 하는 거여. 지금도 벚꽃나무가 있죠. 아주 잘 키워야 될 나문데 잘못하면 버려 버릴 거여. 그건 버리면 안 되는 나무에요. 그런 나무는.

박맹수 공회당 앞에요?

조정중 공회당 앞에, 지금의 대각전 앞에 능소화. 그것도 그 당시 있던 꽃나무고 잘 키워야 될 나무고. 공회당 앞에 그 벚꽃나무. 그 나무도 아주 중요한 나무죠. 그 나무 아래서 놀이터가 벌어지는 거예요. 대종사님은 확 풀어 주시고 딱 잡아 주시고 이 역할을 잘하신 거예요.

박맹수 긴장과 이완이네요.

조정중 그렇죠. 이 대중 돌아가는 정신. 대중이 어디로 정신이 돌아가는가를 세밀하게, 그리고 한 사람 한 사람 전부 지도를 하신 거예요.

박맹수 요즘으로 보면 맞춤형 지도군요.

조정중 그러죠. 이런 얘기를 범산님이 계셔야 잘 하는데 내가 들은 말로 하니까 힘이 없지만 그렇게 했어요.

박맹수 인산님도 긴장과 이완, 일 집중하시고 또 수양하시다가 솔찮은 취미 활동 같은 것은 어떤 것이 있으신가요?

조정중 솔찮은 것이 카메라죠. 사진 활동하고 서예.

박맹수 언제부터 하셨어요. 카메라?

조정중 카메라는 마산 갔을 때부터 했어요. 그때 왜 했는고 하니 그 카메라 그것이 명소만 찾아가는 거거든요? 또 해 뜨기 전에 찾아가는 거거든? 아주 건강에 좋습니다. 그리고 내가 가면 식구들이 다 따라와요. 그러니까 얼마든지 편리하게 갔다 올 수가 있어. 그래서 그런 걸 했어요. 서예하고.

박맹수 예. 서예하고요?

조정중 붓글씨는 좀 써 보면 수양에는 도움이 되지만 건강에는 그렇게 도움이 안 돼요. 카메라는 아주 건강에 도움이 돼요. 아주 쾌활하고 탁 부려 버리는 거니깐 그렇습니다.

박맹수 수도에 그런 대목도 필요하겠습니다.

조정중 필요한데 옛날에는 싫어했어요. 대중이 싫어하는 과목이었어. 그런데 요즘에는 대단히 환영하죠. 전무출신은 삼학공부도 물론 해야 되고 사은으로 보은 활동도 물론 해야 되지만 난 이 특기 활동이 교화에 큰 영향을 줄 것이라 생각합니다. 1인 1기, 너하고 나하고 똑같이 수도만 하자 이것이 아니고, 너하고 나하고 다른 1인 1기. 그래서 교당 교화에 보탬이 되는 그런 것을 장려할 필요가 있어요. 옛날에는 그걸 금기했잖아요. 지금은 그게 아니에요. 문화 활동을 훨씬 더 범위를 넓혀 줘야 한다.

박맹수 세상과 소통하는 활동이지요?

조정중 그렇죠.

박맹수 서예 하시면서 느끼신 보람 같은 거 한 대목만 소개해 주신다면.

조정중 서예는 이제 일심공부 아니겠어요? 공부로는 일심공부. 서예도 수양력이 있어야 서예도 잘해요. 그리고 남정, 여산. 이 두 분이 우리 교도잖아요? 그런데 남정은 여기서 전무출신했어요.

박맹수 최정균 님이요?

조정중 어. 최정균, 남정이. 그때 여기서 깰 때는 나팔을 불었는데 나팔수여. 남정이가. 우리는 지금 종을 치고 깨잖아요. 그때는 종이 없었어요. 그래 나팔을 분 거예요. 그런 분이 이제 서예에 빠져 가지고 나가신 분이죠. 그러니까 서예가 나쁜 역할을 하기도 해요. (웃음) 그래도 나중에 원광대학교 서예과를 만들었잖아요. 그렇게 훌륭한 분이고. 또 여산 권갑석 님. 그 양반한테 붓글씨를 써서 늘 감정을 받고 전시회도 같이하고 그랬죠. 전무출신이기 때문에 그렇게 체통 받았어도 구체적인 것은 못 받았어요. 그냥 써 가지고 교정받고 그런 식이었죠. 그렇게 해서 배우기 시작했는데 많은 도움을 주었지요. 지금 정년퇴임

후에 서예같이 좋은 것이 없어요. 정년퇴임 후에 그때 참 잘했다. 주변에서도 어떻게 그렇게 잘했냐고 하고 그렇게 되어 있어요.

박맹수 여기까지 여쭙고요. 다음 기회에 교화계에서 활약하신 이야기, 퇴임식 후에 정진하신 이야기는 다른 기회에 또 여쭙도록 하겠습니다.

조정중 감사합니다.

참고문헌

1. 법산 이백철 종사

　원불교 제1대 창립유공인 역사 권1 (원불교출판사, 1986)

　원불교 법훈록 (원기 1년-84년, 원불교 교정원, 1999)

2. 융산 송천은 종사

　융산 송천은박사 화갑기념논총: 종교철학연구 (원광대학교 출판국, 1996)

　수덕회원 사진첩 (원불교 수덕회, 2007)

3. 예타원 전이창 종사

　원불교 제1대 창립유공인 역사 권1 (원불교출판사, 1986)

　죽음의 길을 어떻게 잘 다녀올까 (도서출판 솔리, 1995)

　원불교 법훈록 (원기 1년- 84년, 원불교 교정원, 1999)

4. 아타원 전팔근 종사

　원불교 법훈록 (원기 1년-84년, 원불교 교정원, 1999)

　원불교 초기 해외교화의 기록: 세상은 한 일터 (원불교출판사, 2010)

5. 로산 전성완 종사

　원불교 제1대 창립유공인 역사 권3 (원불교출판사, 1986)

　전성완이 걸어온 길 (자필 기록, 2015)

6. 명타원 민성경 종사

　명타원 민성경 종사 (원불교신문, 2007년 6월 1일)

　명타원 민성경 종사의 삶: 성경, 이름값 해라 (원불교출판사, 2015)

7. 숭산 양제승 종사

　원불교 제1대 창립유공인 역사 권1 (원불교출판사, 1986)

　만덕산, 그 소소한 이야기: 일과 공부가 따로 있지 않다(원불교출판사, 2014)

8. 향타원 박은국 종사

　원불교 제1대 창립유공인 역사 권1 (원불교출판사, 1986)

　원불교 법훈록 (원기 1년-84년, 원불교 교정원, 1999)

9. 숭타원 박성경 종사

　원불교 제1대 창립유공인 역사 권1 (원불교출판사, 1986)

　원불교 법훈록 (원기 1년-84년, 원불교 교정원, 1999)

10. 건타원 김대관 종사

　원불교 제1대 창립유공인 역사 권1 (원불교출판사, 1986)

　팔산, 형산종사 문집 (원불교 교화부, 1994)

11. 인산 조정중 종사

　원불교 마산교당 50년사(원불교 마산교당, 2002)

　대종경 강좌 상, 하 (배문사, 2017)

백년의 유산

등록 1994.7.1 제1-1071
1쇄 발행 2017년 4월 30일

지은이 박맹수 유동종 이가현
펴낸이 박길수
편집인 소경희
편 집 조영준
관 리 위현정
디자인 이주향
펴낸곳 도서출판 모시는사람들
       03147 서울시 종로구 삼일대로 457(경운동 수운회관) 1207호
전 화 02-735-7173, 02-737-7173 / 팩스 02-730-7173
홈페이지 http://www.mosinsaram.com/

인 쇄 상지사P&B(031-955-3636)
배 본 문화유통북스(031-937-6100)

값은 뒤표지에 있습니다.
ISBN 979-11-86502- 80-8   03290

이 도서의 국립중앙도서관 출판예정도서목록(CIP)은 서지정보유통지원시스템 홈페이지
(http://seoji.nl.go.kr)와 국가자료공동목록시스템(http://www.nl.go.kr/kolisnet)에서 이용하
실 수 있습니다.(CIP제어번호: 2017009769)